D1856667

S

Margit Schreiner

Die Rosen des Heiligen Benedikt

Liebes- und Haßgeschichten

Mein erster Neger

Afrikanische Erinnerungen

Schöffling & Co.

Erste Auflage dieser Ausgabe 2002
© Schöffling & Co. Verlagsbuchhandlung GmbH,
Frankfurt am Main 2002
Die Erstausgaben erschienen 1989 und 1990
Alle Rechte vorbehalten
Satz: Reinhard Amann, Aichstetten
Druck & Bindung: Pustet, Regensburg
ISBN 3-89561-272-3

Inhalt

Die Rosen des Heiligen Benedikt

Mein erster Neger

Die Rosen
des Heiligen Benedikt

Scheidung auf österreichisch

»Ich wüßte nicht«, sagte mein Mann und blätterte nachlässig in einem riesigen Stoß von Papieren, »wo die Geburtsurkunde meiner Mutter sein könnte.«

Ich horchte auf.

Auf dem Schoß meines Mannes saß seine jüngste, zweijährige Tochter, die er mir gerade vorgestellt hatte. Sie klammerte sich an seinen Hals und sah mich mit vorgeschobener Unterlippe an, als wollte ich ihr den Vater wegnehmen.

»Aber vielleicht«, sagte er, »verzichtet man ja darauf.«

Er erinnerte mich an unsere Heirat und daran, wie der zuständige Standesbeamte schließlich doch auf die Geburtsurkunde des Vaters meines Mannes verzichtet hatte.

»Mein Vater ist seit fünfundvierzig Jahren tot«, hatte mein Mann damals zu dem Beamten gesagt, »und kein Mensch weiß, wo genau er geboren ist.«

Der Vater meines Mannes kam aus Istrien. Seine Mutter ist in der Bukowina geboren.

»Ich finde meinen Staatsbürgerschaftsnachweis nicht mehr«, sagte mein Mann einige Monate später am Telephon. Ich hatte ihn in Triest angerufen, weil ich mich endlich scheiden lassen wollte. Er äußerte sich sehr entschieden dahingehend, daß ich seinen Staatsbürgerschaftsnachweis vor etwa einem Jahr in Empfang genommen und in unsere Scheidungsmappe eingereiht hätte. Aber dort war er nicht. In der Scheidungsmappe waren bis auf sein Maturazeugnis und einem alten, ungültigen Reisepaß ausschließlich meine eigenen Papiere, und das seit sieben Jahren.

Wir hatten vor neun Jahren in Tokyo geheiratet. Der Entschluß war gefaßt worden, weil ich als ehemalige Lebensgefährtin meines in Tokyo an der Universität Deutsch unterrichtenden späteren Mannes keine Aufenthaltsgenehmigung in Japan bekommen hatte und gezwungen gewesen war, alle drei Monate aus Japan auszureisen, um vom Ausland aus ein neues Touristenvisum zu beantragen. Das war zeitraubend und kostspielig gewesen.

Nach drei Jahren hatte ich gepaßt.

Der Akt war sehr einfach gewesen. Wir fuhren nach der Arbeit mit der Schnellbahn von Tamagawagakuen, wo wir wohnten, nach Machida, wo das Gemeindeamt war. Ein freundlich lächelnder Herr legte uns ein mit Zeichenschrift eng bedrucktes Papier vor, das damals auch mein Mann noch nicht lesen konnte und das beglaubigt ins Deutsche übersetzen zu lassen uns dann bei der Scheidung eine schöne Stange Geld kosten sollte, wir setzten unsere Unterschrift darunter, und der freundlich lächelnde Herr setzte einen dicken roten Stempel über unsere Unterschrift. Im Anschluß daran feierten wir alle drei unsere Hochzeit, indem wir Sushi – rohen Fisch auf gesäuerten Reisbällchen – aßen, was meine Lieblingsspeise war. Es war einer der schönsten Tage unserer Ehe.

Dann allerdings begannen die Schwierigkeiten. Die Beschaffung der Papiere, die die österreichische Botschaft in Tokyo zur Bestätigung unserer Heirat verlangte, erwies sich, zumindest was die Papiere meines Mannes anbelangte, als so kompliziert, daß wir in den Sommerferien nach Österreich fliegen mußten, um alles zu besorgen, was uns selbst an Ort und Stelle nicht vollständig gelang. Es hatte sich nämlich herausgestellt, daß in der damals noch vorhandenen Geburtsurkunde der Mutter meines Mannes an der letzten Ziffer des Geburtsjahres herumradiert worden war, weshalb der österreichische Standesbeamte eine Überprüfung und Bestätigung der Echtheit der Papiere im heutigen Rumänien verlangte, die sich über Wochen hinzog. Als die Papiere ungeprüft wieder zurückkamen (die Stadt, in der die Mutter meines Mannes geboren ist, oder zumindest das kirchliche Taufregister gibt es nicht mehr), gab der Standesbeamte auf. Er verzichtete nicht nur auf jede weitere Überprüfung unserer Papiere, sondern sogar, wie gesagt, auf die Geburtsurkunde des Vaters meines Mannes, was er zudem schriftlich bestätigte, so daß auch der Beamte bei der österreichischen Botschaft in Tokyo nach unserer Rückkehr auf die Urkunde verzichtete und, nachdem die Heiratsurkunde aus Machida sowie Arbeits- und Aufenthaltsgenehmigung meines Mannes aus dem Japanischen ins Englische und verschiedene Urkunden aus dem Deutschen ins Japanische übersetzt worden waren, unsere Heirat anerkannt werden konnte.

Nach Anerkennung unserer Eheschließung durch die österreichische Botschaft aßen wir Sushi in einem guten Restaurant in Shinjuku – ohne Beamte.

Wahrscheinlich ist der Staatsbürgerschaftsnachweis meines Mannes bei seinem Umzug von Japan nach Österreich verlorengegangen. Wir lebten damals bereits getrennt, und ich war längst nach Salzburg zurückgekehrt. Mein Mann hatte zu der Zeit eine japanische Freundin, die ihm beim Umzug half. Die brachte unter anderem seine Pakete zur Post. Wie er später feststellen mußte, sind zwei von den damals von dieser Freundin zur Post gebrachten Paketen niemals in Österreich angekommen. Es seien, sagte er, hauptsächlich Photos in diesen Paketen gewesen, darunter die Aktphotos, von denen er in einer bestimmten Phase unserer Ehe unzählige gemacht hatte.

Aber was heißt schon hauptsächlich? Ich frage mich heute wie damals, ob in einem der beiden Pakete nicht auch sein Staatsbürgerschaftsnachweis gewesen sein könnte. Falls er nicht ohnehin irgendwo in seiner Wohnung in Triest herumliegt. Mein Mann war nämlich immer schon äußerst schlampig, was auch einer der Gründe war, warum ich ihn verlassen habe. Es kann daher natürlich auch sein, daß er seinen Staatsbürgerschaftsnachweis einfach verschlampt und dann nie wieder gründlich genug gesucht hat. »Der Leidensdruck reicht nicht«, sagte der Psychologe, den ich seit fünf Jahren regelmäßig aufsuche, »ein Mensch wie Ihr Mann braucht mehr als verlassen zu werden, um Scheidungswillen zu entwickeln.«

Wie aber hätte der Leidensdruck größer sein können? Seine Freundin, eine Italienerin, mit der er seit nunmehr sieben Jahren zusammenlebt und drei Kinder hat, bedrängte ihn, wie sie mir selbst am Telephon versicherte, tagtäglich, die Sache endlich hinter sich zu bringen.

Mein Psychologe meinte, im Falle einer hartnäckig *manisch-depressiven Natur* mit ausgeprägt *sthenischem Stachel* müßte wahrscheinlich erst ein völliger nervlicher Zusammenbruch erfolgen, bevor an Scheidung überhaupt zu denken sei.

Aber ich glaube, eher wäre ich zusammengebrochen. Vier Beziehungen waren bereits an meinem Ehestand gescheitert, und der Lebensmittelhändler in Viehhausen, wo ich damals wohnte, sprach mich jeden Tag mit einem anderen meiner beiden Nachnamen – Mädchen- und Gattennamen – sowie gelegentlich sogar einem der Namen eines meiner ständigen Begleiter an. Das Finanzamt sandte mir die Unterlagen für meinen Mann zu, die ich nach Triest weiterleitete, die aber wegen der Unzuverlässigkeit der italienischen Post meist nicht rechtzeitig dort eintrafen, was Mahnungen, Zahlungsaufforderungen und Gebührenvorschriften zur Folge hatte, die wiederum an mich gesandt wurden und deren Weiterleitung ebenfalls zu lange dauerte, so daß weitere Mahnungen, Zahlungsaufforderungen etc. eintrafen. Einmal stand bereits der Gerichtsvollzieher vor der Haustür, und ich konnte mich gerade noch rechtzeitig in einer Nachbarwohnung in Sicherheit bringen.

Die österreichische Hundesteuerzahlungsaufforderung für seinen längst Triest verunreinigenden Dackel traf ebenfalls jedes Frühjahr bei mir ein, und beim Ansuchen um die Wohnbeihilfe meiner Magistratswohnung brauchte ich seinen Lohnzettel, der, wie man sich vorstellen kann, auch nie rechtzeitig eintraf und den ich dann auch noch beglaubigt übersetzen lassen mußte. Sogar bei meinem Kirchenaustritt vor nunmehr zehn Monaten wurde die Unterschrift meines Mannes verlangt. Er mußte persönlich anreisen und sie vor den Augen des Beamten der Kirchenaustrittsstelle leisten.

Mein Psychologe sagte, ich litte an einer Überfixierung auf den ehemaligen Partner, die bedingt sei durch ein gestörtes Lösungsverhalten von meinem Vater. Damit spielte er darauf an, daß mein Mann zwanzig Jahre älter war als ich. Er wurde voriges Jahr fünfzig Jahre alt. Da meine Mutter im selben Jahr siebzig und mein Vater achtzig Jahre alt wurden, hatten sich meine Eltern schon sehr auf die große gemeinsame Geburtstagsfeier gefreut.

Denn obwohl ich ihnen immer wieder erklärt hatte, daß wir getrennt lebten und die Scheidung unmittelbar bevorstünde, hatten sie mir in den letzten Jahren unserer Ehe nicht mehr geglaubt. Meine Mutter hatte mich immer wieder lächelnd gefragt, wie lange wir dieses Spiel eigentlich noch spielen wollten. Bei unserem großen Familientreffen vor acht Monaten hatte sie dabei auf meinen Bauch geschaut. Aber sie kann gar nichts gesehen haben. Ich war da erst im zweiten Monat schwanger.

Kurz darauf rief ich meinen Mann in Triest an, um ihm mitzuteilen, daß die Scheidung endgültig in den nächsten sieben Monaten vollzogen sein müßte. Er fragte mich nur, ob ich denn endlich die Sache mit der durch den Stempel unleserlich gewordenen Unterschrift auf unserer japanischen Heiratsurkunde geklärt hätte. Er glaube nämlich, sagte mein Mann und lachte, daß wir gar nicht geschieden werden könnten, solange nicht geklärt sei, ob wir überhaupt verheiratet gewesen seien.

Da war ich am Ende meiner Kräfte. Ich fühlte, wie die Dinge sich immer mehr verdichteten.

Nachdem ich lange panisch in der Wohnung auf und ab gegangen war, rief ich meinen Psychologen an und bat ihn um eine – von ihm Krisenintervention genannte – Sondersitzung, bei der er mir riet, den alten Schulfreund, auf den ich bei unseren Gesprächen über meine frühkindliche Sexualität immer wieder zu sprechen gekommen und der inzwischen ein bekannter Scheidungsanwalt geworden war, aufzusuchen.

Als ich die Anwaltspraxis betrat, saß mein Schulfreund in weißem, bis zum Bauch geöffnetem Hemd und grauer Hose vor dem Kanzleicomputer und spielte Tennis gegen den Apparat. Als er mich bemerkte und sich mir zuwandte, funkelten seine dicken Brillengläser im Licht der Schreibtischlampe. Wir tauschten Erinnerungen an unsere Schulzeit aus, dann erklärte er mir das Computerspiel. Ich setzte mich, um das Gerät besser bedienen zu können, auf seinen Schoß und bemerkte gleich, daß ich ihm noch nicht gleichgültig war.

Von da an ging alles sehr schnell. Er übernahm alle Kontakte zu meinem Mann, setzte in nur zwei Tagen die notwendigen Schriftstücke auf, ließ sämtliche Urkunden beglaubigt vom Japanischen bzw. Englischen ins Deutsche übersetzen, erklärte die fehlenden Dokumente als unwichtig und legte am Gericht den Scheidungstermin fest.

Als mein Rechtsanwalt am Tag der Scheidung neben meinem Mann den langen weißen Gang entlangkam, an dessen Ende ich – sorgfältig geschnürt – vor der Tür des Scheidungsrichters wartete, winkte er mir schon von weitem zu. Sein Gesicht war gerötet, und seine Brillengläser funkelten hell. Mein Mann sah neben ihm sehr schmächtig aus, auch irgendwie gedrückt. Der Rechtsanwalt begrüßte mich mit je einem Kuß auf beide Wangen und klopfte dann meinem Mann auf die Schulter. Mein Mann sagte, seine Lebensgefährtin warte im Kaffeehaus. Dann öffnete der Rechtsanwalt die Tür des Scheidungsrichterzimmers.

Der Scheidungsrichter stand auf, als wir eintraten. Er war jung und hatte vorne sehr kurze Haare und im Nacken einen langen dünnen Zopf, was ich bemerkte, als er sich zur Seite wandte, um uns die Plätze anzuweisen. Mein Mann und ich saßen auf zwei Stühlen rechts von ihm, der Anwalt saß gegenüber auf einer schmalen Bank. Der Schreibtisch des Richters stand in der Mitte.

Der Scheidungsrichter las die von dem Rechtsanwalt aufgesetzten Schriftstücke so schnell vor, daß ich kaum etwas verstand. Von Zeit zu Zeit sah er dabei zu uns her. Der Anwalt auch. Mein Mann wirkte nervös. Ich sah so etwas sofort an den schmalen Falten neben seiner Nase und der gerunzelten Stirn. Ich befürchtete schon, er könnte einen Zwischenfall provozieren, der den Scheidungsprozeß unterbräche, was in meiner Lage besonders fatal gewesen wäre, als der Richter und der

Anwalt plötzlich aufstanden. Wir blieben sitzen. Der Anwalt bedeutete uns mit der Hand, ebenfalls aufzustehen. Als wir alle standen, fragte der Richter uns, ob unsere Ehe unheilbar zerrüttet sei. Worauf mein Mann dann mit einem deutlichen »Nein« antwortete. Der Richter zuckte zusammen. Der Anwalt nahm seine Brille ab, und ich sah zum erstenmal seine Augen. Sie waren klein und blau. Und seltsam verschwommen.

Es sei vollkommen lächerlich, sagte mein Mann, in dem Zusammenhang von unheilbar zu sprechen. Nichts sei unheilbar, und niemand sei wirklich verloren. »Allein vielleicht«, sagte mein Mann und ging zum Fenster des Richterzimmers hin und sah hinaus auf die herbstlich kahlen Bäume, die Kieswege, auf denen Tauben saßen, und auf die leeren, rotgestrichenen Bänke. »Einsam und allein«, sagte er.

Der Anwalt flüsterte mit dem Richter, dann ging er mit meinem Mann vor die Tür. Ich weiß nicht, was er ihm da draußen gesagt hat, er hat es mir nie erzählt, aber als mein Mann hinter dem Rechtsanwalt wieder in das Richterzimmer kam, strahlte er übers ganze Gesicht. Er trat neben mich, nahm meine Hand und streichelte, ja tätschelte sie. Dabei sah er mich mit einem, wie mir schien, ganz versonnenen Lächeln an.

Nach einigem Zögern fragte der Richter noch einmal, ob unsere Ehe unheilbar zerrüttet sei. Er war, hatte ich den Eindruck, nun aufs höchste gespannt.

»Ja«, sagte da mein Mann und sah mich lächelnd an, und da hauchte auch ich mit einiger, letzter Kraft mein »Ja«.

Dann standen wir noch eine Weile Hand in Hand zusammen, mein Mann strahlend, ich ganz benommen, der Richter beglückwünschte uns, und der Anwalt hielt die Tür auf. Wir waren geschieden.

Und da begann dann diese ganz andere Geschichte mit dem Rechtsanwalt, der mein Jugendfreund gewesen war.

Der Rechtsanwalt

Ich hätte ihn nicht aus der ihm so vertrauten und lieben Landschaft reißen dürfen.

Er war Rechtsanwalt in L. Aber daß er seine Stelle verloren hat, ist ihm egal. Was ihn schmerzt und letztlich dahinsiechen läßt, ist der Verlust seiner Berge, der Verlust von frostigem Wind, Schneestürmen, einsamen Steinböcken auf Berggipfeln und vor allem der Verlust seiner Höhlen, die er mit Schleifsäcken, Steigbügeln und Carbidlampen durchforstete und vermaß. Er war Mitglied des Höhlenvereins in L.

Als ich ihn kennenlernte, anläßlich meiner Scheidung, bei der er mich vertrat, wog er 98 Kilo, war bei bester Gesundheit, und wir verliebten uns auf den ersten Blick ineinander. Was mir an ihm gefiel, waren die bergwasserblauen Augen, in denen ein seltsamer Glanz loderte, von dem ich nicht zu sagen vermochte, ob er aus eisiger Kälte oder sengender Hitze entstanden war. Sonst war er eine durchschnittliche Erscheinung, ein Rechtsanwalt eben, mit Brille und grauem Anzug.

Ich lud ihn am Abend nach meiner Scheidung zusammen mit meinem ehemaligen Mann zum Essen ein, und wir plauderten über dies und das und kamen schließlich auf Höhlen zu sprechen. Sofort loderte die mich so anziehende Hitze oder Kälte in den Augen des Anwalts auf, und er bot an, uns auf der Stelle in eine Höhle zu führen. Es war 23 Uhr. Mein gerade von mir geschiedener Mann fand die Idee ausgezeichnet, konnte aber sofort etliche Gründe aufzählen, warum er für seinen Teil nicht mitkommen könne, was er immer schon so gemacht hat und was im übrigen einer der Gründe war, warum ich mich von ihm scheiden ließ. Der Rechtsanwalt und ich, wir fuhren also alleine los. Ich hatte einiges getrunken, und die Scheidung, die einsamen Landstraßen und die nahe herantretenden schwarzen Bergrücken versetzten mich in einen solch trunken-seligen Zustand, daß ich heute glaube, damals schon muß der Entschluß in mir gereift sein, den Rechtsanwalt zu entführen. Ach, hätte ich ihn doch bei seinen Bergen und Höhlen gelassen.

Nach einer guten Stunde Autofahrt, nach der der Rechtsanwalt seinen grauen Anzug mit lehmverschmierten Blue jeans vertauscht und seine Brille abgenommen hatte, stiegen wir auf einem schmalen Pfad – die Wipfel der Bäume waren vom Mond beleuchtet, der Pfad von seiner Taschenlampe – etwa eine dreiviertel Stunde steil bergan. Es war gegen ein Uhr nachts, als wir die Höhle betraten. Der Höhleneingang war eng und schwarz, und es kam ein Wind aus dem Inneren des Berges. Glitschige Felsbrocken lagen herum, über die wir – Hand in Hand – balancierten. Die Höhle führte steil nach unten. Die Fingernägel in nasse Steinwände verkrallt, mit dem Fuß nach festem Boden tastend, kletterten wir hinab. Die Decke war niedrig und glänzte silbern im Schein der Taschenlampe. Es war eiskalt in der Höhle, und der Rechtsanwalt legte einen Arm um mich.

So eine Höhle ist ein weitverzweigtes System von Gängen, Räumen, Wasserläufen, Sackgassen, Schluchten, An- und Abstiegen usf., so daß der Laie völlig auf seinen Führer angewiesen ist.

Vor einem mir recht klein erscheinenden, lehmverkrusteten Höhlenraum blieb der Anwalt stehen und teilte mir mit, daß hier ein sogenannter Siphon gewesen sei, was nichts anderes heiße als eine bis zur Decke mit Wasser gefüllte Höhle, in der, bevor man sie ausgepumpt habe, ein Freund von ihm bei dem Versuch, die dahinterliegenden Höhlen zu erforschen, ertrunken sei. Höhlentauchen sei eine der gefährlichsten Arbeiten, sagte der Rechtsanwalt. Der Taucher wirble den Schlamm des Höhlenbodens auf und sei ausschließlich auf seine Geräte und das Seil angewiesen, das ihn mit seinem Ausgangspunkt verbinde. In diesem Fall, er deutete auf einen überhängenden Felsen in dem Höhlenraum, sei das Seil, welches den Taucher hätte zurückführen sollen, unter den Felsen gerutscht, der Taucher habe wegen des aufgewirbelten Schlamms die Orientierung verloren und schließlich, dem Seil folgend, versucht, sich durch den Zwischenraum zwischen Felsen und Boden zu zwängen. Dort eingeklemmt habe man ihn nach dem Auspumpen der Höhle gefunden.

Der Anwalt sprach darüber so sachlich, daß ich spürte: Er hatte keine Angst vor dem Tod.

Ich starrte lange auf die überhängenden Felsblöcke. Im Licht der Taschenlampe glichen die Wassertropfen auf den Felsen allesamt kleinen unbehaarten Spinnen, die in breiten Formationen, Trupp für Trupp, die Höhle durchhasteten. Mich überfiel plötzlich eine Art Platzangst. Und auch weil ich vom Wein, von der Scheidung und von der ungewohnten Anstrengung des Kletterns völlig erschöpft war, weinte ich seit Jahren zum erstenmal haltlos.

Der Rechtsanwalt führte mich durch die Höhle zurück.

Schon als wir den Höhlenausgang, vor dem eine in Mondlicht getauchte Baumgruppe stand, von weit innen her sahen, roch ich die Erde. Sie stank. In den Höhlen nämlich, in denen nichts wächst, ist die Luft alt und rein. Tritt man aber aus ihnen heraus, strömen die Gerüche einher. Wer weiß schon, ständig auf der Erde lebend, wie sie wirklich riecht.

Sie riecht nach Verwesung – und es ist ein wunderbarer, süßer Geruch.

Und wieder verfiel ich in einen rauschartigen Zustand, feierte meine Auferstehung. Luft, Mondlicht, Wärme und Verwesung umfingen mich, und ich sank mit dem Rechtsanwalt auf einer Mooslichtung nieder, wo wir uns auf der Stelle liebten. Auf dem Weg zum Auto liebten wir uns noch einmal auf einer Brücke, über deren Geländer gebeugt ich in die schwarzen Strudel eines Gebirgswassers sah.

Seit dieser Nacht war mir der Anwalt verfallen. Und es gibt keinen Zauber, der nur einseitig wirkt. Er sprach von meinen Augen wie von Bergkristallen, küßte unentwegt meine Bakkenknochen, trank aus meinem Mund wie aus Bergquellen, tastete forschend meinen Körper ab, und wenn er in mich drang, war es, als stiege er hinab in seine grundlosen Höhlen. Verzückt tauchte er am Ende wieder auf, nach Luft ringend und verzaubert. Da ich im Zeichen des Steinbocks geboren bin, nannte er mich Böcklein. Sonst sprach meistens ich. Ich erzählte ihm von der Arbeit an meinem Roman, der damals bereits fünfhundert Seiten umfaßte, von meinem Haß auf L., das mich in seiner Enge und Dummheit erdrückte, von den Ländern, in denen ich gelebt hatte, von meinen Plänen – und er lauschte mir glücklich.

Nach zwei Wochen sprach ich zum erstenmal von Italien. Ich hatte dort eine Zeitlang mit meinem geschiedenen Mann zugebracht, und das Haus in den Weinbergen war mir, von dem Anwalt selbst ausgehandelt, zugesprochen worden.

»Dort gehen wir hin«, sagte ich, »dort ist es warm. Wir bebauen das Land, und ich kann in Ruhe schreiben.«

Der Rechtsanwalt sah mich verzückt an und drang wieder in mich auf diese stürmische und doch zugleich aufmerksam tastende Weise, die mir inzwischen unentbehrlich geworden war. Aber auf all meine Reisevorbereitungen reagierte er seinerseits nicht. Er saß da, sah mich an und hörte mir zu, zog mich zu sich, und wir wälzten uns zwischen meinen halb gepackten Koffern und am Boden ausgebreiteten Kleidern und Büchern.

Ich kündigte meine Wohnung, schloß, Gott sei Dank, eine Krankenversicherung für den Rechtsanwalt ab und holte ihn eines Tages mit meinem schwer beladenen Auto von seiner Rechtsanwaltskanzlei ab. Er stieg in das Auto, ich warf die Tür zu, und wir fuhren los. Seine Aktentasche auf dem Schoß, die linke Hand auf meinem Knie, sah er verwundert auf die Gebirge, die wir überquerten. Als nach Cremona die Berge niedriger wurden, zündete er sich eine Zigarette an. »Wo genau liegt der Weinberg?« fragte er, und ich sagte: »Bei Neapel.« Danach schwiegen wir bis Bologna. Ich konnte nicht mehr Auto fahren, da mir die Autobahn mit ihren grellen Lichtern vor den Augen verschwamm, und ich hielt bei einem Motel zwischen Bologna und Florenz. Als ich das Zimmer aufgeschlossen hatte, fiel der Anwalt mit kaltem Feuer über mich her, biß mich, als ob er mich auffressen wollte, küßte mich, als ob er mich aussaugen wollte, liebte mich, als ob er mich auspumpen wollte. So lange, bis ich vor Erschöpfung einschlief. Als ich aufwachte, war er immer noch in mir und flüsterte mir seine Liebe ins Ohr.

Ich bezahlte die Hotelrechnung, und wir fuhren weiter.

Als wir am Nachmittag in meinem Weinberg standen und die Sonne unterging, lehnte er auf einer Schaufel, als wäre er schon immer Weinbauer gewesen.

Er verbesserte meine Zisternen, legte Terrassen im Weinberg an, band meine Tomaten hoch und lernte von unseren Nachbarn den Wein bestellen.

Anfangs ging ich überall mit, grub hier und dort in der

Erde, aber am Ende der vierten Woche spürte ich, daß ich überflüssig war, und setzte mich an die Schreibmaschine, um ein Hörspiel zu verfassen, mit dem ich unseren Lebensunterhalt für das nächste Jahr zu finanzieren gedachte. Denn man darf nicht glauben, daß man sich von einem kleinen Weinberg ernähren kann.

Alles lief wunderbar, wir arbeiteten tagsüber, er im Wein und ich an meinem Schreibtisch, abends gingen wir im Ort spazieren, wo wir überall geachtet wurden, seit man bemerkt hatte, daß wir ernsthaft das Land bestellten, und nachts liebten wir uns auf der Terrasse, auf die der Mond und die Sterne schienen, im Weinberg, wo uns die Reben ins Gesicht hingen, oder im Bett, von wo wir die Holzwürmer im Gebälk nagen hörten und schwere Nachtfalter gegen das Moskitonetz vor dem Hauseingang torkeln sahen.

Nach einigen Monaten fiel mir zum erstenmal seine Blässe auf. Auch bemerkte ich, daß er nachts mehrmals aufstand und im Weinberg verschwand. Ich beachtete aber die, wie ich heute weiß, ersten Symptome seines Siechtums nicht weiter, bis ich eines Morgens, nervös von meiner Arbeit, um vier Uhr früh aufwachte und den Anwalt ansah, der, mir zugewandt, die rechte Hand auf meiner Scham liegend, von einer so durchscheinenden, ja ins Grüne spielenden Blässe war, daß ich zutiefst erschrak. Auch hatte er bestimmt zehn Kilo abgenommen. Ich tröstete mich mit dem Gedanken, ein paar Kilo weniger könnten ihm unmöglich schaden, und wandte mich wieder meinem Hörspiel zu, das ich noch in derselben Woche fertigstellen wollte.

Als das Hörspiel nach weiteren drei Wochen fertig war und ich es an verschiedene deutsche Rundfunkanstalten abgeschickt hatte, bei denen ich einen gewissen Ruf als Hörspielautorin genieße, so daß ich sicher sein konnte, daß mehrere

Sender mein Stück übernehmen würden und eine Summe von mindestens 60 000 öS auf mein Konto eingehen würde, die wir im übrigen dringend benötigten – nach Abschicken dieses Hörspiels also sah ich, daß der Anwalt nur mehr ein Schatten seiner selbst war. Bei jedem anderen hätte ich gesagt, fünfundsiebzig Kilo seien ein normales Gewicht für einen Mann von 1,75 Meter Größe, beim Rechtsanwalt aber war es das Symptom einer furchtbaren Krankheit, zumal die Blässe nicht aus seinem Gesicht gewichen war, unter den Augen nachtblaue Schatten lagen, seine Stirn von Schweiß stets silbern glänzte und seine Haut sich anfühlte wie kalter, nasser Stein.

Bei der Weinernte, die kurz danach stattfand, mußte er sich mehrmals übergeben, da er den Geruch des faulenden, gärenden Weins in den Bottichen nicht vertrug.

Oft sah ich ihn auf seine Schaufel gestützt im Weinberg stehen und über die weite Ebene starren.

Ach, ich habe ihm die Höhlen nicht ersetzen können! Das seltsame kalte Feuer in seinen Augen war erloschen.

Wir liebten uns in der Zeit kaum noch, da er vor Erschöpfung meinen Körper nicht fand.

An dem Tag schließlich, an dem ein Teil meines Hörspielhonorars auf meinem Konto eintraf, gerade so viel, wie wir bei den geringen Bedürfnissen, die wir hatten, brauchten, um die nächsten Monate zu überstehen, stand er auf, torkelte im Zimmer umher, als hätte er jeglichen Orientierungssinn verloren, und folgte, wie mir schien, die Hände voran, einem unsichtbaren Seil, an das ihn jemand gebunden hatte. Schließlich fiel er erschöpft ins Bett zurück und redete wirres, unverständliches Zeug.

Erst als er bettlägrig war, bemerkte ich, daß seine Schwäche von einem Durchfall herrührte, der ihn, wie er mir gestand, seit Monaten mehr oder weniger plagte, bis er schließlich in einen Dauerzustand übergegangen war, der ihn alles, was er zu sich nahm, kurze Zeit später als dünne, übelriechende Flüssigkeit ausscheiden ließ.

Da wir in unserem Weinberg über keine Wassertoilette, sondern nur über eine dürftige ›fossa settica‹ verfügen, stinkt es jetzt ununterbrochen in unserem Zimmer scharf und süß von den mit brauner Flüssigkeit gefüllten Eimern, die ich alle paar Stunden auswechsle. So lebe ich also seither mit einer kaum noch zu bewältigenden Arbeitslast. Ich stehe um vier Uhr früh auf, wasche den Rechtsanwalt und wechsle seine Nachtschüssel aus. Dann arbeite ich im Wein – die Weinstöcke müssen beschnitten werden –, bestelle das Wintergemüse – Kohl, Kraut und große Köpfe Broccoli –, ernte die letzten Früchte, Feigen und Oliven – gehe den Hügel hinunter ins Dorf, besorge das Nötigste, vor allem Medikamente für den Anwalt, die jedoch bis jetzt nicht geholfen haben. Von zehn Uhr vormittags bis zwei Uhr nachmittags sitze ich an der Schreibmaschine und arbeite an dem Roman weiter, den ich für das Hörspiel unterbrochen habe und der mein Lebenswerk werden soll. Um zwei Uhr wasche ich den Anwalt, wechsle die Schüssel aus und füttere ihn mit flüssiger Nahrung; Fleisch oder Gemüse nimmt er nicht mehr zu sich. Dann arbeite ich noch einmal bis zum Sonnenuntergang im Land, wechsle die Schüssel des Rechtsanwalts aus, falle um acht Uhr erschöpft ins Bett und schlafe sofort ein.

Ich weiß nicht, wie lange das noch so weitergehen soll.

Vielleicht sollte ich den Rechtsanwalt zurückschaffen in seine Heimat, mit den Bergen, die er so liebt, den eisigen Schneestürmen, den einsamen Steinböcken und den Höhlen mit der reinen Luft.

Wenn es nicht schon zu spät ist.

Der Senner von der Kargeralm

In Österreich gibt es, wie jeder weiß, viele Berge.

Und auf den Bergen Almen. Dort verbringen die Senner das halbe Jahr mit ihrer Viehherde, in geringer oder ganz beträchtlicher Höhe, je nachdem, welche Tiere sie weiden und wo der Bauer seine Almen besitzt.

Kühe zum Beispiel werden meist auf sanfte Almen, nicht allzu hoch oben, nicht allzu weit weg von den Ortschaften, geführt, und die Senner steigen von Zeit zu Zeit ins Tal hinunter, oder Wanderer kommen an ihren Hütten vorbei.

Schafe hingegen werden nicht selten hoch in die Berge geführt, und es kann schon sein, daß so ein Schafhirte das halbe Jahr lang knapp unterhalb der Baumgrenze verbringt, über ihm unwegsame Felsenrücken, unter ihm die Täler und Schluchten, und daß er ein halbes Jahr lang kaum einen Menschen sieht. Ein halbes Jahr ist eine lange Zeit. Nun ist es ja auch hinlänglich bekannt, daß es auf den Almen zu Ausschreitungen kommt, die mit der langen Einsamkeit des Senners in Zusammenhang stehen. Der Senner, so lautet die herrschende Meinung, verrohe da oben auf der Alm – ohne eine Menschenseele, in seinem Rücken die Felswände, unter ihm die Täler –, so daß er das Verhältnis verliere zur menschlichen Gemeinschaft und ihm der Sinn menschlicher Regeln und Übereinkünfte abhanden komme.

Es gibt zum Beispiel Jodler (und es ist die Frage, ob der Jodler nicht überhaupt aus diesem Grund entstanden ist), die nichts sind als Verständigungen zwischen einem Senner und einer Sennerin auf zwei verschiedenen Almen. Der Senner kündigt auf diese Weise der Sennerin seinen Besuch in der Nacht an.

Aber es kommt noch zu ganz anderen Dingen. So kann jeder, der sich an den Gerichten in den Landbezirken umhört, immer wieder von Inzestverfahren hören; der Senner nimmt die eigene Tochter, die ihm einmal in der Woche seine Verpflegung hinaufbringt oder, schlimmer noch, eine seiner Kühe oder Schafe dort oben in der Einsamkeit. Der Fall, von dem hier die Rede sein soll, übertrifft jedoch das oft Gehörte und hinlänglich Bekannte bei weitem. Es handelt sich nämlich in unserem Fall nicht nur um eine einfache Sodomie, sondern, ich zögere, es dem mit der Geschichte noch nicht vertrauten Leser jetzt schon mitzuteilen, um Liebe. Der Senner Jörg K. verliebte sich, um es geradeheraus zu sagen, in ein Jungschaf seiner Herde. Es war oben auf der Kargeralm am Sonnenfels.

Ich habe davon gehört, weil ich mit dem Anwalt befreundet bin, der Jörg K. verteidigte, und ich weiß, welche Überlegungen er zum Aufbau der Verteidigung anstellte; in welchem Zwischenbereich von Eigentumsdelikten und Menschenwürde, tierischem und menschlichem Triebverhalten, Besitzstörung und Tierschutzgesetzen, Abhängigkeits- und Eigentumsverhältnissen er seine Argumente sammelte.

Aber ich möchte nicht über die Klage sprechen, sondern über die tragische Liebe des Jörg K. zu seinem Schaf.

Ich habe Jörg K. mit dem Anwalt zusammen in B. besucht. Er war damals schon nicht mehr als Senner tätig und saß in einer Hütte auf halber Höhe des Sonnenfels.

Der Senner Jörg K. war in keiner Weise so, wie ich ihn mir vorgestellt hatte. Ich habe gedacht, und daran sieht man, daß man nichts weiß, wenn man nur *hört* von Sennern und ihren

Ausschreitungen in den Höhen der Almen – ich habe gedacht, Jörg K. sei ein düsterer Geselle, geprägt vom drückenden Schweigen der Almen, von den Felsrücken, den einsamen Adlern, klobig, dumpf und wortkarg. Das war nicht der Fall. Jörg K. war Mitte Zwanzig, schmalgliedrig, von feinen Gesichtszügen und so wortgewandt, daß er imstande war, uns zu erzählen, wie ein Mensch ein Schaf lieben kann. Was so mancher Schriftsteller mit all seiner Kunstfertigkeit eben nicht erzählen könnte.

Das Schaf habe ein weißes, seidiges Fell gehabt, sagte Jörg K., und es sei in einem Maße verständig gewesen, wie kein Mensch, den er je kennengelernt habe, es gewesen sei.

Man muß nicht meinen, Jörg K. wäre sich nicht der Absonderlichkeit seines Gefühls bewußt gewesen. Er wußte darum und bemühte sich sehr, sein Gefühl nicht nur uns, sondern auch sich selbst begreiflich zu machen, seine Leidenschaft zu durchleuchten, alle Freuden und allen Schmerz seiner Liebe aufzuzeigen. Er strengte sich an, er dachte nach, seine Augen waren klar, dunkel oder trüb, je nachdem, was er erzählte.

Was Jörg K. kaum interessierte, waren die Anklagepunkte gegen ihn, war die Entrüstung über ihn, war die Bosheit gegen ihn. Der Anwalt mußte immer wieder auf den Bauern zu sprechen kommen, auf die Entdeckung der Tat, auf die Feme, die Rache, die Anklage. Jörg K. sah ihn dann abwesend an, beantwortete nachlässig seine Fragen, um wieder auf sein Hauptanliegen zu sprechen zu kommen: seine Liebe zu dem Schaf.

Er sagte, er habe immer schon gewußt, daß nichts an dem Vorurteil sei, daß Schafe dumm seien. Sein Schaf aber – oder die Mizzi, wie er es anfänglich und dann erst wieder gegen Ende seiner Geschichte nannte – sei in unvorstellbarem Maße intelligent gewesen. Die Mizzi habe, sagte der Senner, die

Sterne am Himmel erkannt und sei abends lang dagestanden, sie zu betrachten. Ihr Gesicht sei von solcher Regelmäßigkeit gewesen, daß es ihm weh getan habe, und die Augen seien, sagte er, so klar und blau wie der Almsee gewesen, in dessen Nähe er geboren sei. Schon als Lamm sei die Mizzi neugieriger und aufgeweckter gewesen als die anderen Schafe der Herde. Sie habe Interesse gezeigt für alles und mit ihren ungeschickten Sprüngen niemals eine Blume zertreten. Sie sei vielmehr plötzlich stehengeblieben und habe sie lange betrachtet, sei fast erstarrt in der Betrachtung und habe sie dann beschnuppert und geküßt. Sie habe die Blumen geküßt, sagte er, indem sie die Nüstern tief in die Blüten senkte, sie habe alles Schöne geküßt, nachdem sie es betrachtet hatte. Aufmerksam habe sie die unscheinbarsten Blumen wie den Rotklee, das Hasenbrot oder den Wiesenknopf betrachtet und fröhlich die Glockenblumen umsprungen; diese Blume habe sie, sagte er, richtig fröhlich gemacht, es sei ihm gleich aufgefallen, sie habe den Kopf zur Seite gelegt und einige Sprünge um die blaue Blume herum gemacht; in den Anblick anderer Blumen sei sie jedoch regelrecht versunken, habe über den kobaltblauen Wiesenenzian den schmalen Kopf gebeugt, an seinem Kelch geschnuppert, so daß er selbst alles um sich herum vergessen und nur noch das weiße Lamm gesehen haben, wie es den langstieligen, herrlichen Wiesenenzian küßte; als sie die erste Herbstzeitlose ihres Lebens gesehen habe, sei sie, sagte der Senner, zuerst über die Maßen davon angezogen gewesen und habe ihre Nüstern in die offene Blüte gesenkt, sei aber dann instinktiv einen Schritt zurückgewichen, er selbst habe schon gezittert vor Angst, das Lamm könnte die Blume fressen, man müsse nämlich wissen, sagte er, daß die Herbstzeitlose in hohem Maße giftig sei, so daß, wer von ihr koste, nach dreißig oder vierzig Stunden einen schrecklichen Tod sterbe, die ganze Zeit über sei derjenige nämlich bei vollem Bewußtsein. »Und eines Tages«, sagte der Senner, »entdeckte sie *ihre* Blume: den Frauenschuh.« Der Frauenschuh sei, sagte er, eine Orchidee, die bei uns fast ausgestorben sei, die aber, er habe selbst nichts davon gewußt, hinter einem Felsen in solch einer Fülle wachse, daß ihm das Herz beinahe stehengeblieben sei, als er, das Lamm suchend, über den Felsen geklettert sei und es plötzlich inmitten der Orchideen stehen gesehen habe, deren rosaviolette Blütenblätter sich wie Seidenschuhe im Wind bewegt hätten. Es sei dann etwas Unglaubliches geschehen, sagte er. Zuerst habe das Lamm in seiner gewohnten Weise den Frauenschuh beschnuppert, sei dann mit den Nüstern tief eingetaucht in zarte Kelche und habe in höchster Verzückung, wieder auftauchend aus der süß duftenden Blütenpracht, so lieblich geblökt, wie kein Schaf je geblökt habe. Hier sei es auch gewesen, wo sich das Lamm verletzt habe. Es sei nämlich dermaßen angezogen gewesen von dem Frauenschuh, daß es immer wieder heimlich die Herde verlassen habe, um diesen Platz aufzusuchen, was nicht ungefährlich gewesen sei, da sich ja der Felsüberhang dazwischen befunden habe, den zu überklettern nicht ungefährlich gewesen sei – und wobei sich sein Lamm dann auch verletzt habe. Er habe es, auf seinen Stab gestützt und ins Tal blickend, wimmern gehört, und durch sein Herz sei ein schreckliches Zucken gefahren, wie er es nie zuvor gekannt habe.

»Ein gebrochenes Bein«, sagte der Senner, »ist meist Grund genug, ein Lamm zu schlachten, zumal so hoch oben auf der Alm, wo weit und breit keine Hilfe zu erwarten ist.«

Er habe das wimmernde Lamm in seine Arme gebettet und sei mit ihm abgestiegen ins Tal. Er habe damit, sagte er, seine Herde im Stich gelassen, und das habe ihm wohl schon damals den Zorn des Bauern eingebracht.

»Das Lamm hat«, sagte er, »den Kopf an meinen Hals gelegt, die Augen halb geschlossen vor Schmerz, keinen Laut mehr ausgestoßen, und sein Herz hat gegen meine Brust geschlagen.«

Er könne nicht sagen, wie sehr er mit dem Lamm gelitten habe. Denn das Furchtbarste sei ja gewesen, sagte er, daß Tränen aus den halb geschlossenen Augen herabgetropft seien wie von der Sonne gewärmtes Wasser. Er habe versucht, beim Abstieg jede Erschütterung zu vermeiden, sagte der Senner.

Dann strich er sich, am Holztisch sitzend, die Haare aus der Stirn und sah zuerst den Anwalt, dann mich lange an, als suchte er in unseren Augen das Bild eines Senners mit einem Lamm auf dem Arm, die Abendsonne im Rücken und das dunkle Tal vor sich.

»Ich bin noch in der Nacht«, fuhr er dann fort, »wieder hinaufgestiegen auf die Alm mit dem Lamm auf dem Arm, das verbundene Bein stützend. Ich kenne den Weg zu meiner Alm genau«, sagte er, »trotzdem war es ein schwerer Aufstieg, es lagen Steine am Weg, und der Mond war verschwunden hinter Wolkendecken.«

Das Lamm habe dann, sagte er, bis zur Genesung in seinem Bett geschlafen. Er habe es selbstverständlich nicht berührt. Es sei ja krank gewesen. Er habe die Umschläge um das Bein gewechselt, habe es gefüttert und sein Fell gebürstet.

»Es ist nicht selbstverständlich«, sagte er, »daß ein Schaf sich erholt von so einem Unfall. Manche überleben es nicht.«

Er habe es täglich hinausgetragen auf die Weide in die Sonne, und es habe ihn geschmerzt zu sehen, wie das Schaf immer wieder versucht habe aufzustehen, dann aber wieder niedergesunken sei auf den Boden. »In der Zeit seiner Krankheit«, sagte er, »sind wir uns immer näher gekommen.«

Er habe Glockenblumen gepflückt für das Schaf, weil es doch immer so fröhlich geworden sei bei ihrem Anblick, und tatsächlich habe es den Kopf zur Seite gelegt, und die Augen seien wieder klar geworden angesichts der Blumen. Dann, sagte der Senner, sei er sogar über den Felsen geklettert und habe einen Frauenschuh gepflückt, und das Gesicht des Schafes habe sich bei seiner Wiederkehr geweitet. Es habe die Lippen geöffnet, und ein solches Glück sei durch seinen Körper geströmt – er habe das gefühlt, da er eine Hand auf seinem Fell liegen gehabt hätte –, daß er sicher sei, in dem Moment habe die Genesung begonnen. Denn es sei ja die schwindende Lebensfreude, die die Schafe bei verhältnismäßig geringen Verletzungen dahinsiechen lasse.

Es habe schließlich diesen Schrei ausgestoßen, den er schon damals hinter dem Felsen gehört habe, als er im violett schwankenden Frauenschuhfeld gestanden habe, und der nichts mehr mit dem normalen Blöken der Schafe zu tun gehabt habe, sondern ein über jeder Art stehender, allgemeiner Laut der Freude gewesen sei, ein Locken, ja, sagte er, ein Frohlocken, ein unglaublich herrlicher, reiner Laut, den kein Instrument der Welt hervorbringen könne, denn es sei ein stimmlicher Laut, ein Gesang, sagte er, den wir verlernt hätten, ein jenseits der Musik liegender Ton, ein *Fadensonnenlaut*, ein Wunder.

Der Senner sah durch das Fenster hinaus, vor dem eine Wiese lag, ohne Vieh, denn er selbst besaß nichts; die Wiese war grün und satt. Der Rechtsanwalt und ich, wir rauchten viel und schauten auf die Wiese und dann auf den Boden. Der Senner stand auf und öffnete das Fenster.

»Es ist genug für heute«, sagte er, »ich kann mich nicht mehr erinnern.« Er stand lange am Fenster, die Hände am Rücken verschränkt, und sagte auch nichts, als wir uns verabschiedeten.

Der Rechtsanwalt und ich, wir stiegen schweigend ab, die Sonne wärmte unsere Rücken, und der Rechtsanwalt klemmte die Akte Jörg K. unter den Arm, als wollte er sie nicht berühren mit seinen Händen; die vergleichsweise trüb grünen Wiesen im Tal begannen, die Landstraßen, die das Tal zerstückeln, die Häuser, der Bach, das Elektrizitätswerk, die Schornsteine, die Autos, die Menschen. Wir sprachen mit niemandem, und schweigend ging jeder in sein Zimmer. Als wir am nächsten Morgen wieder den Berg hinaufgestiegen waren und die Hütte betraten, saß der Senner schon wieder oder noch immer am Tisch, den Kopf in die Arme gestützt, den Blick in die Ferne gerichtet.

Auf dem Tisch stand Kaffee. Wir tranken einige Tassen, der Senner trank nichts, wir rauchten und warteten.

Mit großer Mühe, schleppend fast, als würgte es ihn in der Kehle, begann er schließlich, ohne dem Versuch des Anwalts, das Gespräch auf die Strategie der Prozeßführung zu bringen, auch nur die geringste Aufmerksamkeit zu widmen und als habe er seit dem Vortag nur eben einmal Atem geschöpft, weiterzusprechen von seiner Liebe.

»Das Schaf« sagte er, »beschnupperte und küßte nicht nur die Blumen und Sträucher, sondern auch meine Hand, wobei es mich«, sagte er, »ansah. Die ganze Zeit über«, sagte der Senner, »in dem halben Jahr der Trennung, die es im Stall verbrachte und ich hier, habe ich mich nach seinem Schnuppern und seinen Küssen gesehnt, nach dem warmen, seidigen Fell, den almseeblauen Augen, dem Staunen, dem Verharren, dem Gesang. Wenn ich ins Dorf hinunterstieg, um ins Wirtshaus zu gehen, trieb es mich immer zu seinem Stall, und oft schlich ich mich heimlich hinein und streichelte das Fell, das struppig geworden war ohne meine Pflege und glanzlos. Schon bevor ich den Stall betrat, stieß es jenen Laut aus, den ich nie vergessen werde. Es kam mir entgegen, drückte sich an mich, und ich sah es leiden in dem dunklen, stinkenden Stall ohne Wiesen, Blumen und Sonne. Ich brachte ihm heimlich gutes Futter, und einmal habe ich eine Schneerose mitgebracht. Es sah die Schneerose so traurig, so unendlich sehnsüchtig an, daß es mir die Kehle zuschnürte.

Als es Frühling war«, sagte der Senner, »und ich die Herde auf die Alm trieb, war die Mizzi erwachsen geworden. Aus ihr brach nach der langen Entbehrung eine solche Kraft, daß ich Angst hatte, sie könnte sich in ihrem Übermut von neuem verletzen. Sie rieb ihren Körper an Baumrinden, tauchte den Kopf in die Gebirgsbäche, wälzte sich in der Wiese und streckte den Kopf der Sonne entgegen. Ihre klaren Augen sahen alles, sie beobachtete Steinböcke auf den Felsen, die sich auf den Steinen sonnenden Eidechsen und Salamander, sie sah den Habichten nach, die gelassen durch die Luft segelten, und sprang hin und her auf der Weide. Ich lief mit ihr. Denn auch ich war erwacht.«

Er wisse nicht, sagte der Senner, ob wir im Tal eine Ahnung hätten vom Frühling. Der Winter in den Bergen, sagte er, sei kalt, und noch in seiner Kindheit hätten die Bergbauern den Winter verschlafen. Sie hätten, sagte er, die Fenster verdunkelt und alle undichten Stellen des Hauses verstopft, dann hätten sie dicht gedrängt in den Betten gelegen, auf die sie alle Decken und Kleider gelegt hätten. Die Notdurft hätten sie in die dafür bereitgestellten Töpfe verrichtet, gegessen hätten sie kaum, und am Ende des Winters seien sie so schwach gewesen, daß sie kaum wieder hätten aufstehen können. Jeder habe in seiner Jugend die Bergbauern an ihrer Blässe am Ende des Winters erkannt. Dann aber seien sie zu neuem Leben erwacht. Sie hätten, sagte er, wie niemand im Tal unten das Auftauen der Erde gespürt; der Boden bewege sich ständig im

Frühling, die Erde begänne zu sprechen, sie raune und flüstere, sie gurgle und knarre, sie quietsche und sänge, sie wachse und taue, schmelze und festige sich vor den Augen der Bergbauern und Senner.

»Ihr im Tal«, sagte er, »seht nur die braunen Fluten herunterstürzen von den Bergen, wir aber sehen die Bäche, wie sie die Wiesen ablecken, wir sehen, daß die Schneefelder wirklich schmelzen, daß die Erde die Farbe wechselt, daß die Käfer torkelnd fliegen lernen, daß die Bienen summen, daß das Gras sich wieder aufrichtet, daß die Luft klar ist: Ich sitze auf einem Felsen in der Sonne, die Herde weidet neben mir, noch ist nichts entschieden.« Der Senner schwieg und sah uns verzweifelt an.

Der Anwalt nickte. »Ja«, sagte der Anwalt, »ich weiß, wir wissen ja, was dann kam, du brauchst es nicht noch einmal zu erzählen.«

»Nichts wißt ihr«, sagte der Senner, »ihr wißt gar nichts. Nichts«, sagte er immer wieder, stand auf, ging zum Fenster, wieder zurück zu seinem Platz am Tisch, setzte sich, strich sich die Haare aus der Stirn, stützte den Kopf in die Hände und stand wieder auf.

»Wenn ich selbst doch nichts weiß«, sagte er, »wenn ich selbst doch nur die weißen Wolken sehe, die leicht sind wie Federn – und ziehen dahin. Niemand kann wissen«, sagte er, »wie das Heidekraut duftet, der nicht selbst Heidekraut gewesen ist, das Heidekraut«, sagte er, »ist rosa, es wächst auf Weiden, das Heidekraut«, sagte er, »ist ein stachliges Bett, das Heidekraut«, sagte er, »ist ein schleimlösendes Mittel, ein vorzügliches Bienenfutter«, sagte er, »die Bienen«, sagte er, »summen, und die Schafe«, sagte er, »blöken. Ein Schaf«, sagte er, »hatte ein seidiges Fell und bergwasserblaue Augen, ein Schaf«, sagte er, »singt unter den Menschen. Es hat einen

Körper«, sagte er, »es hat einen Kopf«, sagte er, »es hat Augen«, sagte er, »es hat einen Mund«, sagte er, »es hat ein Herz«, sagte er und begann zu zittern, barg den Kopf in den Händen, bebte und schlotterte am ganzen Leib.

Ich stand auf und legte meine Arme um ihn. »Los«, sagte ich zum Anwalt, »tu was.« Aber der Senner schüttelte mich ab, stand auf vom Tisch, konnte kaum stehen, hielt sich fest an der Tischkante, war schneeweiß im Gesicht und rosaviolett auf den Wangen, hatte große rote Flecken auf dem Hals. »Da«, stieß er hervor, »da«, wir drückten ihn nieder auf seinen Platz, wir wischten ihm den Schweiß von der Stirn, »da«, sagte er noch einmal und dann, als habe er nur über dieses eine Wort hinwegkommen müssen, erzählte er ohne eine weitere Unterbrechung seine Geschichte zu Ende.

Im Laufe der Geschichte legte sich seine Erregung, die roten Flecken im Gesicht verschwanden, und eine große Ruhe breitete sich offenbar in ihm aus.

»Da«, sagte er, »kam der Sohn des Bauern und fand mich bei ihr liegen. Der Sohn des Bauern starrte uns an, warf den Rucksack mit der Verpflegung von sich und lief davon.

Ich wusch mich, zog mich an und wartete auf den Bauern. Er kam mit fünf Knechten. Ich trat ihnen entgegen.

Bauer, sagte ich, ich bin nicht mehr dein Senner, verkauf mir das Schaf und laß uns gehen.

Aber da packten sie mich zu dritt. Der Bauer und die zwei anderen Knechte holten mein Schaf, es hatte sich weder versteckt, noch war es fortgerannt, es wehrte sich nicht einmal; trotzdem ließen sie es am Boden schleifen, als wehrte es sich. Die drei Knechte umfaßten mich fester, der Bauer zückte sein Messer. Ich sah das Messer blitzen in den Augen des Schafes.

Es gab keinen Laut von sich, ich weiß nicht, wie lange der Bauer gewartet hat, mir war es eine lange Zeit, mir war es ein langer Abschied, ein langer Schmerz, ein langes Vergehen, ein langes Zucken, ein langes Verbluten, ein langes Leben, ein langsamer Tod.« Der Senner sagte: »Sie haben das Herz herausgeschnitten.«

Dann sagte er nichts mehr, nur einmal, nach langem Schweigen, nach vielen gerauchten Zigaretten, nach Hüsteln und Räuspern, nach Durchblättern der Akten, nach Atemholen, Seufzen, Fensteröffnen, nachdem der Senner sich wieder bewegt und sich nun doch eine Tasse Kaffee genommen hatte und uns fragend ansah, als wäre er an einem Punkt völliger Ratlosigkeit angelangt und wartete, daß wir ihm nun sagten, was denn noch weiter geschehen könnte mit seinem Leben, nachdem der Rechtsanwalt nach langer Pause gesagt hatte: »Du könntest woanders hinziehen und dir woanders ein paar Schafe halten« (er sagte auch: »Ich leih dir das Geld oder ich schenk es dir«) – da sagte der Senner noch etwas. Leise, den Kopf in die Arme gestützt, auf die Tischplatte starrend, sagte er: »Ich liebe die Schafe nicht. Ich habe dieses eine Schaf geliebt.«

Dann sagte er nichts mehr und hat auch sonst nicht mehr gesprochen. Alle, die ihn bei den Verhandlungen gesehen haben, müssen so wie ich, bevor ich ihn sah und seine Geschichte hörte, geglaubt haben, er sei ein düsterer Geselle, geprägt von den Felsenrücken, den einsamen Adlern, dem Schweigen um ihn herum, klobig, dumpf und wortkarg.

Der Anwalt, der nie einen Prozeß mit solchem Einsatz geführt hat wie diesen, argumentierte in dem schrecklichen Gewirr von Eigentumsdelikten und Menschenwürde, tierischem und menschlichem Triebverhalten, Besitzstörung und Tierschutzgesetzen, Abhängigkeits- und Eigentumsverhältnissen und gewann den Prozeß.

Der Jörg K. aber verschwand vom Sonnenfels, und wir haben nie mehr etwas von ihm gehört.

Hassan

Als ich noch in Linz bei meinen Eltern wohnte, haben wir oft über die Familie A. neben uns gesprochen. Diese Familie hatte einen Hund, Hassan, einen widerlichen Köter, groß wie ein Kalb, verfettet, unförmig, mit kurzem, gelbem Fell, durch das rosa seine Haut schimmerte. Der Köter war der Liebling unserer Nachbarsfamilie. Oft hörten wir die Nachbarin durch die Wand, wie sie mit ihm sprach wie mit einem Kind, lispelnd, hoch und unnatürlich. Statt »Gassi, Gassi gehen« zum Beispiel sagte sie »Gacki, Gacki gehen«.

»Na, mussu Gackigacki gehen«, sagte sie zu ihrem Hund, bei »mussu« mit der Zunge an die Zähne stoßend, und wir, die wir das durch die dünne Wand hörten, stöhnten vor Lachen.

Manchmal war die Sache allerdings sehr lästig. Das war zum Beispiel der Fall, wenn die Familie A. den Besuch der Großmutter erwartete. Hassan schien die Großmutter der Familie A. zu verabscheuen, jedenfalls knurrte und bellte er dann die ganze Zeit, und man wurde den Verdacht nicht los, es gäbe da drüben nicht nur einen knurrenden Hassan, sondern mindestens zwei oder mehr.

Schlimm war auch, wenn die Familie A. ausging und der Hassan allein zu Hause war, was allerdings ganz selten vorkam. Dann jaulte diese Kreatur nämlich ununterbrochen und scharrte dabei mit den Klauen an der Tür.

Meine Eltern hatten mit der Zeit einen richtigen Kampf begonnen gegen den Köter. Mein Vater schrieb zuerst einen

Beschwerdebrief an die Hausverwaltung unserer VÖEST-Wohnung, weil in dem Mietvertrag steht, daß Haustiere entfernt werden müssen, wenn sie zu Geräusch- oder Geruchsbelästigung der Hausbewohner führen, aber die Beschwerde hat nichts genützt, weil Herr A. Betriebsrat in der VÖEST ist und die VÖEST die Hunde ihrer Betriebsräte nicht entfernen läßt.

Tatsächlich war der Hassan auch eine Geruchsbelästigung. Er stank sogar ganz erheblich. Meine Mutter behauptete, bei Südwind sei es ihr unmöglich, das Schlafzimmerfenster nachts offenzuhalten, so sehr stinke der Hassan zum Fenster herein.

Alle Feste, Weihnachten, Silvester, Ostern, erlebte der Hassan aufs bewegteste mit, er jaulte mit den Osterglocken, knurrte mit den Wunderkerzen und kläffte bei den Feuerwerken. Wenn die Türglocke unserer Nachbarwohnung oder auch unsere eigene Türglocke läutete, bellte er.

Jedenfalls war er, solange ich zu Hause wohnte, unser Hauptgesprächsthema, und auch als ich längst in Salzburg studierte, berichteten mir meine Eltern, wenn ich sie besuchte, alle Neuigkeiten vom Hassan.

»Stell dir vor, der Hassan hat wieder ins Stiegenhaus gepinkelt«, hieß es etwa, oder: »Der Hassan hat die Großmutter drüben gebissen«, oder: »Vati hat wieder einen Beschwerdebrief geschrieben.«

Am meisten wunderten wir uns jedoch über die Langlebigkeit des Hassan. Kein Mensch konnte sich erinnern, wann genau er zu unseren Nachbarn gekommen war. Und wenn meine Mutter sagte: »Das müssen jetzt achtzehn Jahre her sein«, dann wußte sie nicht, ob nicht der viele Ärger mit dem Vieh die Zeit ihr so lange hatte erscheinen lassen. Sie seufzte dann stets und sagte abschließend: »Der wird uns noch alle überleben.«

Eines Abends, ich erinnere mich genau daran, es war ein lauer Frühlingsabend, traf ich in der Mensa der Salzburger Universität die älteste Tochter unserer Nachbarn, Ulrike.

Es war einer dieser Frühlingsabende, an denen man auf alles gefaßt ist, der Vollmond war früh aufgegangen, die vielen Magnolienbäume standen in voller Blüte, und alle Studenten, die wußten, daß diese verdammte, enge, leblose Stadt, die sich den Anstrich der Weltläufigkeit gibt, doch bestenfalls eine Station ist, ein Durchgang, eine Schleuse zum wirklichen Leben, waren für einen Abend lang versöhnt mit Salzburg. Es hat bestimmt an dieser eigenartigen Frühlingsstimmung gelegen, daß Ulrike und ich ins Gespräch kamen, die wir in Linz nichts miteinander zu tun gehabt hatten und uns auf der Uni nur flüchtig zunickten, wenn wir uns, was selten genug vorkam, dort trafen (ich war immerhin fünf Jahre älter als sie).

Wir unterhielten uns beim Abendessen über ihr Studium – sie hatte gerade zwei Semester Psychologie studiert –, und irgendwann kamen wir auf den Hassan zu sprechen.

»Na«, sagte ich, »und wie geht's dem Hassan?« Worauf Ulrike das Gesicht verzog und eine Weile schwieg. Dann seufzte sie tief, sah mich lange nachdenklich an und fragte mich schließlich, ob ich es bei einem Glas Wein hören wolle.

Wie gesagt, die Luft war lau, und in ihr lag die Vorahnung von Offenbarungen, Geständnissen und Beichten.

Ich willigte ein.

Auf unserem Weg zum Weingartl, dem einzigen für Studenten in Frage kommenden Weinlokal Salzburgs, das bis vier Uhr früh aufhat, überquerten wir Arm in Arm die Salzach, die braun und stumpf dahinfloß wie immer.

Mitten auf der Staatsbrücke blieb Ulrike unvermittelt stehen, ließ mich los und schaute die Felswand des Mönchsberges hoch. Sie reckte den Hals, als hätte sie da oben etwas gesehen. Als sie sich mir zuwandte, erschrak ich über ihr vor Zorn entstelltes Gesicht.

»Dieses verdammte Vieh«, sagte sie, »hat uns alle ruiniert.« Sie sah mich dabei an, als sei ich es gewesen, die ihr den Hassan ins Haus gebracht habe.

»Dieser ekelhafte Köter«, schrie sie mitten auf der Brücke und spuckte ins Wasser.

Ich sah sie ratlos an.

»Ich werde dir die Geschichte erzählen«, sagte sie und hakte sich wieder bei mir ein. Wir gingen ins Weingartl.

Das Weingartl ist ein häßliches Lokal mit häßlichen Polstersitzecken – rote Rosen auf grünem Hintergrund –, halbdunkel, stickig, verraucht und mies. Der Wein ist auch schlecht und teuer, und die Bedienung ist unfreundlich. Man wird zögernd eingelassen und zögernd bedient und sehr leicht wieder rausgeschmissen aus dem Weingartl. Eine Umgangsweise, die sich Salzburg für Studenten und alle anderen, die ihre Zahlungsfähigkeit nicht auffällig genug in Kleidung und Gebaren zur Schau stellen, zur Gewohnheit gemacht hat.

Wir setzten uns an einen Tisch in einer düsteren Ecke. Vor uns stand eine Vase mit Plastikmargeriten, das rot-grüne Tischtuch war naß von sauer riechendem Wein.

»Das mit dem Hassan«, begann Ulrike, nachdem wir bei einer mürrischen Kellnerin zu trinken bestellt hatten, »war so: Meine Mutter war«, sagte sie langsam, als überlegte sie noch einmal, ob sie mir die ganze Geschichte überhaupt erzählen sollte, trank einen Schluck Wein und sagte dann rasch, überstürzt, so daß ich sie kaum verstand: »Meine Mutter war nämlich nach meiner Geburt etwas unstabil.« Sie sah mich prüfend an und fügte hinzu: »Psychisch, weißt du.« Dann fuhr sie sich mit der Zunge über den Mund, als hätte sie damit schon zu viel gesagt.

»Also, es ging meiner Mutter nicht so besonders«, sagte sie schließlich sehr entschieden. »Und ein Bekannter hat meinem Vater geraten, ihr doch zum Stabilisieren einen Hund zu schenken; dieser Bekannte hatte nämlich eine Züchtung und wollte die Biester loswerden, die seine reinrassige Hündin versehentlich von irgendeinem dahergelaufenen Streuner bekommen hatte.«

Sie grinste.

»Mein Vater, der damals ziemlich ratlos war wegen des Zustands meiner Mutter, der immerhin schon drei Jahre seit meiner Geburt andauerte, ergriff diese erstbeste Gelegenheit, den Hund also, und brachte ihn meiner Mutter.«

Ulrike nahm einen großen Schluck Wein.

»Jedenfalls«, fuhr sie dann fort, »stabilisierte er meine Mutter tatsächlich. Sie hatte endlich eine Aufgabe im Leben.«

Ulrike sah mich an und schwieg. Mit der linken Hand rieb sie eine Plastikmargerite zwischen den Fingern.

»Sie war ganz versessen auf das Vieh«, sagte sie nach einer Weile.

Obwohl sie nach meiner Rechnung erst drei Jahre alt gewesen war, als der Hassan in ihre Familie kam, schien sie sich an alles genau zu erinnern, was mit dem Tier zusammenhing. Fast zärtlich sagte sie: »Meine Mutter hat ihn gepflegt und abgerichtet, der Hassan konnte einfach alles. Er konnte Türen öffnen und bis zehn zählen; bei zehn ihm angebotenen Zukkerstücken bellte er zehnmal.«

Plötzlich richtete sie sich sehr gerade auf. »Mir«, sagte sie, »verschaffte die Aufmerksamkeit, die meine Mutter dem Hund zuwandte, jedenfalls eine ganz unerwartete Freiheit. Weshalb ich ihn« – sie zögerte – »auch nie in der Art gehaßt habe wie mein Vater, wenn ich ihn freilich« – sie lachte auf – »auch nicht in der Art liebte wie mein Bruder.

Mein Vater litt arg unter dem Hund.

Ich weiß nicht genau, was sich da abgespielt hat«, sagte Ulrike und sah mich fest an, »jedenfalls lag der Köter nachts bei ihr im Bett, und der Vater lag im Wohnzimmer auf dem Sofa.«

Sie nahm wieder einen Schluck Wein, und es begann mich zu irritieren, wie sie dauernd entweder an dem Wein nippte oder in der rechten Hand eine Zigarette drehte und mit der linken die Plastikmargerite rieb. »Ich haßte den Hassan nur«, fuhr sie fort, »wenn ich sah, was er aus meinem Vater machte. Wenn nämlich meine Mutter dabei war, tat er so, als liebte er den Köter ganz unglaublich. Er fütterte ihn mit Wurst und Schokolade, führte ihn spazieren, tätschelte ihn, bekam ganz glasige Augen vor Fürsorge; sobald jedoch meine Mutter nicht dabei war, schrie er ihn an, trat ihn und sperrte ihn ins Badezimmer.

Dann wurde mein Bruder Thomas geboren.

Meine Mutter kümmerte sich praktisch gar nicht um ihn. Sie sprach, während sie ihn notgedrungen säugte, ausschließlich mit dem Hassan, bürstete und badete das Tier und ließ meinen Bruder verdrecken. Der aber«, sagte Ulrike, »statt froh zu sein über seine Freiheit, hängte sich ganz unglaublich an meine Mutter, wimmerte den ganzen Tag herum, klammerte sich an ihre Knie, war dauernd krank und ging ihr fürchterlich auf die Nerven. Mit der Zeit gewöhnte sie sich an, nur mehr im Befehlston zu meinem Bruder zu sprechen. ›Aus‹, schrie sie, wenn er sich an ihrem Rock festklammerte. ›Sitz‹, schrie sie, wenn er auf dem Boden hinter ihr herkrabbelte. ›Platz‹, schrie sie, wenn er sich hinlegen und schlafen sollte. Mit dem Hassan aber redete sie ganz normal.

Jedenfalls verfiel mein Bruder im Alter von etwa drei Jahren auf die Idee, sich dem Hassan anzuschließen, um auf diese Weise etwas von der Liebe abzubekommen, mit der meine

Mutter den Hund überschüttete. ›Hassan‹ war das erste Wort, das er, als er schon weit über drei Jahre alt war, sprechen lernte, und als nächstes lallte er: ›Hassan lieb.‹«

Ulrike zuckte mit den Schultern.

»Dem Hassan war zwar die Anhänglichkeit meines Bruders auch etwas lästig, aber wie Hunde so sind, lassen sie sich ja von Kindern alles gefallen. Mein Bruder nahm mit der Zeit einige der Gewohnheiten Hassans an. Als erstes grunzte er ganz genau wie der Hassan, wenn ihm etwas gefiel. Zum Beispiel, wenn meine Mutter den Hund streichelte und dabei auch ihn, der immer am Hassan hing, zufällig erwischte.« Ulrike nahm wieder einen großen Schluck Wein, zündete sich eine Zigarette an und lehnte sich entspannt zurück. Ihr Gesicht war gerötet, und ihre Augen glänzten, als wäre sie jetzt erst endgültig entschlossen, mir rückhaltlos alles zu offenbaren, was mit dem Tier zusammenhing.

»Wenn meine Mutter nicht dabei war«, sagte sie, »nahm ich ein Stück Würfelzucker und ließ den Hassan und meinen Bruder danach schnappen. Natürlich war der Hassan immer schneller. Aber nach fünf oder sechs Stück Würfelzucker spuckte er das letzte Stück aus und überließ es meinem Bruder, der sich gierig darüber hermachte.«

Sie zuckte mit dem Kopf und machte die Bewegung nach, mit der ein Hund nach einem Stück Zucker schnappt.

»Und dann« – sie stockte – »warf ich ihnen auch den Ball, mit dem der Hassan immer spielte, durchs Wohnzimmer.«

Sie beugte sich etwas über den Tisch und wurde ganz vertraulich. »Und die beiden liefen los.«

Sie hielt sich eine Hand vor den Mund.

»Manchmal ließ dann der Hassan meinen Bruder gewinnen, und der brachte mir den Ball im Mund.

Aber das komischste war«, sagte sie und verzog das Gesicht so, daß ich nicht wußte, ob sie weinte oder lachte: »Er kraulte ihm die Eier. « Ulrike nahm eine Plastikmargerite aus der Vase am Tisch.

»Worauf der Hassan sein unglaublich großes, dunkelrotes, tropfendes Glied ausfuhr und breitbeinig dastand.

Er hat«, sagte sie und machte mit der Hand unwillkürlich eine eindeutige Bewegung am Stiel der Plastikmargerite, »auf meine Anweisung hin dem Hassan einen geblasen.«

Sie nahm schnell einen Schluck Wein, und ihr ganzer Körper bebte. Dann konnte sie sich nicht mehr beherrschen. Sie prustete los.

Am Ende liefen ihr die Tränen übers Gesicht, und sie preßte eine Hand in die Magengrube. Es war etwas eigenartig Ansteckendes an ihrem Lachen. Die Studenten, die zu uns herübersahen, begannen ebenfalls zu lachen. Und auch ich lachte irgendwann mit.

Wie eine Springflut schwoll das Lachen an in dem Lokal, als hätten alle die Geschichte von dem am nackt glänzenden Glied Hassans saugenden Jungen gehört und gedächten nun ihrer eigenen Kindheit. Die Plastikmargeriten auf den Tischen wippten von den Lachstößen der Studenten, rotglühende Zigarettenenden kreisten wirr durch den schummrigen Raum, Gläser klirrten, lautes Schneuzen kam aus verschiedenen Ecken, jemand hatte die Tür aufgemacht, und ein Schwall magnolienduftender Luft kam in das Lokal.

Die mißtrauischen Kellnerinnen des Weingartls formierten sich sofort und schwärmten an die einzelnen Tische aus. Jeder, der nichts mehr zu trinken hatte und nichts nachbestellte, wurde des Lokals verwiesen. Als die Kellnerin an unseren Tisch trat, wurde Ulrike augenblicklich wieder ernst, wischte sich die Tränen ab und bestellte einen weiteren Liter Wein. Dann sah sie mir in mein noch vom Lachen heißes Gesicht.

»Die Sache«, sagte sie, »ist aber gar nicht zum Lachen. Mein Bruder vertierte nämlich. Er nahm nur mehr einmal am Tag Nahrung zu sich, und zwar zur gleichen Zeit wie der Hassan. Mit der Zeit fraß er auch nur mehr die gleichen Speisen wie der Hassan. Was nicht so schlimm war«, fügte sie schnell hinzu, »weil der Hassan sowieso nur das Beste bekam. Jedenfalls«, fuhr sie fort, »entwickelte sich alles so langsam, daß es uns gar nicht richtig auffiel. Mein Bruder wollte seinen Teller am Boden stehen haben, und er trank sein Wasser ausschließlich aus einer Schüssel. Indem er es aufschlürfte. Meiner Großmutter, der Mutter meines Vaters, die von Anfang an gegen den Hassan gewesen war, fiel es zum erstenmal auf. Das Kind, sagte sie eines Tages, als sie bei uns zu Besuch war, benimmt sich ja wie ein Tier. Meine Mutter wurde so wütend, daß sie auf meine Großmutter einschrie, und mein Bruder biß die Großmutter in die Wade.

Von da an mußten wir den Hassan und meinen Bruder in ein anderes Zimmer sperren, wenn sie kam. Sie knurrten dann beide.

Jedenfalls«, fuhr sie in ihrem Bericht fort, »hörte mein Bruder zu sprechen auf, als Hassan starb. Mein Bruder war damals immerhin schon vierzehn Jahre alt.«

Sie war jetzt ganz ernst, und der Zorn, der auf der Staatsbrücke ihr Gesicht entstellt hatte, als sie die schwarzen Felswände des Mönchsberges hochblickte, kehrte zurück.

Von dem Tag seines Todes an, sagte sie, habe ihr Bruder ganz die Stelle Hassans eingenommen. Er krieche auf allen vieren nackt in der Wohnung herum, liege tagsüber auf Hassans Matratze, belle, jaule und knurre, grunze, schmatze und kläffe wie der Hassan und liege nachts bei der Mutter im Bett.

Und der Vater, sagte sie mit kreisrunden Augen, der Vater tätschle ihm den Hals, wenn die Mutter dabei sei, füttere ihn mit Wurst und Schokolade und beschimpfe ihn unaufhörlich und trete ihn, sobald die Mutter das Haus verlasse.

Das Eigenartige aber sei, sagte Ulrike: Bei ihrem letzten Besuch in Linz sei ihr aufgefallen, daß ihr Bruder ein Fell bekommen habe. Sein Körper sei ganz bewachsen mit einem kurzen gelben Fell. »Er sieht dem Hassan nun tatsächlich zum Verwechseln ähnlich«, sagte sie.

Ulrike und ich trennten uns um vier Uhr früh auf der Staatsbrücke. Die Plastikmargerite hatte sie immer noch in der Hand. Wir waren reichlich betrunken und umarmten uns. Ulrike weinte.

Einige Monate später, als ich wieder einmal nach Linz kam, um meine Eltern zu besuchen, begrüßte mich mein Vater triumphierend am Bahnhof. »Wir haben gesiegt«, rief er mir schon von weitem entgegen, und als ich ihn verständnislos ansah, sagte er: »Hundertfünfzig Unterschriften aus der ganzen Nachbarschaft. Sie mußten den Köter weggeben.«

Bergheimerstraße Nr. 3

In der Wohnung in der Bergheimerstraße Nr. 3 in Salzburg, an der Salzach gelegen, auf die ich von dem zierlichen, mit weißem, schmiedeeisernem Geländer versehenen Balkon zwischen zwei Oleanderbüschen sitzend, schauen konnte, wie sie, je nach Witterung und Himmel, silbern oder grau oder braun dahinzog, der Wohnung mit dem Wintergarten, in dem der Schreibtisch meines Mannes stand zwischen Palmen und einem alten Philodendron, der so hoch gewachsen war, daß er an der Decke – es war ein altes, bürgerliches Haus mit hohen Zimmern – sich bog und schräg weiterwuchs zum Fenster hin und zum Licht, das sich brach zwischen den Bambusverstrebungen eines Paravents, der Wohnung mit dem Salon, in dem es stets dämmrig war, weil eine hohe Birke vor dem Fenster den vollen Einfall des Lichts verhinderte – sie war hellgrün im Frühling und seidig gelb im Spätsommer –, und in dem der schwere Renaissancekasten stand – wir hatten zu dritt versucht, ihn zu verrücken, es war uns nicht gelungen – sowie ein Renaissancealtar mit geräumiger Schrankkiste und aufgetürmtem Tabernakel mit kleinen Schubfächern, in denen Nähzeug aufbewahrt war und ein alter Schokoladeosterhase, den die Mutter meines Mannes, die vor uns in der Wohnung gelebt hatte, vor Jahren dort einmal aufbewahrt und dann vergessen hatte, eine bequeme Barocksitzecke, deren niedrige Fauteuils mit einem chinesischen Seidenstoff, rotem Blumenmuster auf hellblauem Hintergrund, bezogen waren, ein Bösendorfer Flügel und Bücherregale, die bis zur

Decke des hohen Zimmers reichten und in doppelter Reihe bestückt waren mit alten Büchern, unter ihnen eine Erstausgabe der Goethewerke in speckig-grauem Leder, die mein Mann von seinem Vater geerbt hatte, einem freien Schriftsteller (es soll eine Zeit gegeben haben, in der man den Vater meines Mannes den Kulturpapst von Salzburg genannt hat, wovon eine silberne Schachtel voll Photos zeugt, auf denen er mit Herbert v. Karajan, Thornton Wilder, Vittorio de Sica, Gottfried v. Einem und anderen mehr abgebildet ist; die ererbten Briefe von Thomas Mann an den Vater meines Mannes – immerhin sechs Stück – hatte mein Mann in Zeiten der Geldknappheit dem germanistischen Institut der Salzburger Universität verkauft, ebenso eine Trakl-Karte, auf der eine hastig notierte chemische Formel stand, und einer Salzburger Galerie einige Bilder von Thöny – ein Onkel! –, Schiele und Kubin), in dieser Wohnung also mit den beiden geräumigen Zimmern und dem kleinen Salon, der auf die Straße hinter dem Haus wies und den später Christopher bewohnte, mit den beiden großen, in acht Rechtecke unterteilten Fenstern und dem kostbaren, einst in böhmischen Glasereien angefertigten Kristallüster, der schwarzen Empirekommode mit den goldenen Leisten, dem alten Empirekanapee, auf dem zu schlafen reichlich unbequem war, da die alten Federn sich durch seine Hülle bohrten, in dieser wunderschönen Wohnung in der Bergheimerstraße Nr. 3 mithin ermordete Christopher meinen Mann.

Als Christopher zu uns zog, wußte mein Mann selbstverständlich, daß wir ein Verhältnis miteinander hatten. Ich habe ihm nie das geringste verschwiegen. Mir war es damals so vorgekommen, daß es meinem Mann ganz recht war, daß ich einen Geliebten hatte. Er hatte sich bereits seit längerem durch meine ständige Gegenwart bei den vielseitigen Studien, die er betrieb, gestört gefühlt. So hatte er nach unserem dreijährigen Japanaufenthalt neben dem Japanischen auch noch das Chinesische zu studieren begonnen, und wann immer ich neben dem von seinem Vater geerbten mächtigen Schreibtisch auftauchte, auf dessen Aufbau die indische Statue einer gebärenden Frau, ein aztekischer Götze und ein indianischer Schrumpfkopf standen – sein Vater war auch archäologisch und ethnologisch tätig gewesen –, zog mein Mann die Stirne kraus, und eine Schrägfalte, die auf höchste Ungehaltenheit schließen ließ, bildete sich neben seiner Nase. Ich habe in den sechs Jahren meiner Ehe nur das Allernötigste mit meinem Mann gesprochen. Trotzdem habe ich ihn immer geliebt. Mein Mann war, wie alle Gelehrten, etwas seltsam, und ich mochte seine Art, mich hinter Zimmerpflanzen und Vorhängen versteckt zu beobachten, wenn ich mich abends auszog. Ich habe die Entkleidungsszenen mit der Zeit, als ich längst wußte, daß er sich versteckt hält, ausgebaut, habe etwa vor dem Ausziehen meiner Spitzenunterwäsche, denn solche schenkte er mir stets in allen Ausführungen, da er es nicht nur liebte, mich in ihr zu sehen, sondern auch, sie in diversen Geschäften selbst auszusuchen, wobei er sie langsam durch die Finger gleiten und sich von den Verkäuferinnen ausführlich beraten ließ – vor dem Ausziehen dieser Spitzenunterwäsche also habe ich meist gezögert, mich unter dem Vorwand, etwas zu suchen, von allen Seiten gezeigt, um mich dann, nur mit den hauchdünnen Seiden- oder Chiffonunterhöschen bekleidet, aufs Bett zu legen, um eine Zeitschrift durchzublättern, wobei ich von Zeit zu Zeit ein Bein aufstellte und abwinkelte.

Mein Mann kam dann auch meistens aus seinem Versteck hervorgestürzt, barg seinen Kopf weinend in meinem Schoß und sprach stockend von seiner schrecklichen Jugend, in der ihn berühmte Frauen überallhin verfolgt hätten, um sich ihm dann zu entziehen. Daraufhin liebten wir uns in den ausgefallensten Stellungen.

Diese schöne Zeit endete, als er sich dem Chinesischen zuwandte. Er glaubte nämlich, während seines Japanaufenthalts das Gegenstück zum Kopfkissenbuch der Hofdame Sei Shonagon aus dem 10. Jahrhundert entdeckt zu haben, das, in chinesischer Schrift verfaßt, ein ganz anderes Licht auf die Heian-Zeit werfen sollte und zu dessen Studium er die alten, aus bis zu 30 Strichen bestehenden chinesischen Schriftzeichen, von denen es 50000 geben soll, zu erlernen gedachte, was seine ganze Zeit und Kraft in Anspruch nahm. Dermaßen vernachlässigt, verführte ich Christopher, den zwanzigjährigen Germanistikstudenten, der eines Tages gekommen war, um in die umfangreiche Bibliothek meines Mannes Einsicht zu nehmen.

Mein Mann hatte sich damals zuerst des jungen Mannes angenommen, und sie verbrachten mehr Zeit in Gesprächen über die asiatische Literatur miteinander, als ich je mit meinem Mann verbracht habe.

Schließlich kam Christopher täglich, um, nachdem er eine Stunde mit meinem Mann geplaudert hatte, mit mir auf dem Balkon mit dem weißen, schmiedeeisernen Geländer zwischen den Oleanderbüschen zu sitzen, auf den immer gleichen Fluß der Salzach zu schauen und Kuchen zu essen.

Christopher verstand nichts von dem besonderen Verhältnis zwischen meinem Mann und mir. Je näher wir uns kamen, desto abfälliger äußerte er sich über meinen Mann. Aber ich habe das damals auf seine Jugend zurückgeführt und nicht weiter beachtet.

Ansonsten unternahmen wir ausgedehnte Spaziergänge

miteinander, gingen ins Kino und saßen nachher lange in Caféhäusern, wobei er meist über seine Kindheit in irgendeiner Klosterschule sprach und ich über meinen Mann.

So war es schließlich ganz natürlich, daß er eines Nachts, mein Mann war damals auf einem Sinologenkongreß in Wien, bei mir blieb. Im Wintergarten, im Schatten des alten Philodendrons – wir hatten die Empirelampe auf dem Schreibtisch meines Mannes eingeschaltet, eine wunderschöne Arbeit, mit zwei griechischen Jünglingen, die einander mit jeweils einer Hand umschlingen, während sie mit der anderen Hand gemeinsam den Lampenschirm aus feinster Tierhaut emporhalten – liebten wir uns auf dem Fußboden, der mit Teppichen weich belegt war. Christopher hatte in der Art ganz junger Männer, die eine ältere Frau – ich könnte seine Mutter sein – bewundernd verehren, bei den zuerst zufälligen und dann mehr und mehr bewußt herbeigeführten Berührungen wohl voller Erstaunen die Jugendlichkeit meines Körpers entdeckt. Denn ein zwanzigjähriger Student stellt sich eine vierzigjährige Frau anders vor, als sie ist. Ohne zu übertreiben und den Vorwurf der Eitelkeit auf mich nehmend, muß ich hier anmerken, und mein Mann hat es mir jederzeit bestätigt, daß mein Körper, nicht zuletzt wegen der sorgsamen Pflege, die ich ihm stets habe angedeihen lassen, den Lavendel- und Tannenzapfenbädern, den Salben aus chinesischen und indischen Ölen, den Gesichtsmasken und Feuchtigkeitscremen, den wöchentlichen Massagen und Saunabesuchen, straff geblieben ist wie der Körper eines jungen Mädchens. Mein Busen hat sich in all den Jahren nicht im geringsten gesenkt, und abgesehen von der schummrigen Beleuchtung der Empirelampe, dem Schatten des Philodendrons und der verschwimmenden Silhouette der indischen Gebärerin auf dem Schreibtisch meines Mannes muß es der Busen gewesen sein, der Christopher endgültig anzog. Er wühlte sich wie nach langer Entbehrung in meine Brüste und riß mir die Kleidung so begeistert vom Leib, daß ich keine Zeit hatte, ihn in mein Zimmer und das bequemere Bett zu ziehen. Am Fußboden liegend drang er voll Ehrfurcht und voll Schaudern in mich ein.

Das Verhältnis dauerte an, als mein Mann von seinem Sinologenkongreß längst zurückgekehrt war, und schließlich teilte ich ihm die ganze Sache mit. Mein Mann hat dann selbst vorgeschlagen, Chistopher bei uns wohnen zu lassen. Das ständige Kommen und Gehen, sagte er, störe ihn bei der Arbeit. Er kümmerte sich in der Folge so wenig um uns, daß wir uns schließlich kaum noch beherrschten in unserer kindlichen Lust. Wir liebten uns, während mein Mann im Wintergarten seinen chinesischen Studien nachging, bereits beim Frühstück in der Küche, lagen ineinander versunken in der Badewanne, und nur wenn wir allzu laut stöhnten und wimmerten, klopfte mein Mann in, wie ich sicher bin, völliger geistiger Abwesenheit an die Badezimmertür. Er verlangte absolute Stille während seiner Studierzeiten.

Das ging in dieser Weise etwa ein Jahr lang, so lange ungefähr, wie mein Mann brauchte, um seine chinesischen Studien abzuschließen. Länger als höchstens zwei oder drei Jahre hat sich mein Mann nämlich nie mit ein und derselben Sache beschäftigt. Stets fiel er bereits in der letzten Phase vor dem Abbruch seiner jeweiligen Studien in einen Zustand der Unruhe, der damit begann, daß er stundenlang im großen Salon auf und ab marschierte, verschiedene alte Bücher aus den Bücherregalen riß, um sie dann achtlos irgendwo liegenzulassen, und steigerte sich schließlich zu Wutausbrüchen gegen die Bücher, die kostbaren Möbel und die Bilder (einmal hat er in einem Anfall des Ekels einen Kokoschka zerrissen), um sich erst wieder zu beruhigen, wenn er ein neues Projekt gefunden hatte, auf das er sich mit ganzer Seele stürzen konnte.

In der Zeit vor dem Abbruch der chinesischen Studien und bevor er noch ein neues Studienobjekt gefunden hatte, wozu er jedoch nicht mehr kam, da Christopher ihn vorher ermordete, begann sich mein Mann, von Unruhe getrieben, wieder um mich zu kümmern.

Ich bemerkte das daran, daß ich eines Abends, als ich mich auskleidete, hinter der Palme einen zusammengekrümmten Schatten sah und leises Stöhnen hörte. Glücklich über seine erneute Zuwendung, denn ich hatte ja nie aufgehört, meinen Mann zu lieben, nahm ich ihn wieder bei mir auf.

Seine Seltsamkeiten hatten nun einen neuen Aspekt erhalten. Er bildete sich nämlich, ausgehend von seinen eigenen Vorlieben, ein, hinter dem Philodendron, zwischen den Beinen des Bösendorfer, neben dem Renaissancetabernakel, zwischen den Oleanderbüschen am Balkon, hinter den gläsernen Türflügeln halte sich Christopher versteckt, um uns zu beobachten, und er steigerte sich in so eine maßlose Erregung, daß er mir die Schamhaare ausriß, die Klitoris blutig biß und mit solch martialischer Gewalt in mich eindrang, daß wir beide laut schrien vor Lust und vor Schmerz und ich wirklich befürchtete, wir könnten Christopher auf diese Weise anlocken. Wie stets nach diesen heftigen Liebesakten weinte mein Mann dann lange an meiner Brust. Mein Liebhaber wurde uns, so sehr er auch Anlaß war zu unserer Verzückung, so lästig, daß wir, wieder in Umkehrung der eigenen Besessenheit, befürchteten, er könnte uns in blinder Wut und Eifersucht erstechen.

Ach, wie nahe waren wir der Wahrheit!

Statt uns jedoch vorzusehen, steigerte diese Vorstellung

unsere Lust noch. Mein Mann schlug mich mit einer ägyptischen Nilpferdpeitsche; ich war, geknebelt mit einem Palmenblatt, über den Bösendorfer gespreizt, angebunden mit Klaviersaiten zwischen Pedalen und Mechanik, umrankt von Efeu und Zimmerwein, beschattet von Tabernakelkuppen und elfenbeinernen Kruzifixen, dekoriert mit indischen Gebärenden, indianischen Schrumpfköpfen, peruanischen und mexikanischen Götzen, und ich trank seinen Samen, mit dem Kopf rücklings über die Tastatur nach unten hängend.

In dieser Lage befand ich mich auch, als Christopher meinen Mann ermordete. Wären mir nicht die Hände gebunden gewesen, wie leicht hätte ich meinen Mann retten können.

Ich habe, mit dem Kopf nach unten an den Bösendorfer gebunden, gesehen, wie Christopher uns durch die Spiegel im Vorzimmer beobachtete und wie sein Schatten über die Bücherwand hinauf bis zur Decke stieg, lange vor dem Mord habe ich den reglosen Schatten gesehen, ihn keinen Augenblick aus den Augen gelassen, durch die Schreie meines Mannes das Schweigen gehört; hätte Christopher gekeucht, ich hätte nichts befürchtet, aber das Schweigen, der Schatten, die Starre, die Mörder sind starr vor der Tat, sie lösen die Starre nur durch die Bewegung auf das Opfer zu, die unaufhaltsam ist, Christopher bewegte sich weiter und weiter auf meinen Mann zu. Es ist unehrenhaft, einen Mann von hinten zu erschlagen, das war Christopher aber egal. Ich sah meinen Mann zucken unter den Hieben des Aschenbechers.

Als die von den Nachbarn gerufenen Polizeibeamten mich losbanden, brach ich zusammen.

Christopher wurde sofort abgeführt.

Ich habe die Wohnung mit allen Möbeln verkauft, nur den

Bösendorfer habe ich behalten und die beiden Oleanderbüsche.

Seither gehe ich jeden Abend rastlos durch diese Stadt, die mein Schicksal geworden ist, und suche meinen Mann zu vergessen. Es gelingt mir aber meist nur für Augenblicke, wenn ich zwischen den deutschen und den amerikanischen Touristen im Müllnerbräu sitze und Bier trinke.

Der Glückwunsch

Nachdem ich erfahren hatte, daß der Rundfunkredakteur, der seit Jahren Geschichten von mir im Rundfunk sendete, Mitglied der Jury für den Literaturpreis gewesen war, den ich gewonnnen hatte, beschloß ich, ihn anzurufen.

Ich beabsichtigte, mich bei ihm zu bedanken bzw. meine Freude über den Preis auszudrücken, und ich dachte eigentlich, auch er würde sich freuen, daß ich mich freute. Außerdem wollte ich in Erfahrung bringen, wie hoch der Preis eigentlich war.

Am Freitag erreichte ich den Redakteur nicht mehr im Rundfunk. Um vier Uhr nachmittags sagte seine Sekretärin, ich solle, statt dauernd anzurufen, doch einfach meine Telephonnummer hinterlassen. Falls er noch käme, riefe er mich dann zurück.

Ich tue das eigentlich gar nicht gern, weil ich immer befürchte, daß so ein Rückruf mitten in meiner Arbeitszeit kommt.

So war es dann auch. Der Rundfunkredakteur rief mich am Montagvormittag an, als ich gerade an einer Erzählung arbeitete, die ich am Vortag versaut hatte.

Das Budget sei auf die Hälfte gestrichen worden, sagte er, gleich nachdem er seinen Namen genannt hatte. Er müsse nun so lavieren, daß für alle Beteiligten das Beste herausschaue.

Ich wußte nicht, worauf er hinauswollte, dachte aber, das läge an mir.

»Das ist ja ein starkes Stück«, sagte ich, nachdem ich mich so weit von meiner total verfahrenen Erzählung gelöst hatte, daß mir wieder eingefallen war, warum ich den Redakteur am Freitag anzurufen versucht hatte und warum er mich jetzt wohl zurückrief, »zuerst einen Preis auszuschreiben und ihn dann auf die Hälfte zu kürzen.«

»Welchen Preis?« fragte er. Er spräche vom Rundfunkbudget. Das Rundfunkbudget für Literatur sei auf die Hälfte gekürzt worden, weshalb er mir leider mitteilen müsse, daß er weder dieses noch nächstes Jahr eine Geschichte von mir senden könne. Und das Honorar für die Geschichte, die er letztes Jahr von mir gesendet habe, könne er dieses Jahr auch nicht mehr zahlen. Aber, sagte er gleich darauf, das sei ja weiter nicht schlimm, wo ich doch jetzt den Literaturpreis gewonnen hätte.

Das war mein Stichwort. Ja, sagte ich, deshalb hätte ich ja am Freitag schon dauernd versucht, ihn zu erreichen.

»Wer nicht erreichbar ist, arbeitet«, sagte er sofort.

Eine Weile schwiegen wir beide. Dann sagte ich, daß ich mich sehr über den Preis gefreut hätte und auch gerne wüßte, wie hoch er sei. Wir schwiegen wieder eine Weile. Ich begann mich zu fragen, ob da vielleicht irgend etwas faul gewesen war.

Vielleicht, dachte ich, ist er in der Jury gar nicht für meine Texte gewesen, oder alle anderen sind gegen meine Texte gewesen, und nur er hat sich für meine Texte eingesetzt, und jetzt hat er Unannehmlichkeiten.

Ich fragte ihn möglichst unbefangen, wie denn so die Stimmung in der Jury gewesen sei. Ob jemand gegen mich gewesen sei? Falls er, sagte ich, darüber reden wolle oder dürfe oder möchte.

Natürlich, sagte der Rundfunkredakteur, dürfe er über alles reden, und es stehe außer Zweifel, daß meine Texte den Ansprüchen der Jury genügt hätten und meine Preiswürdigkeit allein durch die Ausdauer und die jahrelange Kontinuität meiner Arbeit erwiesen sei.

»Ja«, sagte ich, »aber war auch jemand gegen mich?«

Er wisse das jetzt auch nicht so genau, sagte er. Er sei nämlich in derart vielen Jurys Mitglied, daß er sie alle langsam verwechsle und gar nicht mehr wisse, wer wo was eingereicht habe und wer in welcher Jury was gesagt habe. Jedenfalls, sagte er dann, gäbe es eben überall solche und solche. Es gäbe Schriftsteller, sagte er, die hätten etwas Geniales.

»Sicher«, sagte ich an meinem Ende der Leitung.

»Wozu Sie ja nicht gehören«, sagte er am anderen Ende.

Ich atmete mehrmals tief durch.

Er meine das positiv, sagte er. Ich sei ja jemand, der am Wort arbeite. Das habe er auch vor der Jury gesagt. Er habe gesagt, daß er mich seit Jahren kenne und daß er wisse, daß ich am Wort arbeite.

Da könne man sich doch darauf verlassen, sagte er, daß später einmal etwas bliebe von allem und nicht alles verpuffe.

Wir schwiegen wieder eine Weile.

Außerdem hätte ich doch einen gewissen Stil, fügte er dann noch hinzu.

Ich überlegte, ob ich vielleicht alles nur falsch verstand, weil ich immer noch hauptsächlich diese Erzählung im Kopf hatte, die in den Griff zu kriegen mir einfach nicht gelingen wollte.

»A propos«, sagte da der Rundfunkredakteur am anderen Ende der Leitung, »haben Sie einen Computer?«

Ich antwortete wahrheitsgemäß, daß ich keinen Computer hätte und daß ich auch keinen wolle. Vielleicht hätte ich das nicht sagen sollen. Oder vielleicht hätte ich es anders sagen sollen. Jedenfalls begann er daraufhin zu sprechen und hörte nicht wieder auf. »Ich kann Sie gut verstehen«, begann er, und seine Stimme, die vorher eher sachlich geklungen hatte, wurde geradezu einschmiegsam und leidenschaftlich, eindringlich und sanft, alles zusammen.

Er selbst, sagte er, habe Computer immer gehaßt. Er sei in allem, so auch hier, sehr eigen; immer schon eigen gewesen. Zum Beispiel, sagte er, habe er, bevor er den Computer gekauft hätte, nur auf einer grünen Olympia geschrieben, auf keiner Schreibmaschine sonst. Es habe immer eine grüne Olympia sein müssen. Elektrische Schreibmaschinen habe er nie benutzt. Überhaupt sei er der Technik gegenüber äußerst skeptisch eingestellt. So sei er auch in sechs Fachgeschäften gewesen – an dieser Stelle lachte er, ich hatte keine Ahnung warum – und habe sich von sechs verschiedenen Fachkräften beraten lassen, bevor er den Computer gekauft habe. Er habe Modelle gesehen, sagte er, im Preis von 8000 Schilling bis 78 000 Schilling. Jawohl, sagte er, ich hätte richtig gehört, für nur 8000 Schilling gäbe es schon einen Computer.

Er machte eine Pause, und ich sagte, das sei wirklich preiswert für einen Computer.

»Na«, sagte er, »überzeugt?«

»Naja«, sagte ich, »auch 8000 Schilling sind Geld.«

»Schon«, sagte er, »aber Sie sparen Zeit.« Und er legte wieder los. Zählte auf, was ich mir alles ersparen würde: das Ausbessern, das Rumklecksen mit Tipp-Ex, das Tippen verschiedener Textversionen, das Abtippen einer ganzen Seite, nur weil ich einen Absatz vergessen hätte oder ein anderes Format vorzöge.

»Was glauben Sie«, sagte er zu mir, »was ich mich schon geärgert habe beim Briefeschreiben. Da will man einen fehlerfreien Brief schreiben und vertippt sich. Fängt noch einmal von vorne an, vertippt sich wieder usw. Was für eine Verschwendung von Konzentrationspotential! Ich meine, Sie spannen sich doch dabei an. Der ganze Körper ist verkrampft. Energie verpufft, die Zeit vergeht. Sie sparen einfach enorm viel Kraft und Zeit mit einem Computer.«

»Ja«, sagte ich, »aber was dann?«

Eine Weile war es still am anderen Ende der Leitung. »Dann dichten Sie.«

»Eben«, sagte ich und spürte, wie ich ein wenig Aufwind bekam, »das ist es ja. Nach drei Stunden bin ich am Ende. Da fällt mir nichts mehr ein.«

»Ich garantiere Ihnen«, sagte er und schien seiner Sache schon wieder ganz sicher zu sein, »Sie dichten dann länger als drei Stunden. Weil Sie sich ja all die enorme Anspannung, die Sie das Tippen kostet, den Ärger mit den Tippfehlern etc. ersparen. Also haben Sie mehr Kraft. Sind Sie schlank?« fragte er mich.

»Ja«, sagte ich.

»Der schlanke Körper«, sagte er, »neigt zur Verkrampfung. Der dicke Körper ist entspannter, weil sich die Muskeln in all dem Fett ... Wie auch immer«, sagte er, »wenn Sie sich vor der Schreibmaschine verspannen, weil Sie ständig Tippfehler machen, verkrampfen Sie sich und bewirken einen Blutstau. Es kommt zu allen möglichen Beschwerden.« Stille in der Leitung.

»Ach was«, sagte ich, um ihn irgendwie auf andere Gedanken zu bringen, »man muß halt hin und wieder mal spazierengehen.«

»Sehr richtig«, sagte er, »und um dafür Zeit zu haben, brauchen Sie einen Computer.« Ich hörte, wie seine Sekretärin ihm etwas zuflüsterte. Wahrscheinlich hatte da jemand angerufen, oder er sollte jemanden zurückrufen, oder jemand wartete schon in seinem Vorzimmer.

»Zwei Sekunden noch«, sagte er zu seiner Sekretärin. Zu mir sagte er, daß er am Tag bis zu drei Stunden gewinne, seit er einen Computer besitze. »Zwei Stunden spielend«, fügte er hinzu. Es sei auch überhaupt kein Problem mehr, sich zwischendurch mal zu entspannen. Früher sei das unmöglich gewesen, er hätte ja ständig alles das im Kopf haben müssen, was er jetzt einfach im Computer habe. In der gewonnenen Zeit meditiere er, oder, er lachte wieder unvermittelt am anderen Ende der Leitung, er spiele einfach ein bißchen an seinem Computer herum. »Das ist«, sagte er, »keine Arbeit, sondern die reinste Entspannung.« Es hörte sich enthusiastisch, ja fanatisch an, als er sagte, daß er zur Entspannung seinen Computer bekämpfe. Er wolle, sagte er, den Computer dazu zwingen, ihm kleine Fehler bei den Spielen durchgehen zu lassen. Das sei ja alles nur eine Frage der Programmierung.

Ich wollte ihn gerade unterbrechen und einfach nach der Höhe meines Preisgeldes fragen, als er schon fortfuhr.

Er könne sich, sagte er, das Einkaufen ohne Computer gar nicht mehr vorstellen.

»Nehmen Sie nur einmal«, sagte er, »die Einkaufsliste.«

Er habe da natürlich verschiedene Listen: Haushaltswaren, Eßwaren, Sportgeräte, Autozubehör, Kleidung, Schreibmaterial, Büromaterial – er trenne das strikt, sagte er –, Geschenkartikel etc. Fehle ihm nun ein bestimmter Gegenstand, speichere er das in die entsprechende Liste. Auf Tastendruck kombiniere der Computer dann die Daten aus den verschiedenen Listen zu einer einzigen Einkaufsliste.

»Was sagen Sie jetzt«, sagte er.

Ich sagte nichts.

Sein Computermodell, fuhr er fort, sei in begrenztem Rahmen sogar schöpferisch. Computergedichte seien mir ja bestimmt ein Begriff, und es sei nicht das Schlechteste, was dabei herauskomme. Der Computer zeichne auch und komponiere. Er singe und lache auf Knopfdruck. Aber, sagte er, das Faszinierendste sei doch wohl der Gefühlsbereich.

Die Sekretärin flüsterte ihm wieder etwas zu.

»Es wird ja wohl noch eine Sekunde Zeit sein«, sagte der Redakteur. Besonders erfreulich sei, sagte er, daß Arbeitszeit und Freizeit nun organisch ineinander übergingen. Er habe einen Computer in der Redaktion und einen zu Hause. Aber es bleibe doch immer ein und derselbe – er zögerte – Ansprechpartner, sagte er, da er ja die Disketten von hier nach dort mitnehme ...

Ich hörte einen dumpfen Laut, dann war es eine Weile still.

»Ich muß jetzt aufhören«, sagte der Rundfunkredakteur nach ziemlich langer Zeit. »Eine letzte Frage haben Sie noch offen.«

Ich fragte nach der Höhe meines Literaturpreises.

»5000 Schilling«, sagte er und: »Gl'unsch.«

Es knackte in der Leitung, er hatte aufgelegt.

Der Schergentoni

Wie bei allen Ausflügen, die ich mit H., einem alten Bekannten aus meiner Salzburger Zeit, unternahm, regnete es.

Wir hatten uns 1970 bei der Anti-Nixon-Demonstration auf dem Salzburger Flughafen kennengelernt. H. war Geometer, Landvermesser, und ich hatte vorher nie gedacht, daß so ein Beruf noch ausgeübt wird. Außerdem war er Brunnenbauer. Ich hatte 1970 gerade in Salzburg zu studieren begonnen, wohnte in einer Wohngemeinschaft, schlief jeden Tag bis Mittag und führte insgesamt einen äußerst ungesunden Lebenswandel. Weil unsere Lebensformen sehr verschieden waren, trafen wir uns selten. Aber Salzburg ist nicht groß, und von Zeit zu Zeit trifft man jeden Bekannten, den man hat. Wenn wir uns trafen, verabredeten wir uns stets zu einem Ausflug, wie H. das nannte, und immer waren diese Ausflüge verregnet, anstrengend und ein wenig unheimlich. Denn meistens passierte etwas Unvorhergesehenes. Einmal, es war Frühling, verirrten wir uns in einem Wald bei Elixhausen und mußten die Nacht in einer Scheune verbringen, und ein andermal erzählte uns ein Jäger im Blühnbachtal, wie er seinen eigenen Hund erschossen hat.

H. und ich, wir haben uns in den insgesamt zehn Jahren unserer Bekanntschaft nicht öfter als vielleicht fünfzehn- oder zwanzigmal getroffen. Ich wußte von seinem Leben nur so viel, daß er mit einer Frau zusammenlebte, die ich ein paar Mal in seiner Begleitung getroffen hatte. Ein unauffälliges, grobknochiges Mädchen. Und H. wußte von meinem Leben gar nichts.

Er war groß und kräftig und blond und hatte einen wilden, zerzausten Bart. »Ich bin zur falschen Zeit geboren«, sagte er oft im Spaß, »meine Zeit ist das Mittelalter.« Und tatsächlich kannte er sich im Mittelalter sehr gut aus. Besonders über die Bauernkriege wußte er Bescheid. Er kannte die Namen der Bauernführer und auch die ihrer Feinde, der Salzburger Erzbischöfe und Landesherren.

Der letzte Ausflug, den wir miteinander unternahmen, bevor ich für immer aus Salzburg wegzog, führte uns in den Lungau. Ich hatte H. zufällig Samstag abends in einem Weinlokal getroffen und ihm von meinem Vorhaben erzählt, Österreich zu verlassen. H. nickte, während ich sprach, als hätte er es nicht anders erwartet, und seufzte. »Ja«, sagte er dann, »man muß weg hier.« Ich war sehr erstaunt. Ich hatte mir H. nie irgendwo anders vorstellen können als in Österreich. »Aber«, sagte ich ganz verwirrt, »du gehörst doch hierher.«

»Ja«, sagte er, »ja, ich gehöre hierher.« Er lachte, und seine Art, kurz aufzulachen, hatte etwas seltsam Unpassendes. Dann fragte er mich unvermittelt: »Kennst du das Schloß Moosham im Lungau?« »Nein«, sagte ich, und er sah mich lange an, als prüfte er meine Antwort ganz genau. »Du kennst das Schloß Moosham im Lungau nicht?« wiederholte er dann und fügte sehr bestimmt hinzu: »Dann fahren wir morgen hin.«

Am Sonntag früh, als wir losfuhren, war es bewölkt. H. trägt, seit ich ihn kenne, sommers und winters Bluejeans und einen dunkelblauen Anorak und spielt, seit ich ihn kenne, beim Autofahren Musik von Vivaldi oder Dvořák. Ich glaube fast, er besaß in all den Jahren nicht mehr als vielleicht drei oder vier Musikkassetten. Mit der Symphonie »Aus der Neuen Welt«

überquerten wir die Radstädter Tauern. H. saß, wie immer, dicht hinter dem Lenkrad, deutete auf die Berge und fluchte. »Diese verdammten Autobahnen«, fluchte er, »ruinieren alles.« Wir fuhren auf der Paßhöhe an einem geradezu kobaltblauen See vorbei, an diesen ungemein sanften Weidewiesen, aus denen unmittelbar die Felswände hochsteigen, und an einer Reihe im Alpenstil errichteter Pensionen und Alpenhotels, die sich – es war Anfang Oktober – zu einer ausgestorbenen Geisterstadt formierten. Wir fuhren vorbei an Geschäften, in deren Auslagen allerlei geschnitztes Zeug herumlag, an zwei Tankstellen, die geschlossen waren, an einem Hotelungetüm, auf dem »Sauna« und »Hallenbad«, und an einer geschnitzten Kuh, auf der »Willkommen« stand. Bei dem einzigen Gasthaus, das da oben offen hatte, blieben wir stehen. »H.«, sagte ich, während wir den Kaffee, ein dünnes, geschmackloses Gebräu, tranken, »ich bin müde. Können wir heute einmal ausnahmsweise einen Ausflug machen, der nicht anstrengend ist?« H. sah nicht einmal auf von dem Kaffee, der in Kännchen serviert worden war, ein Zugeständnis, das Österreichs Gastgewerbe den deutschen Touristen macht, die der Österreicher dafür haßt.

»Natürlich«, sagte er sofort, »wir schauen uns nur das Schloß Moosham an und fahren dann noch schnell zum Rotgüldensee.«

Das Schloß Moosham liegt auf einem felsigen Vorhügel des Mitterberges über dem Murtal. Ich weiß nicht, ob es am Regen lag, daß es so düster aussah. Es stand da, breit, massiv und renoviert, und über ihm war ein großer, grauer Himmel. Wir machten eine Führung mit durch die Schloßräume, die Waffenkammern und die Folterkeller.

Durch die Jahrhunderte, so erfuhr ich, ist das Schloß

Moosham Schauplatz seltsamer Begebenheiten gewesen. Zuerst als römisches Kastell auf der Straße nach Italien, dann als mittelalterliche Festung der Grafen Moosham und schließlich über zwei Jahrhunderte lang als Richtstätte. Casanova, so heißt es, soll im Schloß Moosham übernachtet haben, der Erzbischof Wolf-Dietrich soll sich hier auf seiner Flucht nach Italien versteckt haben, und eine schöne Prinzessin soll in einem Nebengebäude gefangengehalten und gemästet worden sein. Einen Scharfrichter hat der Blitz getroffen, und ein alter Graf ist direkt vom Fenster seines Sterbezimmers aus in den Himmel aufgefahren.

Nach einem Gang durch die Jagd-, Wohn- und Schreibzimmer des Mäzens und Kunstliebhabers Graf Wilczek, der, wie uns die Führerin, eine ältere Dame mit Dirndlkleid und strengem Haarknoten, mitteilte, das Schloß Moosham im 19. Jh. gekauft und vor dem Verfall gerettet hat, stiegen wir ab in die Folterkeller. Moosham sei, so erfuhren wir weiter, von 1520 bis 1790 Sitz des Landesherrlichen Pflegegerichts gewesen. Die Steuereinhebung, die Polizeigewalt und das Blutgericht seien von hier ausgeübt worden. Während die Führerin von der dunklen Seite in der Geschichte von Schloß Moosham sprach, legte H. seinen Daumen in die Daumenschraube. »Es gab«, sagte er leise zu mir, »Folterverordnungen. Da waren die Grade der Folter und ihre jeweilige Dauer ganz genau festgehalten. Die eiserne Jungfrau«, sagte er, »für den aufständischen Bauern, die Daumenschraube«, sagte er, »für die Unzüchtigen.« Er lachte – wie mir schien, ein wenig unpassend – laut auf.

Ich schaute aus dem winzigen vergitterten Fenster des Folterkellers in den Schloßhof hinauf. Der Regen fiel nun dicht, ruhig und lautlos.

Nach dem Folterkeller kamen wir in einen Raum mit

Hirschgeweihen an den Wänden und mit einem großen Glasschrank in der Ecke. In dem Glasschrank stand, ich weiß nicht aus was für einem scheußlichen Material, aus Pappmaché oder Wachs oder Plastik, eine lebensgroße Nachbildung des Schergentoni, des Henkers von Schloß Moosham. Er war groß und kräftig, hatte eine enorme, gebogene Nase, die über und über mit Warzen bedeckt war, und Hände wie Schaufeln. Wir standen um den Glaskasten herum und glotzten den Schergentoni an. Der Schergentoni, sagte die Führerin, sei so grausam gewesen, daß er nicht nur die Gefangenen, sondern sogar seine eigenen Eltern mißhandelt habe. An der Rückseite des Schlosses, sagte sie, könnten wir noch die Schneise besichtigen, in der er mit einem Schlitten zur Hölle gefahren sei.

Aber nicht einmal dort hätten sie ihn aufgenommen.

»Es heißt«, sagte sie abschließend, »daß er bis heute ruhelos um den Rotgüldensee geistert, bis seine arme Seele von einer Jungfrau erlöst wird.«

H. sah den Schergentoni lange an. »Ich frage mich oft«, sagte er, als die anderen Schloßbesucher längst weitergegangen waren, »was der Schergentoni wohl bei den Folterungen empfunden haben mag. Man weiß gar nichts darüber.«

Nur den Körper, sagte er im Weitergehen, als hätte er über all das lange nachgedacht, und betrachtete die metallisch blitzenden Waffen, die in den folgenden Räumen in Reih und Glied aufgestellt waren für den Besucher, nur den Körper könne man verletzen. Die Seele nie. Die Seele verletze ein jeder sich selbst.

Ich hätte im Anschluß an die Führung gerne wie die meisten anderen Schloßbesucher im Schloßrestaurant von Moosham gegessen, in diesem schönen Raum mit alten Deckengewölben und schweren, dunklen Holztafeln, aber H. drängte zum Aufbruch. Es war wie bei allen unseren Ausflügen. H. hatte mir stets so viel an einem einzigen Tag zeigen wollen, daß wir von Ort zu Ort eilten, um uns am Ende doch zu verlaufen oder zumindest in die Dunkelheit zu geraten. Trotzdem widersprach ich, wie bei allen unseren Ausflügen, nicht.

Wir fuhren also weiter zum Rotgüldensee.

»Der Sage nach hatte er einen Pakt mit dem Teufel geschlossen«, sagte H.

»Wer«, fragte ich.

»Der Schergentoni«, sagte H. Er kümmerte sich kaum um das Fahrzeug und um die Straße, sondern saß dicht hinterm Lenkrad und schaute auf die Berge. »Und wie das so ist«, sagte er dabei, »eines Tages kam dann der Teufel, um ihn abzuholen. Es war eine rabenschwarze Nacht, und der Wind pfiff um das Schloß herum.« In einer ganz unübersichtlichen Kurve überholten wir einen Traktor. »Der Schergentoni«, fuhr H. dann fort, »kam gerade von seinem Rundgang durch die Kerker, wo er einige Bauern gequält hatte, als die Kutsche mit den vier glänzenden Rappen vor dem Schloß hielt. Der Wind pfiff neunmal so stark wie vorher.«

H. machte den Wind nach.

»›Schergentoni‹, rief der Teufel, oder ich glaube, es war der Diener des Teufels, ›wo bist du?‹ Der Schergentoni bekam ziemlich Angst, er bot an, jede Menge Bauern oder Jungfrauen oder Eltern zu quälen, wenn er nur noch ein bißchen leben dürfte. Aber da war nichts zu machen. Der Teufel oder sein Diener nahm ihn mit zur Hölle.«

Aber wie seine Seele dann zum Rotgüldensee gekommen sei, sagte H., das wisse er auch nicht.

»Sie haben eine Asphaltstraße hinauf gebaut«, sagte er nach einer Weile und legte den dritten Gang so nachlässig ein, daß das Getriebe krachte. Er schüttelte den Kopf. »Als ob die Touristen nicht ein paar Schritte zu Fuß gehen könnten.«

Wir parkten. H. kannte sich gut aus in dieser Gegend. Er wußte ein paar Abkürzungen, die wir gehen konnten, damit wir nicht die Asphaltstraße nehmen mußten. Diese Abkürzungen waren sehr steil, und H. ging so schnell, daß ich bald ganz erschöpft war.

»Die Gegend hier«, sagte er und deutete mit einer ausladenden Handbewegung um sich herum, »habe ich vermessen. Damals sind wir mit einem Jeep eine Schotterstraße hinaufgefahren. Wir, die Vermessungsgehilfen, sind auf dem Trittbrett des Jeeps gestanden.«

Vor uns lag der Rotgüldensee in einer Mulde von Bergrücken, die um ihn herum wuchsen. Der vordere Rotgüldensee, wie ich bald darauf erfuhr. Das letzte Stück Weg hatte durch einen Wald geführt, der abrupt endete. Rund um den See wuchs nur dieses so ungemein weich aussehende Gras, das aber hart ist und widerstandsfähig und aus dem Felsbrocken ragt. Aus der Wiese stiegen dann übergangslos die Felswände der Berge auf. Der vordere Rotgüldensee lag ruhig da, nur der Regen bedeckte ihn über und über mit sich konzentrisch ausbreitenden Kreisen. Neben dem See stand die Naturfreundehütte. Ich war froh, als wir den kleinen Raum mit Holztischen und -stühlen betraten. Feuer brannte im Kamin, die Fenster wiesen ins Tal. H. erzählte der Wirtin, die sich ohne zu fragen an unseren Tisch gesetzt hatte, daß er vor Jahren die Gegend hier vermessen habe. »Aha«, sagte die Wirtin. Ich saß am Fenster, trank Grog und starrte ins Tal. Langsam wurde mir warm.

Als wir die Naturfreundehütte wieder verlassen hatten, erfuhr ich dann, daß es noch einen hinteren Rotgüldensee gibt. Er sei der schönste See, den man sich vorstellen könne, sagte H., nur Wasser sei dort, sagte er, und nackter Fels und der Himmel. Und: Da müsse man unbedingt noch schnell hin. Es war mittlerweile fünf Uhr nachmittags, und ich hätte mich selbstverständlich weigern sollen, zum hinteren Rotgüldensee zu gehen. Alles Folgende wäre nicht passiert. Aber der viele Grog zeigte an der frischen Luft seine Wirkung. Und als ich um mich sah, auf den See, der still und übersät von den Kreisen, mit denen der Regen ihn bedeckte, dalag, und auf die Bergrücken mit ihren dunklen Geröllfeldern, und auf den schmalen, schlammigen Weg durch die Wiese zum hinteren Rotgüldensee, da erfaßte mich eine seltsame, tiefe Ruhe, und ich stimmte zu. Auf H. allerdings schien die Landschaft keinerlei beruhigende Wirkung auszuüben, er begann in seinem üblichen Tempo loszumarschieren, als gälte es, all die nackten Felswände rundum noch am selben Tag zu besteigen. Durch meine Turnschuhe drang die Feuchtigkeit, die Lederjacke hing, von Wasser vollgesogen, schwer an mir, und der Regen fiel mir ins Gesicht und rann von meinen Haaren in den Nacken. Im Grunde ist es mir noch heute unerklärlich, warum ich unter diesen Bedingungen hinter H. herstapfte.

Wir erreichten den hinteren Rotgüldensee buchstäblich mit dem letzten Lichtstrahl. Er fiel durch geballte Wolkenbänke, durchschnitt den See jäh rot und gold, und erlosch. Die Felswände dunkelten, und es regnete entsetzlich. Wir waren jetzt vollkommen durchnäßt. »Komm«, sagte H., »da hinten ist eine kleine Höhle.« Wir kletterten über glitschige Felsbrocken und erreichten den Eingang, in dem unzählige Zigarettenkippen lagen. »Schergentoni«, rief H. in die Höhle hinein, »wo bist du?«

»Wo bist du?« kam das Echo aus der Höhle zurück, daß ich mich an H.s Arm festhielt vor Schreck. Wir saßen auf dem

Boden beim Höhleneingang und rauchten. Es donnerte in einiger Entfernung.

»Genau so, wie wir hier sitzen«, sagte H., nachdem wir lange geschwiegen hatten, »haben wir vor sieben Jahren auch hier gesessen.« »Nein«, sagte ich, »ganz bestimmt nicht. Hier war ich noch nie.« »Auch damals hat es geregnet«, fuhr H. aber fort, »und es war Abend. Der Rotgüldensee war ganz dunkel. Seltsam war nur«, sagte er, und mir schien, er sagte es mehr zu sich selbst als zu mir, »daß es so stark duftete. Obwohl hier ja gar nichts wächst als ein bißchen Moos auf den Steinen, hat es sehr stark und süß geduftet.«

Als ich ihm eine Zigarette anbot, zuckte H. zusammen. Er sah mich an. »Entschuldige«, sagte er dann. »Sie hat mich nämlich verlassen.« Er lehnte sich an die Höhlenwand und streifte die Glut seiner Zigarette am Felsen ab, so daß die Funken stoben.

Auch das noch, dachte ich, Bekenntnisse bei dem Sauwetter. Ich richtete mich zwangsläufig auf einen längeren Aufenthalt ein. Die Felswand war feucht und hart.

»Ich habe sie in der Naturfreundehütte kennengelernt, damals, als ich das Land vermessen habe«, fuhr H. zu sprechen fort, und ich ärgerte mich, daß er sich nicht im geringsten darum kümmerte, ob ich seine Geschichte auch hören wollte.

Sie habe mit einem Bergsteiger hinauf zum Jagerjoch gewollt, sagte er. Er habe den beiden abgeraten, da das Wetter nicht gut genug gewesen sei, aber der Bergsteiger habe sich nicht abhalten lassen wollen, und so seien die beiden aufgebrochen. Später, am Nachmittag, als das Wetter sich verschlechtert habe, sei er ihnen nachgegangen.

Aber er habe sie nicht gefunden im Felsen. Da habe es zu regnen begonnen, und er habe diese Höhle aufgesucht, um das Ärgste abzuwarten. Da sei sie gesessen, sagte er, allein, und habe in den See gestarrt. »Als ob sie auf mich gewartet hätte«, sagte H. Sie hätten dann die Nacht gemeinsam in der Höhle verbracht, es sei ja August gewesen und warm, und er könne mir gar nicht sagen, wie schön diese Frau gewesen sei.

Ich dachte an das grobknochige Mädchen, das ich ein paar Mal mit H. getroffen hatte.

Dann sagte er nichts mehr. Gerade als ich den Vorschlag machen wollte aufzubrechen, da das Wetter sich ja doch in nächster Zeit nicht mehr bessern würde, beugte er sich abrupt zu mir, hielt mich am Arm fest und versuchte, mich zu küssen. Ich kannte H., wie gesagt, seit zehn Jahren, und nie war es zwischen uns zu etwas gekommen. Ich wollte mich von ihm losmachen, aber er hielt mich ganz fest. »Bleib bei mir«, sagte er, als hätte ich irgendeine Wahl, während er mich gleichzeitig mit dem Rücken fest gegen einen spitzen Stein drückte. Als er mein Gesicht am Kinn zu sich hindrehte, sah ich, daß er außer sich war. Seine Augen glänzten, als ob er Fieber hätte, der Mund war rot und schmal, und die Hände in meinem Gesicht waren kalt wie der Stein in meinem Rücken. Alle unsere Ausflüge erschienen mir plötzlich in einem anderen Licht. Und da oben sitzend in der Kälte, umgeben von versunkenen Bergen, Nebel und Regen, vor mir der Rotgüldensee, hinter mir das schwarze Loch einer Höhle, neben mir ein Mann mit diesen Augen und diesen Händen, breitete sich eine große Verlassenheit in mir aus. Eine Verlassenheit, die ich als Gleichgültigkeit verspürte. Und mit einem Mal wußte ich, daß sie schon immer in mir gewesen war. Ich wehrte mich nicht, als H. mir die Schuhe und die Hose auszog. Er drehte mich herum, und ich ließ auch das geschehen. Bis ich mit dem Gesicht auf einem Stein lag. »Halt dich fest«, schrie er, »ganz fest«, und ich klammerte mich am Fels fest, bis ich alles vergaß. Irgendwann lag er auf mir und rührte sich nicht mehr.

Es war ein mühevoller Abstieg im Schein der Taschenlampe. Die Felsen waren glitschig, und der Weg war schlammig, und die ganze Zeit über sagte ich kein Wort. Als wir in der Naturfreundehütte angelangt waren, bestellte H. einen doppelten Schnaps für uns beide und trocknete seine Schuhe und Strümpfe am Kachelofen. Außer uns saß nur ein deutscher Urlauber im Gastzimmer und schrieb etwas in sein Notizbuch. Erst als die Wirtin sich ungebeten an unseren Tisch setzte, sich weit zu mir vorbeugte und mich fragte, ob wir in der Naturfreundehütte übernachten wollten, sagte ich nein. Nein, sagte ich, nein, ich hätte genug von den Hütten und Höhlen, von den Schlössern und Burgen, den Wirten und Henkern und Landvermessern und von diesem ganzen Land. Ich wäre heilfroh, sagte ich, und ich weiß, daß ich mich verhaspelte und immer wieder versprach, so daß der deutsche Urlauber neugierig zu mir herübersah, wenn ich diese Berge und Seen, die Wiesen und Wälder und Sümpfe und Täler und Schluchten nicht mehr sehen müßte bis an mein Lebensende. Dann schnürte es mir die Kehle zu, und ich brachte keinen Ton mehr heraus.

Den Weg zum Auto gingen wir nebeneinander auf der breiten Asphaltstraße. Wir fuhren nach Salzburg zurück, und H. legte eine Dvořákkassette ein. Mit der Symphonie »Aus der Neuen Welt« überquerten wir wieder die Radstädter Tauern. Wir fuhren an dem kobaltblauen See vorbei und an diesen ungemein sanften Weidewiesen, aus denen unmittelbar die Felswände hochsteigen, an einer Reihe im Alpenstil errichteter Pensionen, an dem Hotelungetüm, auf dem »Sauna« stand und »Hallenbad«, und an der geschnitzten Kuh, auf der »Willkommen« stand. Bei dem einzigen Gasthaus, das da oben offen hatte, blieb H. stehen. Ich wartete im Auto, als er ausstieg und im Gasthaus verschwand. Nach etwa einer Viertelstunde kam er zurück, und wir fuhren weiter. Der Himmel über uns war groß und schwarz.

Die Rosen des Heiligen Benedikt

M. und ich, wir treffen uns alle paar Wochen einmal am Nachmittag zu einem Spaziergang. Abends treffen wir uns nie. Da arbeitet sie. Sie sagt nicht was. Obwohl sie mir schon die unglaublichsten Geschichten aus ihrem Leben erzählt hat, spricht sie nicht gern über die unmittelbare Gegenwart.

M. war vor Jahren der einzige Mensch, der sofort und ohne zu zögern meinen Hund in Pflege genommen hat, als ich einmal für ein halbes Jahr weg mußte. Sie hat mir das Tier aufs beste genährt und gebürstet zurückgegeben, und da es letztlich diese Dinge sind, auf die es ankommt im Leben, dazusein, wenn einer in Not ist, oder auch rechtzeitig abzuhauen, je nachdem, zähle ich sie zu meinen drei, vier wirklichen Freunden.

Zu unseren Nachmittagsspaziergängen – sie hat es gern, wenn wir uns bewegen – holt sie mich mit ihrem VW Golf ab. Sie kommt nie in meine Wohnung, sondern hupt unten am Parkplatz so lange, bis ich neben ihr im Wagen sitze. Ihre Ungeduld ist gleich groß, ob ich eine Minute brauche oder zehn.

Zu unseren Ausflügen ist sie praktisch immer falsch angezogen. Ich habe erlebt, wie sie mit einem hautengen Rock auf einen Berg geklettert ist, und ich erinnere mich auch, daß sie einmal in einem Landgasthaus mit Kegelbahnen so ein Hütchen aufhatte mit einem grünen Schleier vorn vor dem Gesicht. Ich glaube nicht, daß sie das absichtlich tut. Ich glaube, sie ist einfach der Mensch, der von vornherein und per se immer falsch angezogen ist.

An dem Augustnachmittag, als sie mir die Geschichte mit dem Mönch erzählte, waren wir zu einem Ausflug nach Maria Plain verabredet. Über Maria Plain steht auf einem bewaldeten Hügel eine Wallfahrtskirche, und neben der Wallfahrtskirche steht ein altes Wirtshaus mit Gastgarten. Dorthin wollten wir von Maria Plain aus zu Fuß gehen.

Es war das übliche Ritual. Sie kam mit ihrem VW Golf unten am Parkplatz an und hupte, mein Hund bellte und sprang an der Wohnungstür hoch – er kennt das Hupen meiner Freundin –, und ich beeilte mich sehr. Als ich dann neben ihr im Auto saß und mein Hund am Rücksitz geräuschvoll an den Knochen nagte, die sie ihm – wie immer – mitgebracht hatte, fragte sie mich, wohin noch mal wir fahren wollten. »Nach Maria Plain zur Wallfahrtskirche«, sagte ich und sah sie an. Sie trug ein Kleid aus dünnem schwarzem Stoff, knielang, eng, auf der mir zugewandten Seite bis beinahe zur Hüfte geschlitzt. Eine Schulter war frei. Über der anderen wurde das Kleid von einem schmalen Träger gehalten. Dazu trug sie passende schwarze Stöckelschuhe. Sie sah mich an, während ich sie ansah. Dann lachte sie lauthals.

In Maria Plain parkte meine Freundin den Wagen dann vorschriftswidrig halb auf der Straße. »Jeder, der wirklich will, kommt daran vorbei«, sagte sie auf meine Einwände hin und ging los, ziemlich schnell noch, weil der erste Teil unseres Weges asphaltiert war. Auf Asphalt geht sie mit Stöckelschuhen so sicher wie andere nur mit Turnschuhen. Sie setzt diese Hacken mit einer Präzision auf den Boden, die ihresgleichen sucht. Nie würde sie stolpern. Die Disziplin, die sie in den Beinen hat, fängt sie nachlässig mit dem übrigen Körper ab, wodurch ihr Gang etwas Weiches, Schaukelndes bekommt.

Schon hier ernteten wir feindselige Wallfahrtsblicke. Meine

Freundin hat einen Instinkt, auf so was zu reagieren. In diesem Fall strich sie sich mehrmals die roten Haare aus der Stirn und zupfte an dem fadendünnen Träger, als ob sie das Kleid daran hochziehen wollte. Was sie garantiert nicht wollte; ich kenne sie.

Als wir von der Asphaltstraße auf den Waldweg kamen – mein Hund brachte uns Äste, Tannenzapfen und Steinbrocken, und meine Freundin spielte mit ihm –, zog sie die Stöckelschuhe aus. Ohne Stöckelschuhe fehlt ihrem Gang alle Disziplin, und es ist beinahe unerträglich, wie sie sich wiegt und schaukelt. Irgendwie bin ich immer froh, wenn wir unseren Zielort unbeschadet erreichen.

Es war sehr heiß an jenem Augustnachmittag, und wir saßen schwitzend unter den dicken Kastanienbäumen in dem alten Gastgarten, der Wallfahrtskirche gegenüber. Meine Freundin wühlte mit nackten Zehen im Kies. Ich bestellte Kaffee und Apfelkuchen, und sie bestellte Bier und einen Obstler. Während mein Hund sich keuchend zwischen die Schmiedeeisenverstrebungen unter dem Tisch zwängte, wo es am kühlsten war, beobachteten M. und ich die Wallfahrenden. Die drängten sich vor den Kiosken mit Ansichtskarten und Andenken und schauten von Zeit zu Zeit zu uns her. Besonders ältere Frauen in Dirndlkleidern schüttelten den Kopf, wenn sie uns sahen. Meine Freundin lächelte ihnen zu und strich sich die Haare aus der Stirn. Zu mir sagte sie leise: »Kübelärsche«.

Irgendwann, ich bin sicher, sie erzählte mir gerade irgendeine Geschichte aus ihrem Leben, an die ich mich jetzt aber nicht erinnere, weil ich mich auf eine ganz bestimmte Geschichte konzentriere, die sie dann erzählen sollte, kam ein Bus mit lauter Mönchen an. Die Mönche sprangen raus aus dem Bus, und nachdem einer hergeschaut hatte, schauten alle her. Sie starrten meine Freundin ganz schön an. Meine Freundin griff nach dem Tuch, das ich immer dabeihabe – man weiß ja nie, es könnte ein Gewitter kommen, oder ein Sturm –, und verhüllte damit augenblicklich ihre Schultern.

»Was ist denn jetzt los?« fragte ich sie, und weil ich mir den Anschein einer gewissen Lässigkeit geben wollte und auch, um in ihren Tonfall einzustimmen, sagte ich: »Du wirst dich doch vor den Wichsern da nicht genieren?«

Da wurde ich aber gehörig korrigiert.

»Wichser?« fragte sie. »Kennst du denn einen Mönch?«

»Nicht persönlich«, sagte ich.

»Na, siehst du«, sagte sie und sah den Mönchen dunkel grübelnd nach. »Aber ich.«

Als der letzte Mönch in der Kirche verschwunden war, nahm sie mein Tuch wieder von der Schulter und bestellte bei dem Wirt, der sie zuerst mißtrauisch, nachdem sie aber wieder an ihrem Träger rumgezupft hatte, zunehmend wohlwollend ansah, noch ein Bier. Nachdem sie auch das zweite Bier fast ausgetrunken hatte, wurde ihre Gesichtsfarbe, die bis dahin fast grau gewesen war, frisch und rosa. Auch glätteten sich ihre Züge, die Augen wurden größer, kurz, es war, als wenn ein Kind morgens aufwacht und gleich froh ist. Sie legte unter den wohlwollenden Blicken des Wirts ihre Beine auf einen freien Stuhl.

»Sei mir nicht böse«, sagte meine Freundin, »aber ich hab das Gefühl, du hast überhaupt keine Ahnung von Mönchen. Wichser!« sie schüttelte den Kopf. »Absolut das Gegenteil ist der Fall. Ich kannte da mal einen Mönch«, sagte sie, »der war alles andere als das.« Sie kramte in ihrer Handtasche, holte ein Fläschchen heraus und nahm zwei Tabletten, indem sie sie aus der flachen Hand von der Brusthöhe aus in ihren Mund schleuderte. Dann spülte sie mit Bier nach. »Das war bei

Rom«, sagte sie und wischte sich den Mund mit dem Handrücken ab. »Du mußt das jetzt mal so hinnehmen. Das ist nämlich eine ganz andere Geschichte, wie ich damals nach Rom kam.« Sie schwieg eine Weile. Wahrscheinlich brütete sie dieser ganz anderen Geschichte nach. »Es war alles nur wegen dem Kerl«, sagte sie dann, »den ich zwei Monate vorher in einem Beisel kennengelernt hatte. Ich wußte noch nicht einmal seinen Namen, als der mich überredete, mit ihm nach Italien zu fahren. Es war die Hölle. Der Typ war Archäologe, glaub ich, oder Architekt. Zum Schluß haben wir das Kloster bei Rom besichtigt. Er wollte unbedingt hin.«

Meine Freundin war durch die bequeme Beinstellung etwas abgerutscht und saß tief im Plastiksessel. Sie stützte sich nun an den Armlehnen ab und zog sich hoch. Als sie wieder aufrecht im Sessel saß, fuhr sie fort.

»Wir hatten gerade gestritten«, sagte sie, »wie die meiste Zeit, und mir war damals überhaupt nicht nach Kloster zumute. Aber der Kerl war ja vollkommen gefühllos. Also sind wir ins Kloster gefahren. Es war an sich ein tolles Ding, mitten in den Felsen gebaut, rundum nichts als Berge und Wald, ganz unten im Tal ein Fluß, eine unglaubliche Gegend, du weißt, ich mag das. Ich habe aber praktisch nichts von alledem mitgekriegt, weil wir die ganze Zeit gestritten haben. Und wie. Mir ist bloß aufgefallen, wie still alles rundherum wäre, wenn der Kerl den Mund hielte. Nachher, in dem Ort unterhalb des Klosters, wo wir gewohnt haben, haben wir uns dann endgültig getrennt. Der Typ ist abgehauen und hat nicht einmal seine Hemden mitgenommen.« Ein kurzes nachdenkliches Schweigen.

»Ich sitz also in dem Nest, keine Ahnung mehr, wie's geheißen hat, und heul den halben Tag rum. Nachdem ich ausgiebig geheult hatte, dachte ich mir, wenn du schon mal da bist, schaust du dir die Gegend an. Ich mußte zu Fuß los, klar. Der Kerl hatte ja das Auto, und mit dem ist er abgehauen. Den ersten Tag bin ich ausschließlich am Fluß entlanggegangen. Ich bin stundenlang marschiert, da war nichts als der Fluß mit Fischen drin, ein paar Olivenbäume, aber wilde, Zikadengekreisch, und dann schon der Fels, bis hoch hinauf, und dort oben irgendwo das Kloster. Ich hab dann noch eine Stelle entdeckt, wo man erstklassig baden konnte in dem Fluß, er war mindestens zwei Meter tief dort, einerseits glasklar, jeder Stein am Boden zu sehen, andererseits dunkelgrün wie Frascatiflaschen. Da hab ich beschlossen, eine Zeitlang zu bleiben. Um mich zu erholen. Dieser Architekt hatte mich völlig geschafft. Geistig. Sobald ich an den dachte, heulte ich schon los, und deshalb marschierte ich am nächsten Tag zum Kloster rauf. Da ist es still oben, dachte ich, gerade was du brauchst. Die Straße war vielleicht staubig. Kein Mensch geht dort zu Fuß rauf. Ich geh also rein ins Kloster, und da seh ich erst, wie toll das ist. Dieser Kerl war ja imstande gewesen, mir alles zu versauen. Ich bin da rumspaziert, und wo ich hingeschaut habe, waren Höhlen und kleine Grotten, und alles war bemalt. Aber bunt. Und dazu kam, daß kein Mensch da war. Nur ich. Es war vielleicht still dort. Genau was ich in meiner damaligen Lage brauchte. Ich bin in eine der kleinen Höhlen hineingegangen, und weil ich mit den Nerven so fertig war – alles ist düster gewesen, und so Weihrauchkerzen haben vor sich hingeknistert, so was von Stille hab ich also noch nie erlebt –, da fang ich wieder zu heulen an und denke natürlich, kein Mensch ist da weit und breit. Ich wußte im Grunde schon gar nicht mehr richtig, warum ich heule, merk auch, wie alles hallt, rundherum heult inzwischen das halbe Kloster mit mir, weil's so hallt, da steht plötzlich dieser Mönch neben mir, wegen dem ich die ganze Sache ja überhaupt erzähle.«

An der Stelle kam der Wirt, und meine Freundin bestellte noch ein Bier. Mir war inzwischen klargeworden, daß es nicht bei den zwei Stunden, die ich für den Ausflug nach Maria Plain eingerechnet hatte, bleiben würde. Ich gab innerlich mein Vorhaben, nach dem Ausflug noch zu arbeiten, auf und bestellte infolgedessen auch ein Bier. Meine Freundin wartete mit ihrer Geschichte, bis der Wirt mit dem Bestellten kam. In der Zwischenzeit sah sie mit zusammengekniffenen Augen zum Portal der Wallfahrtskirche. Mein Tuch hielt sie griffbereit in den Händen.

»Der Mönch tritt auf mich zu«, sagte meine Freundin, nachdem der Wirt die zwei Bier gebracht hatte und wir beide je einen großen Schluck getrunken hatten, »und umarmt mich auf der Stelle. Ich krieg das Ganze gar nicht richtig mit, ich meine, ob Mönch oder nicht, das war mir auch egal, seh nur eine Schulter und nichts wie drauf mit dem Kopf. Ich lehn also an ihm, er hält mich fest, und irgendwann beruhig ich mich dann. Als er mich wieder losläßt und einen Schritt zurücktritt und ich ihn anschaue – er war groß und kräftig, hatte so ein vorstehendes Kinn, sehr helle Augen, ich denk auch noch, ich muß ja total verschmiert sein vom Heulen –, da fällt es mir überhaupt erst richtig auf. Mensch, das ist ja ein Mönch. Infolgedessen weiß ich nicht so recht, was ich sagen soll. Da fragt der mich auf italienisch, wie ich heiße. Ich hab's gleich verstanden, schließlich war ich zu dem Zeitpunkt schon zwei Monate in Italien. Ich sag's ihm also und find's gut, wie er mich nach meinem Namen fragt. Keine Spur von irgendeinem Wichser, das hab ich sofort gesehen. Also, er zieht dann doch glatt ein unglaubliches Taschentuch aus der Tasche, riesengroß und schwarz, und wischt mir sämtliche Tränen ab und die ganze Wimperntusche, er spuckt auf das Taschentuch und schmiert und wischt rum in meinem Gesicht, nur um mich ein bißchen menschlich herzurichten. Ich hätte fast noch mal losgeheult, aber diesmal vor Rührung. Und weißt du was? Selbst nachdem er an mir herumgeputzt hatte und ich wieder einigermaßen gefaßt war: Kein Wort darüber, warum ich eigentlich so geheult habe. Das fand ich ja das echt Starke. Ich meine, ich hatte immer gedacht, die wollen einen nur zum Beichten bewegen oder zum Bereuen, und was gab's in meiner Sache denn schon zu beichten oder zu bereuen? Also, der Mönch erspart uns jedenfalls diesen ganzen Kram und hakt sich bei mir ein wie ein Vater bei seiner Lieblingstochter.«

Hier unterbrach meine Freundin noch einmal ihre Geschichte, weil mein Hund und ein Pudel, mit dem er sich wohl angefreundet hatte, gemeinsam an ihrer Handtasche zerrten. Sie holte aus dieser Handtasche zwei Stück Würfelzucker und gab sie den beiden. Dann wartete sie, bis die Hunde den Würfelzucker aufgefressen hatten und sich wieder im Kies herumwälzten.

»Also«, fuhr sie fort, »wir gehen eingehakt raus aus der düsteren Höhle und hinauf in die Kirche. Wir haben ganz oben angefangen und uns das Kloster runtergearbeitet, von Bild zu Bild. Da hingen vielleicht Dinger rum. Zum Beispiel auf einem war ein Mönch zu sehen, dem haben sie gerade die Zunge aus dem Mund gerissen, während neben ihm, ein Stück weiter, eine Nonne geköpft wird. Es gab auch jede Menge Leichen. An ein Bild erinnere ich mich besonders gut, das ging über eine ganze Wand runter, neben der Treppe her. Wir gehen eingehakt diese Treppe hinunter, und neben uns ist das Bild: Ein Gerippe auf einem schneeweißen Pferd, dem die Mähne nachweht wie ein ganzer Brautschleier so lang und weiß, und das Gerippe hat ein Schwert, da spürst du richtig, wie scharf das ist, siehst auch, daß es blinkt und blitzt vor

Schärfe, und überall liegen die Toten herum. Und der Mönch erklärt mir alles. Am Ende hat er dann das Gesicht verzogen, weil immer noch mehr und mehr Leichen da herumlagen, und sagte doch schlicht zu mir, und das fand ich wieder so gut, ich soll nicht mehr traurig sein, weil ich schließlich leben würde und nicht tot sei. Auf italienisch! So was tröstet einen doch. Ab und zu streichelt der mir auch über den Kopf.

Wir dann also wieder eine Treppe runter und in so eine Höhle hinein. Auf der Decke waren überall Bilder von Paradiesvögeln mit langen, bunten Schwänzen und feuerroten Schnäbeln. Der Mönch macht schmale hohe Fenster auf, und draußen ist es ganz hell vor lauter Licht, und wir sehen auf die Hügel gegenüber, hören jede Menge Vögel draußen und beugen uns raus, und er legt den Arm um meine Schulter, und wir haben die Gesichter aneinandergelehnt, weil's Fenster so schmal ist, und schauen runter, sein Gesicht ist ganz weich, und ich denke, der hat sich doch gerade frisch rasiert, weil ich riech noch das Rasierwasser, und alles ist still und friedlich. Er erzählt mir, ein ganz berühmter italienischer Dichter hätte gesagt, das wäre die Schwelle zum Paradies hier. Ganz genau was ich auch empfand, als wir da standen und ein leichter Wind aufkam, der mir so komisch in die Haare fuhr. Da vergeß ich einen Moment, daß es sich um einen Mönch handelt, und es wandelt mich so ein Gefühl an, und ich küß den auf den Hals. Ich bin sofort erschrocken, weil ich wollte ihm schließlich nicht zu nahe treten, so ein Mönch hat's ja in der Hinsicht nicht leicht, wie man sich denken kann, da streicht der mir mit der Hand übers Gesicht, wie's keiner je so gemacht hat. Nicht einfach übers Gesicht gewischt, sondern ganz langsam. So, als ob er blind wäre und jetzt fühlte, wie ich aussehe, direkt in ihm drinnen. Also ich war so was von weg, hatte eine Zeitlang überhaupt keine Ahnung mehr, wo ich mich befand, das ganze Italien war mir entschwunden, und ich sag mir in dem Moment, Mensch, so müßte es sein, wenn du dich einmal verliebst, ich meine richtig, mit allem drum und dran. Es kommt dann eine Touristengruppe, zum Glück, muß ich sagen, ich weiß nicht, ob ich mich länger hätte konzentrieren können, noch dazu, weil der so riesige Hände hatte, ganz warme. Das waren richtige Hände, mit denen einer nicht bloß beten kann. Also die Touristen lärmen da rum mit ihren Touristenführern in der Hand, und wir verschwinden dann.«

Meine Freundin hatte, was selten vorkam, eine ganze Weile ihr Bier vergessen. Als ob sie es gerade erst entdeckte, nahm sie das Glas und trank es auf einen Zug leer. Die Hunde lagen jetzt beide unter dem Tisch, der kleine Pudel auf meinem Fuß. Er hatte einen ganz heißen Bauch.

Meine Freundin blinzelte eine Weile gegen die Sonne auf das Kirchenportal hin und nahm dann eine ihrer unglaublichen Sonnenbrillen aus der Tasche. Diese war mit Spiegelglas ausgerüstet und hatte einen rosaroten Straßrand.

»Da hätte ich dann gehen sollen«, sagte sie, und ich sah mich in den Spiegelgläsern ihrer Sonnenbrille dasitzen in meinem geblümten Sommerkleid, »kann sein, ich hätte mir die folgende Nacht erspart.« Sie schwieg eine Weile. »Na, ist ja auch egal«, fuhr sie dann fort, »ich konnte einfach nicht. Wir stehen da rum in so einer Kapelle, ich hab mich schon verabschiedet, will echt gehen, und der Mönch schaut mich an, und ich kann einfach nicht. Das war vielleicht ein Gefühl.

Mir ist direkt der Schweiß ausgebrochen. Er steht da und wartet. Mir tut alles weh, der ganze Körper war schwer wie ein Stein, und die Zunge ist so ein richtiger Klumpen im Mund gewesen. Und wenn das Gerippe auf dem Bild herangaloppiert wäre mit dem schneeweißen Pferd und dem scharfen Schwert in der Hand, keine Ahnung du, ob ich nicht trotzdem einfach stehengeblieben wäre.

Plötzlich hakt sich der Mönch wieder bei mir ein und sagt, daß er mir noch was zeigen muß. Mit einem Schlag konnte ich mich wieder rühren. Er hat mir dann das Bild vom Heiligen Franziskus gezeigt. Aber ehrlich gesagt, ich kann mich nicht mehr daran erinnern. Einiges ist mir da entfallen; zum Schluß sind wir jedenfalls auf die Klosterterrasse gegangen. An die erinnere ich mich haarscharf. Das war so ein Felsvorsprung, im Rücken hatten wir die Klostermauer, unter uns war eine andere Terrasse mit lauter Rosenbeeten drauf, ganz tief unten der flaschengrüne Fluß und uns gegenüber die Berge, Wälder und Felsen. Auf der Terrasse stand eine Steinbank. Da sind wir gesessen, und über uns auf der Klostermauer waren lauter Reste von alten Bildern. Die waren über tausend Jahre alt, das sah man auch, sie waren nämlich größtenteils ganz weggebleicht, bloß noch Reste waren da, aber irgendwie war gerade das schön. Was man sah, waren mandelförmige Augen im Fels, goldene Heiligenscheine und so weiter. Wir sitzen also auf der Steinbank, schauen rum, die Vögel singen, man hört den Fluß rauschen von da unten, wir halten uns an der Hand, einfach so, ohne was drum herum, sagen kein Wort, und alles ist trotzdem so ungeheuer klar, wie selten was ist. Weißt du, keine Spur von Durcheinander oder von Aufregung, alles, als ob's gerade so sein sollte, und wie wir so dasitzen, es war ja inzwischen schon viel Zeit vergangen, da geht doch die Sonne gerade uns gegenüber unter, das heißt, sie verschwindet hinter dem Hügel, du siehst sie da wegkippen, schnell geht sie unter, aber wiederum ohne daß sie es eilig hätte, hinter dem Hügel muß ein roter Schlund sein, in den sie da kippt. Fünf Minuten später war's dunkel über den Hügeln. Die andere Hälfte vom Himmel war aber immer noch hellblau.

Mir wird ein bißchen kalt, ich war nicht richtig angezogen damals, viel zu dünn, jedenfalls für den Abend, also mir klappern die Zähne, obwohl ich sie zusammenbeiße. Der Mönch legt den Arm um meine Schulter und reibt sie, er setzt sich ganz nah her, und wir sitzen eng beieinander da, ihm war direkt auch ein bißchen kalt, glaub ich, das wirkt ja ansteckend, wenn einer so mit den Zähnen klappert, und wie wir uns berühren, das ist ganz klar, fängt es wieder an, daß alles verschwimmt und verschwindet, Italien, das Kloster, Mönch oder nicht, wir sitzen da ganz eng, es ist alles so wichtig. Unsere Körper klappern ein bißchen aneinander vor Frösteln, denn so richtig kalt war uns ja nicht, das kann man nicht sagen, nur so ein Frösteln, von einem zum andern, daß du gar nicht mehr weißt, wer hier eigentlich fröstelt und warum, es ist wie bei einem Windstoß, den du manchmal so spürst, als wärst du selber der Wind und fährst durch dich selbst mitten hindurch, Momente sind das, die sind nicht häufig im Leben, wo alles in der Mitte ist und rumwächst um die Mitte, und ich vergesse sonst wirklich nicht so leicht, wo ich bin und was gerade läuft. Aber in der Situation wieder der totale Ausfall. Ich lehn an dem Mönch oder er an mir, es gibt überhaupt keinen richtigen Unterschied mehr, und Stück für Stück verfärbt sich der Himmel, als ob einer langsam ein dunkles Tuch darüber hinwegzöge, und wir sitzen da und sind nach einer Weile vollständig bedeckt. Da hat er mich dann noch einmal umarmt, aber anders als das erstemal in der Kapelle. Jetzt war's kein Trost mehr. Der Mönch hatte Ringe unter den Augen, solche Sachen sieht man dann plötzlich, und sein Hals hat mich so was von angezogen, gerade weil da Sehnen waren und Stränge und Muskeln. Ich denke, so ein Hals sagt mehr aus über den Menschen als alles andere. An dem Hals kannst du sehen, ob einer gelebt hat, ich meine richtig und auf seine

Weise, nicht so, wie man sich denkt, daß jeder leben müßte. Der hatte etwas ganz eigenes, der Hals, auch viele Falten, schließlich war er nicht mehr der jüngste, und wenn er schluckte, und er hat dauernd geschluckt, dann ist sein Adamsapfel ganz weit in die Höhe gesprungen und hat sich von dort fallen lassen, wie wenn einer von einem Felsen ins flaschengrüne Wasser runterspringt. Aber ohne Angst.

Als es dann schließlich stockdunkel war, ging unten über der Terrasse mit den Rosenbeeten ein Licht an. Wir sind aufgestanden und haben runtergeschaut, und da ist er dann auf die Sache mit den Rosen gekommen. Daß da immer schon welche gewesen sind, hat er gesagt, und daß sich der Heilige Benedikt, der hier – lang bevor's das Kloster überhaupt gab – Jahre in einer Höhle verbracht hat, ohne einen einzigen Menschen zu sehen, und dementsprechend auch ständig gegen die wahnsinnigsten Einbildungen ankämpfen mußte, man kann es sich vorstellen, auf welche Gedanken einer kommt, wenn er jahrelang so allein in einer Höhle hockt, daß sich der Heilige Benedikt also in ebendiesen Rosen, nicht gerade in *diesen* Rosen, in den Rosen, die halt früher da gewachsen sind, gewälzt hat, um alle die Versuchungen zu bekämpfen. Und die Rosen dort sollen besonders lange Dornen haben.

Als mir der Mönch diese Geschichte erzählt hatte, alles auf italienisch, aber ich hab's Wort für Wort verstanden, da war ich mit einem Mal wieder total da. Italien, das Kloster, der Mönch, alles ist mir sofort wieder entstanden. Irgendwann hab ich's dann doch geschafft, endlich abzuhauen und ins Hotel zurückzugehen. Aber frag mich nicht wie.«

Sie nahm ihre Sonnenbrille ab und sah müde aus. Richtig erschöpft sah sie aus und bestellte beim Wirt einen Obstler und noch ein Bier. Vor lauter Erschöpfung dachte sie anscheinend überhaupt nicht daran, an ihrem Fadenträger zu ziehen.

Plötzlich sagte der Wirt, sie solle die Beine vom Stuhl nehmen, schließlich befände sie sich in einem Wallfahrtswirtshaus. Sie nahm ganz ohne Widerspruch und irgendwie in Gedanken die Beine vom Stuhl und streichelte mit je einer Hand meinen Hund und den Pudel.

»Was soll ich dir weiter sagen«, sagte sie dann, »ich habe mich am nächsten Tag davongemacht.« Sie schwieg lange. »Nach einer furchtbaren Nacht«, sagte sie. »In meinem ganzen Leben hab ich mir nicht solche Gedanken gemacht. Ich konnte kein Auge zutun. Ich lag auf dem scheußlichen Hotelzimmerbett – wo immer ich mit dem Archäologen abgestiegen bin, ist es scheußlich gewesen – und wälzte mich von einer Seite zur anderen. Als läge ich mitten in einem Rosenbeet, und ich schwör dir, ich hab das Gefühl gehabt, ich werde bei lebendigem Leib aufgespießt.«

Sie sah mich an, als müßte ich ihr die Sache heute noch ansehen. Und tatsächlich kam es mir plötzlich so vor, als könnte dieser Zug um ihren Mund, die Erbarmungslosigkeit, mit der die Erschöpfung in ihm rang, nur von jener Nacht herstammen.

»Am nächsten Tag«, sagte meine Freundin, »war ich wie gerädert. Ich hab schnell die Koffer gepackt«, sie legte die Beine von neuem auf den Stuhl, »und dann nichts wie weg.«

Ein Zwischenfall

Es war in der Kurve passiert, vor der er Angst hatte, seit er zum Friedhof fuhr. Im Grunde genommen hatte er vor der Kurve schon Angst gehabt, bevor er sie überhaupt kannte und den ganzen Ort, in dem er lebte, seit er die Frau geheiratet hatte. Vor dieser Kurve hatte er immer schon Angst gehabt. Seine Frau, deren Augen schwarz waren wie zwei Kohlestückchen und die alle drei Monate glaubte, schwanger zu sein, hielt sich die Ohren zu, wenn er die Sprache auf die Kurve brachte. »Ich«, sagte sie und hielt die Hände auf die Ohren gepreßt, »kann es nicht mehr hören. Was kann ich tun, ich bin deine Frau, die Kurve ist eine Kurve, ich kann es nicht ändern.« Und ausgerechnet da war es also passiert.

Es war ein strahlender Spätsommertag zur Zeit der Weinernte, als der Ort halb leer war und die Kinder ununterbrochen schrien.

Er war von der Kirche zur Hl. Agnes ganz unten im Ort losgefahren. Es folgten ihm zehn oder fünfzehn Autos, dahinter der Pfarrer mit dem Schrein, und hinter dem Pfarrer noch einmal etwa fünfzig Menschen zu Fuß. Sein Auto blinkte in der Sonne. Er hatte es am Vortag selbst geputzt. Er wußte, daß das Auto in der Sonne blinken würde. Nicht nur der schwarze Lack, auch die Chromteile blinken, dachte er. Alles hatte er gewaschen, abgespült und eingewachst.

Hinten im Wagen führte er die Leiche der sechsundachtzigjährigen ehemaligen Volksschullehrerin des Ortes mit. Mein Gott! Sechsundachtzig Jahre. So alt müßte man werden! Er hatte nicht viel Hoffnung, alt zu werden. Er war immer klein gewesen, blaß und kränklich.

»Der wird nicht alt«, soll schon sein Vater gesagt haben, als er sich das erstemal über seine Wiege gebeugt hatte.

Der Weg von der Kirche der Hl. Agnes führte durch den ganzen Ort. Die Straße war schmal, steil und kurvig. Links und rechts parkten Autos, die Händler hatten Kisten mit Obst und Gemüse vor die Geschäfte gestellt, Hunde liefen von einer Straßenseite zur anderen, und die Kinder achteten gar nicht auf den Straßenverkehr. Über all dem war ein wolkenloser Himmel.

»Das Wetter ist, wie die Menschen hier sind«, dachte der Leichenwagenfahrer, denn er hatte Heimweh. »Entweder der Himmel ist blau wie ein Kornblumenfeld, oder die Wolken rasen herum wie anderswo nur die Kühe vor Sonnenuntergang.« Er seufzte und fuhr sehr langsam, schnitt die Kurven vorsichtig an und achtete auf all die Kisten, die Kinder und die Hunde. Die ganze Zeit über aber wuchs seine Angst vor der Stelle, wo die Straße zum Friedhof zwischen zwei Häuserfronten in einer sehr engen Kurve steil bergauf abzweigt. Bei jeder Leiche, die er auf den Friedhof geführt hatte, hatte er vor dieser Kurve Angst gehabt. »Heilige Mutter Gottes und Heilige Agnes«, betete er deshalb, kaum war er losgefahren, schon weit unten im Dorf, wo die Straße noch nicht so eng war und die Häuser inmitten von Gärten lagen mit Steinbrunnen und violetten Glyzinienlauben und mit efeubewachsenen Frauen, die hier und dort an Säulen lehnten, die gar nichts trugen, »bitte sorge dafür, daß uns in der Kurve kein Auto entgegenkommt.«

Seine Angst war die: Er fuhr mit dem langen Leichenwagen in die schmale, steile Haarnadelkurve ein. Hinter ihm die motorisierten Trauernden, dann der Pfarrer mit dem Schrein und dann die zu Fuß gehende Trauergemeinde. Und da, im Scheitelpunkt der Kurve, kam ihm ein Auto entgegen. Zum Beispiel ein Lastwagen. Dazu muß gesagt werden, daß zur Zeit der Begräbnisse, also vormittags um zehn Uhr und nachmittags um vier Uhr, so gut wie nie ein Auto jene Straße vom Friedhof herunterkam. Höchstens kam einmal zwischen zwölf und ein Uhr ein Auto diese Straße herunter, aber niemals, seit er seinen Beruf als Leichenwagenfahrer in diesem Ort ausübte, war ihm je um zehn Uhr vormittags oder um vier Uhr nachmittags irgendein Auto in der Kurve begegnet.

»Gott sei Dank«, dachte der Fahrer des Leichenwagens jedesmal, wenn er die Kurve passiert hatte, »es ist noch einmal gutgegangen«, und die ganze restliche Fahrt zum Friedhof hinauf, wenn er aus dem Ort und durch die Weinberge fuhr, die sich hinzogen bis zu einem fernen Meer, und während des Begräbnisses, wenn er draußen vor dem Friedhof an seinem Auto lehnte, weit übers Land schaute, rauchte und wartete, bis das Begräbnis vorbei war, um dann die engsten Familienangehörigen des oder der Verstorbenen, soweit sie kein eigenes Auto hatten, mit hinunterzunehmen in den Ort, die ganze Zeit über also dachte er daran, wie unangenehm, ja wie entsetzlich es sein müßte, wenn ihm in jener Kurve doch einmal ein Auto entgegenkäme. Er stellte sich vor, wie er und alle Trauernden in den Autos hinter ihm den Rückwärtsgang einlegten und zurückführen und der Pfarrer mit dem Schrein und all die Trauernden, die ihm zu Fuß folgten, rückwärts gingen, bis dieser von oben bis unten mit Lehm bespritzte Lastwagen, womöglich hätte er gar Wein geladen, an ihnen vorbeigefahren wäre. Was für ein jämmerliches Begräbnis, das so begänne!

Er war in der letzten steilen Kurve vor der Abzweigung zum Friedhof angelangt. Der Inhaber des einzigen Elektrogeschäfts am Ort, ein Cousin seiner Frau, stand vor seinem Geschäft. Der Leichenwagenfahrer nickte ihm zu. Er hätte gerne eine Zigarette geraucht, tat es aber nicht aus Rücksicht auf die Schwester der Verstorbenen, die neben ihm saß. Nach dem Elektrogeschäft des Cousins seiner Frau waren es noch etwa hundert Meter bis zur Kurve. Rechts standen eine kleine Kapelle für den Heiligen Stephan, den Schutzheiligen gegen Hochwasser und Feuersbrunst, und ein winziger Kiosk, der aber, seit der Leichenwagenfahrer in dem Ort lebte, geschlossen war. »Zu verkaufen« stand auf einem Pappdeckelschild, an dessen Rand ein paar Hakenkreuze geschmiert waren. Dann war es soweit! Er holte vor der Kurve, wie immer, tief Luft, bremste sanft ab, jede Erschütterung ist bei einem Leichentransport zu vermeiden, legte geräuschlos mit weiß behandschuhter Hand den ersten Gang ein und fuhr behutsam in die Kurve. Im Scheitelpunkt stand ihm ein von oben bis unten mit Lehm bespritzter Lastwagen gegenüber, der Bottiche mit Wein geladen hatte. Vor Schreck hielt der Leichenwagenfahrer nicht sofort an, sondern fuhr noch ein kleines Stück weiter, kratzte mit seiner blankpolierten Stoßstange die Häuserwand entlang und blieb quer in der Kurve, die Stoßstange vorne und die Stoßstange hinten berührten je eine Häuserwand, stehen. Er zog die Handbremse an und wischte sich mit dem weiß behandschuhten Handrücken den Schweiß von der Stirn. Die Schwester der Verstorbenen neben ihm schluchzte leise vor sich hin.

Der Fahrer des Lastwagens mit den Weinbottichen machte ihm Zeichen, er solle zurückfahren. Den Leichenwagenfahrer packte die kalte Wut. »Wie stellst du dir das vor«, schrie er zum Fenster hinaus, das er ganz hinuntergekurbelt hatte, »zwanzig Autos folgen mir, sie stehen acht Kurven weit ins Dorf hinunter, der Priester steht dort hinten mit dem Schrein, was denkst du dir eigentlich, sollen die alle rückwärts gehen zurück in die Kirche der Heiligen Agnes?«

Der Lastwagenfahrer mit den Weinbottichen erklärte sich sofort bereit, selbst zurückzufahren. Sein Beifahrer, ein junger Mann mit einer Zigarette im Mundwinkel und durchlöcherten Hosen, stieg aus und rief dem Lastwagenfahrer Anweisungen zu: »Vor, vor, gut, ein Stück zurück, jawoll, nach links« usw. Die Bottiche mit den halb angegorenen Trauben schwankten, und hier und dort fiel eine Traube vom Lastwagen und kollerte die steile Straße bergab. Es roch sauer. Der Leichenwagenfahrer schwitzte fürchterlich in seinem schwarzen Anzug. Endlich hatte es der Lastwagen geschafft. Er war rückwärts zur Hälfte in eine Seitengasse ausgewichen, die eigentlich nur für Fußgänger gedacht war und die unter anderem zu dem Schuster führte, bei dem der Leichenwagenfahrer seine Schuhe reparieren ließ. Die große gelbe Spätsommersonne schien dem Leichenwagenfahrer direkt ins Gesicht. Die blankgeputzte Windschutzscheibe sowie seine Brillengläser reflektierten die Strahlen.

»Ach«, dachte er, »wär ich doch jetzt bei meiner Frau, ich würde...« Dann löste er die Handbremse und trat mit einem Fuß auf das Gaspedal und mit dem anderen auf die Kupplung, so daß der Wagen weder vor- noch rückwärts fuhr. Wie auch? Vorne war eine Wand und hinten war eine Wand. Und zwischen seinem Auto und der vorderen Wand und zwischen seinem Auto und der hinteren Wand war kein Millimeter mehr Platz. Der Leichenwagenfahrer zog die Handbremse wieder an und stieg ratlos aus seinem Leichenwagen aus. Von weit hinten kam ein zaghafter Hupton. Der Lastwagenfahrer beugte sich aus seinem Fenster. Der Pfarrer mit der zu Fuß gehenden Trauergemeinde hatte aufgeholt.

Er winkte mit dem Schrein den Lastwagenfahrer heran. Der näherte sich zögernd. »Was ist da zu tun?«

»Keine Ahnung.«

Der Autofahrer hinter dem Leichenwagen stieg aus seinem Auto aus und der hinter ihm und der hinter diesem auch. Alle beratschlagten, was zu tun sei, nahmen Maß, ein junger Mann legte sich sogar unter den Leichenwagen, um den Abstand der Räder von der Häusermauer vorn und hinten zu messen. »Wenn du in die Kurve hineingefahren bist, mußt du auch wieder aus ihr herausfahren können«, sagte der Neffe der Verstorbenen, ein Billardpartner des Leichenwagenfahrers. »Mit dem Kupplungsspiel schaffst du es bestimmt«, sagte der Neffe. »Drücken Sie nur ruhig aufs Gas und los um die Kurve«, sagte der Pfarrer in einem allerdings gekünstelt klingenden aufmunternden Ton. Aber der Leichenwagenfahrer schüttelte zu allen Ratschlägen den Kopf. »Sie sehen doch«, sagte er, »vorn und hinten eine Wand.« Der Pfarrer, ein alter, mürrischer Greis, winkte drohend mit dem Schrein, und alles Aufmunternde war aus seiner Stimme gewichen. »Sie fahren«, sagte er, »jetzt augenblicklich um die Kurve.« Der Leichenwagenfahrer setzte sich in seinen Leichenwagen, gab Gas und fuhr in die vordere Wand. Der Sarg polterte hinten in seinem Wagen so, daß der Fahrer schon befürchtete, er sei herausgerutscht und rase nun die steilen Kurven zurück in die Kirche zur Heiligen Agnes. Als er sich umdrehte, sah er, daß der Sarg noch im Auto war. Die Schwester der Verstorbenen schneuzte sich geräuschvoll. »Lieber Herr T.«, sagte sie und sprach seinen Namen falsch aus, wie alle in dieser Gegend seinen Namen falsch aussprachen, »fahren Sie doch jetzt einfach zurück und dann wieder vorwärts, und dann sind wir schon um die Kurve herum.« Sie machte eine Bewegung mit dem

Oberkörper, als fahre sie um eine Kurve. Der Leichenwagenfahrer fuhr zurück und in die rückwärtige Mauer. »Und jetzt vorwärts«, rief ein Pulk von Trauernden. Der Leichenwagenfahrer fuhr vorwärts in die Mauer, zurück in die Mauer, wieder vorwärts und zurück. Nachdem er das etwa zehnmal gemacht hatte, stellte er den Motor ab, zog die Handbremse an und stieg aus dem Auto aus. Das Auto war mindestens um einen halben Meter kürzer geworden. Aber leider nicht gleichmäßig vorne und hinten, sondern es war auf der rechten vorderen Seite etwa fünfundzwanzig Zentimeter eingedrückt und auf der linken hinteren Seite ebenfalls. Die Lage war insgesamt um nichts besser geworden. Im Gegenteil! Das Auto war nun in einer Weise zwischen den Häuserfronten plaziert, daß die linke vordere Seite und die rechte hintere Seite an der Wand schrammten, die beschädigten Blechteile der rechten vorderen und der linken hinteren Seite sich aber in die abbröckelnde Wand der jeweiligen Häuserfront verbohrt und mit Spitzen und Kanten verkeilt hatten.

»Das Auto ist schwer beschädigt«, dachte der Leichenwagenfahrer und schaute durch die Heckscheibe. Sogar der Sarg war am linken hinteren Ende eingedrückt. Der Leichenwagenfahrer war am ganzen Körper schweißgebadet und so rot im Gesicht, daß niemand es wagte, ihn aufzufordern, noch einmal vor- oder rückwärts zu fahren. Es war inzwischen drei Uhr geworden. Ein leichter Nachmittagswind war aufgekommen. Überall klapperten Fenster, Jalousien, Türen. Eine dicke rote Katze versteckte sich unter dem Leichenwagen. Ein Hund lauerte ihr zwischen den Vorderreifen auf.

Es versuchten dann im Laufe des Nachmittags, zum Schrecken der Katze und des Hundes, noch der Neffe, der Enkel, der Urenkel der Verstorbenen und am Ende der Pfarrer selbst, das Auto um die Kurve zu fahren. Ergebnislos. Der Leichenwagenfahrer hatte seinen Wagen in eine Lage manövriert, aus der er nicht mehr fortzubewegen war.

Verschiedene motorisierte Trauernde, die weiter unten im Ort standen, hatten versucht umzudrehen und die Straße damit noch weiter verstopft. Ganz Unbeteiligte saßen in einem langen Stau fest. Im Grunde genommen hatte der Leichenwagenfahrer den ganzen Ort stillgelegt.

Die Bewohner der Häuser links und rechts der Straße, zwischen denen der Leichenwagen festsaß, sowie die Bewohner der Seitenstraße, in der der Lastwagen mit dem rückwärtigen Teil, also der Ladefläche, stand, hatten die Fenster geöffnet und lehnten auf Decken und Kissen in den Fenstern. Jemand erzählte die Geschichte von einem ähnlichen Fall, der sich vor Jahren in Amerika ereignet haben sollte, und eine alte Frau, die bettlägrig war und von ihrer Schwiegertochter zum Fenster geschleppt worden war, rief in bestimmten Zeitabständen die Gasse hinab: »Es gibt keine Ehrfurcht vor dem Leichnam mehr.«

Am Abend, als die Sonne, großartig wie immer um diese Jahreszeit, den halben Himmel mit sich reißend, direkt hinter dem Aussichtsturm des Ortes in irgendeinem feuerroten Abgrund verschwand, schien es dem Leichenwagenfahrer so, als käme bereits Leichengeruch aus dem Wagen.

Etwa um sieben Uhr abends saß die Trauergemeinde zum Teil auf dem Boden des Gäßchens, zum Teil auf dem Leichenwagen, auf Kühler und Dach. Der Lastwagenfahrer mit den Bottichen voll Weintrauben, durch den quer in der Gasse stehenden Leichenwagen selbst an seiner Fahrt gehindert, holte den Plastikkanister mit Wein, den er immer vorne im Lastwagen mitführte, unter dem Führersitz hervor und schenkte aus.

Der Leichenwagenfahrer bekam, da er am ganzen Leib zitterte und nun blaß geworden war im Gesicht, einen heißen Grog aus der naheliegenden Bar gebracht.

Der Pfarrer, der nicht gern auf sein Abendessen verzichtete, drohte mit dem Schrein in die Richtung des Friedhofs.

Langsam fiel die Nacht ein.

Der alte Mann und das Mädchen

Der alte Mann saß in einem der großen Cafés am Boulevard St. Michel und schaute auf den Menschenstrom, der in beiden Richtungen an ihm vorbeizog. In seiner Hand hielt er einen schon sehr zerknitterten Zettel, auf dem eine Telephonnummer stand.

Er war nach Paris gekommen, weil man ihn eingeladen hatte, auf einem Kongreß über Justizwirklichkeit und Menschenrechte zu sprechen. Mehr als zwei Tage Zeit stand ihm nicht zur Verfügung.

Er trank bereits den dritten Kaffee und spürte sein Herz zu stark schlagen. Zweimal war er schon die Stufen zum Telephon, die hier überall nach unten führten, hinuntergegangen. Einmal hatte er die Telephonnummer sogar gewählt, aber gleich wieder aufgelegt.

Es war Anfang Dezember. Es regnete ein wenig. Der Himmel war groß und grau. »Bei uns daheim«, dachte der alte Mann, »liegt schon der Schnee bis ins Tal, und die Wälder glitzern am Morgen nach Sonnenaufgang.«

In der nassen Straße vor dem Café spiegelten sich die Lichter der Verkehrsampel. Von Zeit zu Zeit kam ein Schwall Menschen aus dem Métroausgang, der vor dem Café lag.

Der alte Mann ging die Stufen zum Telephon hinunter und wählte die Nummer. Das Mädchen hob sofort ab. Ein paarmal schlug sein Herz laut und bedrohlich, dann war es wieder ruhig. Der alte Mann nannte seinen Namen und den der

Métrostation, den er sich schon vor Auswahl des Cafés eingeprägt hatte.

Das Mädchen willigte ein, sofort zu kommen.

Er ging zurück an seinen Tisch und bestellte einen Cognac. Während er trank, dachte er an sein Haus in Bad Gastein. Er dachte an die sommers wie winters schneebedeckten Gipfel der Berge und an den kleinen, aber wilden Fluß tief unter dem Haus.

Aus dem Métroausgang kam wieder ein Schwall Menschen.

»Es leben viele Schwarze in Paris«, dachte der alte Mann, der sein Leben bis auf wenige, meist beruflich bedingte Reisen daheim verbracht hatte, und beobachtete, wie sich eine junge Schwarze mit buntem, knöchellangem Gewand abmühte, einen kleinen schwarzen Jungen, dem überall vom Kopf unzählige Zöpfchen abstanden, über die Stufen des Métroausganges heraufzuziehen. Der Junge klammerte sich am Geländer des Ausganges fest.

Nach einer Weile kam ein Mädchen aus dem Métroausgang. Es blieb stehen und sah sich um. Der alte Mann betrachtete es. Es trug einen schwarzen Rock aus einem sehr leichten Material. »Eigentlich ein Sommerrock«, dachte er. Der Rock hatte an den Seiten lange Schlitze. Darunter trug das Mädchen eine türkisfarbene, dicke Strumpfhose. »Die Beine sind so schön«, dachte der alte Mann, »daß nicht einmal diese Strumpfhose sie entstellt.«

Zu dem schwarzen, beim geringsten Luftzug sich bewegenden Rock trug das Mädchen einen großen grauen Pullover und über dem Pullover eine offenstehende Lederjacke.

Die jungen Männer an seinem Nebentisch gestikulierten und winkten dem Mädchen zu. Es betrat das Café und schien geradewegs auf die jungen Männer zugehen zu wollen, stockte dann aber und blieb am Tisch des alten Mannes stehen. Er sah, daß das Mädchen altmodische Stöckelschuhe mit hohen, sehr dicken Absätzen trug. Die jungen Männer wandten sich ab. Das Herz des alten Mannes schlug wieder stark. Und je stärker sein Herz schlug, desto gefühlloser wurden seine Arme und Beine. Er hatte Durst, war aber zu müde, den Kellner herbeizuwinken.

Das Mädchen saß ihm jetzt gegenüber. Die Haare waren braun und gelockt und so nach hinten frisiert, daß sie die hohe Stirn freigaben. Die leicht schrägstehenden Augen waren grau.

»Sie ist schön«, dachte der alte Mann, während er die hohen Backenknochen, die gerade Nase und den Mund betrachtete. Und plötzlich wollte er verhindern, daß auch das Mädchen ihn ansah, sein Gesicht, seinen Hals, seine Hände. »Komm«, sagte er, »gehen wir.«

Er war froh, daß das Mädchen gleich aufstand und vorging, so daß es nicht sah, wie er sich schwerfällig aufrichtete und bezahlte. Er folgte dem Mädchen in den Métroeingang und in den Zug. Der Zug war sehr voll, es waren ebenso viele Schwarze in dem Zug wie Weiße, viele Kinder hatten diese vom Kopf abstehenden Zöpfchen, von einem Bahnsteig kam Musik in den Zug. Sie stiegen irgendwo aus, gingen lange, weißgekachelte Korridore entlang, überquerten eine breite, stark befahrene Straße und bogen dann in eine Gasse ein, in der der Putz von den Häusern bröckelte und laute Musik aus einem Café kam. Ein Kellner winkte dem Mädchen durch die Fensterscheibe zu.

Der alte Mann mußte immer wieder stehenbleiben, als er die fünf Stockwerke zur Wohnung des Mädchens hinaufging. Dann betrat er das Zimmer, in dem eine Couch, ein Fauteuil, ein Schrank und ein Tisch standen. Durch das Fenster sah er über unzählige Dächer mit unzähligen Schornsteinen, die alle wie Blumentöpfe aussahen. Zwei winzige Räume schlossen rechts an den Hauptraum an, eine winzige Küche mit einem Kippfenster und ein winziges Bad. Vor dem Fenster stehend, das groß wie eine Balkontür war, ohne daß aber der Balkon dazu dagewesen wäre, schaute er auf ein altes Fabrikgebäude hinab, aus dem kein Laut kam. Es war überhaupt sehr still in dem Haus. Das Mädchen nahm ihm den Mantel ab und bot ihm Wein an. Auf dem Tisch stand eine Vase mit drei künstlichen Rosen. »Sagen Sie mir vorher genau, was ich tun muß«, sagte das Mädchen, das immer noch die Lederjacke anhatte. Die Arme hatte es vor der Brust verschränkt. »Dann ist alles leichter.«

Der alte Mann setzte sich auf den Fauteuil, dessen abgenutzte Polster viel zu weit nachgaben. Es war ihm, als verschlänge ihn der Sessel völlig und seine Beine, lang wie die Tentakel eines Rieseninsekts, träten aus dem dunklen Inneren.

Das Mädchen verwandelte die Couch ihm gegenüber mit ein paar Handgriffen in ein Bett. Dann zog es die Lederjacke aus und hängte sie in den Schrank. Es legte sich auf das Bett und stützte den Kopf in beide Hände. Der Überzug des Bettes war aufgerauht.

Der alte Mann wäre plötzlich am liebsten aufgestanden und wieder gegangen.

»Sie können sich wahrscheinlich nicht vorstellen«, sagte da das Mädchen, »was es heißt, in dieser Stadt zu leben. Nicht manchmal«, sagte es, »und nicht für ein Jahr, sondern zehn Jahre und immer.«

Es sah von unten zu ihm hinauf. Die Augen waren dunkelgrau. So wie der Himmel über den Bergen manchmal war, kurz bevor Schnee fiel. »Überall die vielen Häuser«, sagte das Mädchen, auf dem Bauch liegend und mit den Beinen wippend, »zuerst sind sie neu, dann alt. Genau wie die Menschen. Und plötzlich fällt wieder einer um.« Den alten Mann fröstelte, denn es war kalt im Zimmer, und das Mädchen machte keine Anstalten, den kleinen elektrischen Heizkörper, der in der Ecke stand, einzuschalten.

»Manchmal«, sagte das Mädchen und zog den dicken grauen Pullover aus, unter dem es ein enges T-Shirt trug, »hab ich viel Geld gehabt und dann wieder wenig. Ich habe auch schon in schöneren Häusern gewohnt mit Blick auf kleine, eingezäunte Parks. Ich hab mit verschiedenen Männern gelebt. Und so geht es immer weiter. Kein Mensch«, sagte es und zog auch den schwarzen Rock aus und die Strumpfhose, »der bleibt.«

Es hielt kurz inne.

»Ein Rest bleibt aber haften, ein Rest von allem bleibt haften.« Der alte Mann löste sich mühsam aus den Polstern des Fauteuils und trat ans Fenster. Er versuchte sich vorzustellen, wie es wäre, immer hier zu leben, und er sah auf die Dächer mit den Blumentopf-Schornsteinen. »Im Frühling«, dachte er, »ist der Himmel über den Dächern mit den Schornsteinen wahrscheinlich blau, im Sommer ist er weiß, im Herbst dunkelblau und im Winter grau.« Er sah auf die Fabrik hinunter, in der jetzt eine Reihe von Fenstern erleuchtet war. In einem großen kahlen Raum ging ein Mann auf und ab, die Hände am Rücken verschränkt. Den Kopf hatte er erhoben, als hörte er Musik. Der alte Mann sah ihm eine Weile zu. Als er sich umdrehte, lag das Mädchen unter der Decke im Bett. Neben dem Bett lagen die Kleider. Es hatte jetzt doch die Elektroheizung eingeschaltet und eine Kerze angezündet. In den Haaren schimmerte ein Rotstich.

Der alte Mann schenkte sich ein Glas Wein ein. Er trank den Wein auf einen Zug aus.

»Wieviel«, fragte er, »willst du?«

Das Mädchen richtete sich im Bett auf. Die Decke fiel von seinen Schultern. Den alten Mann fröstelte wieder, obwohl es schon recht warm war im Zimmer.

»Nichts«, sagte das Mädchen und sah ihn starr an. Seine Haut war hell und zart und sah in dem Dämmerlicht aus, als hätte niemand sie jemals berührt. Es legte sich auf den Rücken.

»Schlaf«, sagte der alte Mann, »schlaf nur«, und er wandte sich rasch noch einmal ab und zum Fenster hin.

»Ist es das, was du willst?« fragte das Mädchen in seinem Rücken, oder es hatte gar nichts gefragt, und er hatte es sich nur eingebildet: »Ist es das, was du willst?«

In den Häusern ringsum waren inzwischen viele Lichter angegangen. Niemand schien hier Vorhänge zu benutzen. Alles lag offen vor ihm da.

Lange sah der alte Mann in einem Häuserblock schräg gegenüber einer Gruppe Menschen zu, die um einen Küchentisch herumsaß. In der Mitte des Tisches stand eine Schüssel, aus der es dampfte. Aber niemand aß davon. Ein Mann gestikulierte und lief aus dem Zimmer.

In dem Fabriksaal war es jetzt dunkel. Trotzdem schien es dem alten Mann so, als bewegte sich etwas dort.

Dann ging tief unter ihm ein Licht an, das den kleinen, gepflasterten Innenhof beleuchtete. In einer Ecke standen drei Mülltonnen.

Als der alte Mann sich wieder umdrehte, lag das Mädchen seitlich zusammengekrümmt im Bett. Mit den Armen hatte es das Kopfkissen umfaßt. Die Bettdecke bedeckte es bis zum Hals. Der Atem ging regelmäßig. Die Augen waren geschlossen.

Der alte Mann trank noch ein Glas Wein. Dann trat er an

das Bett. Sehr vorsichtig setzte er sich in der Augenhöhe des Mädchens an den Bettrand. Er beobachtete eine Zeitlang die geschlossenen Augen, die nicht zuckten.

»Wie ein Engel«, sagte er leise.

Nachdem er lange so dagesessen war, zog er die Bettdecke ein kleines Stück nach unten. Eine Brust war bis zur Brustwarze entblößt. Auch die halb entblößte Brust sah er lange an. Er zitterte ein wenig, als er die Bettdecke bis zum Bauch wegzog.

Sein Herz schlug wieder sehr laut. Einen Augenblick mußte er den Blick abwenden, so sehr schmerzte es ihn. Er dachte dabei wieder unvermittelt an die Berge vor seinem Haus.

Dann zog er die Bettdecke mit einem schnellen Griff ganz von dem Mädchen fort.

Er fingerte eine Taschenlampe aus einer Manteltasche. Auch als er dem Mädchen mit dem starken Strahl der Lampe ins Gesicht leuchtete, bewegte sich nichts in den Zügen.

Er beugte sich über das Gesicht und begann mit seiner Betrachtung. Er betrachtete die unter dem grünschillernden Puder ein wenig rissige Haut auf den Lidern, betrachtete eine Kerbe unter dem rechten Auge, eine Warze beim Ohr, Poren auf der Nase, betrachtete feine, senkrechte Einschnitte in den Lippen, einige Haare auf der Brust und den dunklen Hof, betrachtete auch zwei schmale Ringe auf dem Bauch, den wulstigen Bauchnabel, die behaarten Beine, setzte sich zu den Füßen hin und betrachtete das schrumpelige Geschlecht. Die Ränder waren rotviolett. Schlaff hingen die Schamlippen herab, und zwischen ihnen sickerte eine Flüssigkeit hervor. Die Haut zum Anus hin war braun.

Der alte Mann zitterte nicht mehr, als er die Schamlippen auseinanderzog.

Er schlug das Mädchen, zuerst ins Gesicht, dann auf die Brüste. Dann zwischen die Beine. Er schlug zuerst mit der Hand und dann mit dem Gürtel, den er aus seiner Hose zog, er schrie und lallte Beleidigungen und spuckte auf das Mädchen hinab.

Am Ende weinte er, lag mit dem Kopf im Schoß des Mädchens, das seine schütteren Haare zwischen die Finger nahm.

Als der alte Mann unten bei der Métrostation in den Innentaschen seines Mantels nach der Geldtasche tastete, bemerkte er, daß sie fehlte. Einen Fahrschein, den er schon vorher gekauft hatte, in den Entwertungsautomaten schiebend, lächelte er. Er vergewisserte sich mit einem sicheren Griff an seine Gesäßtasche, daß die Brieftasche mit den größeren Geldbeträgen an ihrem angestammten Ort war.

Nachts

Der Mann hatte wach gelegen, die Frau neben ihm unruhig geschlafen und von Zeit zu Zeit leise gestöhnt, als draußen jemand schrie.

Es war ein Uhr nachts. Beide hatten den Schrei gehört.

Der Mann verschränkte die Arme unter dem Kopf, und die Frau schlief sofort wieder ein. Der eiserne Nußknacker auf dem Kaminsims klirrte, als würde das Haus unentwegt erschüttert von vorbeifahrenden Lastwagen.

Von der Decke hing, an einem quer durchs Zimmer gespannten Seil befestigt, eine wollene Strumpfhose herab. Darunter stand ein Plastikeimer. Der Mann starrte auf die Strumpfhose, die in der Dunkelheit aussah wie ein an den Flügeln aufgehängter ausrinnender Vogel. Nach einer Stunde, um zwei Uhr nachts, war von der Straße ein zweiter, schriller Schrei zu hören.

Der Mann sprang auf und lief zum Fenster. Die Frau richtete sich ein wenig auf im Bett und schien einen Augenblick unentschlossen zwischen Schlaf und Wirklichkeit. Schließlich setzte sie sich ganz auf und sah lange zu dem Mann hin, der auf einem Sessel stand und aus dem Dachfenster schaute. Die Frau zündete sich eine Zigarette an und suchte ihre Hausschuhe unter dem Bett. Als sie sie endlich gefunden hatte, zog sie sie jedoch nicht an, sondern ging barfuß zum Fenster. Hinter dem Mann stehend, hörte sie zum drittenmal Schreie. Die Frau holte einen zweiten Sessel an das Fenster heran und stellte sich neben den Mann. Etwas fiel dabei zu Boden. Der

Mann fluchte, stieg von dem Sessel hinunter und suchte in der Dunkelheit nach dem zu Boden gefallenen Gegenstand.

Die Frau hielt sich am Bücherregal fest und stand auf den Zehenspitzen, um besser sehen zu können. Als der Mann, ohne den zu Boden gefallenen Gegenstand gefunden zu haben, wieder auf den Sessel kletterte und die Frau dabei am Arm berührte, zuckte sie zurück. Sie sahen vom Dachfenster aus, daß sich tief unter ihnen, zwischen einem geparkten Auto und der gegenüberliegenden Hauswand, am Boden des Gehsteigs etwas bewegte. Nach einer Weile erkannten sie Arme und Beine. Schreie waren nicht mehr zu hören.

Von der Zigarette der Frau fiel etwas Asche auf den Sessel, die der Mann mit dem Innenrist des Fußes auf den Boden streifte.

Hinter dem Auto, auf dem Gehsteig, richtete sich eine Gestalt auf, die im Licht der Straßenlaterne, vergrößert durch ihren Schatten, an der Hauswand hochkroch wie eine riesige Spinne mit vier Beinen, den Halt verlor und wieder zu Boden sackte.

»Ein Betrunkener«, sagte der Mann.

»Ja«, sagte die Frau, und sie beobachteten die langsamen Bewegungen am Boden zwischen Auto und Hauswand, wohin kein Licht fiel. Aus dem dunklen Fleck tauchten Arme und Beine auf. Es war eine gleichmäßige, ständige Bewegung.

Die Frau am Dachfenster drückte ihre Zigarette auf dem Fensterbrett aus, und der Mann schob ihre langen Haare, die auf seine Schultern gefallen waren, weg.

Die Frau ist viel jünger als der Mann. Sie ist vielleicht dreißig Jahre alt, der Mann ist sicher über Fünfzig.

Er betrachtet die Frau. Sie ist so versunken in ihre Beobachtungen, daß sie nicht merkt, wie sie sich verrenkt, den Hals vorstreckt und die Schultern hängen läßt. Der Mann beobachtet, wie ihr gestrecktes, rechtes Bein zuckt. Er wendet sich ab, als schmerzte ihn der Anblick der Frau.

Tief unter ihnen, an der gegenüberliegenden Hausmauer, versucht die riesenhafte Spinne abermals hochzuklettern, nur daß sie diesmal acht Beine hat.

»Es sind zwei Betrunkene«, sagt die Frau, und der Mann antwortet nicht. Er geht weg und holt einen Schlafmantel, den er der Frau um die Schultern legt. Aber auch der Schlafmantel verhüllt die in sich und von ihm abgekehrte Haltung der Frau nicht. Erst als der Mann diese nicht mehr ertragen kann und einen Arm um die Schulter der Frau legt, verändert sie ihre Haltung. Wie mechanisch hat sie sich kerzengerade aufgerichtet. Sie ist sehr schön. Der Mann flucht jetzt wieder. Er starrt die Frau an, die unentwegt aus dem Fenster schaut. »Sie können nicht mehr stehen«, flüstert die Frau, während der Mann sie anstarrt. Er schaut erst wieder aus dem Fenster hinaus, als er die Polizeisirenen hört. Der Mann beugt sich jetzt auch mit gekrümmtem Rücken vor, denn die Straße liegt so steil unter ihnen, daß sie von oben kaum zu sehen ist.

Aus zwei Autos steigen Polizisten. Es sind sechs.

Der Mann und die Frau am Dachfenster sehen, wie im grellen Scheinwerferlicht ein großer Mensch von drei Polizisten festgehalten und zu dem einen Auto geführt wird. Die anderen drei Polizisten führen ein Mädchen mit blonden Haaren und einem dunkelroten Anorak zum zweiten Auto. Die beiden Polizeiautos entfernen sich mit Sirenengeheul, und der Fleck zwischen Auto und Hauswand auf der gegenüberliegenden Straßenseite ist jetzt wieder dunkel und leer.

Der Mann und die Frau am Dachfenster verlassen ihre Posten auf den Sesseln.

Der Mann schaltet das Licht ein und hebt den eisernen

Nußknacker auf, der auf dem Boden liegt. Der Mann und die Frau gehen wieder ins Bett, und der Mann schaltet das Licht aus. Die Frau schläft sofort wieder ein.

Der Mann liegt noch lange wach da, die Arme unter dem Kopf verschränkt, und starrt auf die wollene Strumpfhose unter der Decke.

Der Brief

Als ich den Brief aus dem Briefkasten nahm, meinte ich sofort zu spüren, daß von ihm eine Gefahr ausging.

Und ich war wachsam.

Erstens war der Brief mit der zweiten Post gekommen (in der Stadt, in der wir leben, kommt dreimal am Tag Post), was an sich schon ungewöhnlich ist, da die Briefe aus dem Ausland, die wir hauptsächlich erwarten, die Briefe von zu Hause also, mit der ersten Post kommen, während mit der zweiten Post nur Reklame kommt oder, was allerdings bei uns selten der Fall ist, denn wir haben uns ganz zurückgezogen, ein Brief aus der Stadt, in der wir zur Zeit leben.

Gibt nämlich hier jemand in der Früh einen Brief auf, so bekommt ihn der Adressat noch am selben Tag, mit der zweiten oder dritten Post. Verabredungen können auf diese Weise getroffen werden, die fast schon wieder etwas besonders Persönliches haben, so, als hätte jemand seinen Boten losgeschickt, von Haus zu Haus.

Tatsächlich war der Brief in derselben Stadt, nur in einem anderen Viertel, aufgegeben worden, wie ich sofort am Poststempel erkannte.

Zweitens waren auch Format und Farbe des Briefes ungewöhnlich. Es war ein kleines, aber längliches Kuvert mit abgerundeten Ecken, von einer schwer bestimmbaren Farbe zwischen Grau und Grün und Blau.

Drittens fehlte der Absender.

Die Adresse, unsere Adresse, war in einer gleichermaßen

energischen wie runden, beinahe weich fließenden Schrift geschrieben.

Viertens schließlich – der Brief war an meinen Mann adressiert – fehlte jede Titulierung vor dem Namen, kein »An Herrn« also, auch kein schlichtes »Herrn«, sondern ausschließlich Name und Adresse meines Mannes, *sein* Name und *unsere* Adresse.

Ich hatte in der vorausgegangenen Nacht ziemlich wirres Zeug geträumt, lange wach gelegen, schließlich in den frühen Morgenstunden doch noch Ruhe gefunden und zu allem Überfluß verschlafen. Man verliert an solchen Tagen leicht das rechte Maß in der Bewertung der alltäglichsten Sachverhalte. Vielleicht wäre mir an einem anderen Tag das Fehlen der Titulierung gar nicht aufgefallen, oder ich hätte mir zumindest keine Gedanken darüber gemacht. An jenem Tag aber wollte es mir scheinen, als wäre dabei etwas beunruhigend Absichtsvolles im Spiel, als hätte der auf dem kleinen, länglichen, graugrünblauen Kuvert nicht genannte Absender dem Adressaten – meinem Mann also – nichts anderes zumuten – oder auch: zubilligen – wollen als seinen Namen.

Ich war gerade auf dem Weg ins österreichische Kulturinstitut, wo ich als Sekretärin arbeite, als ich den Brief im Briefkasten vorfand. Unser Briefkasten ist im Erdgeschoß. Für gewöhnlich steige ich nicht die sechs Stockwerke wieder hoch, wenn Post für meinen Mann gekommen ist – es kommt viel mehr Post für meinen Mann als für mich, er ist ein recht bekannter Schriftsteller –, sondern nehme nur meine eigene Post mit ins Kulturinstitut. Diesmal aber stieg ich wieder hoch, mit dem Brief in der Hand, obwohl ich, rechnet man die vierzigminütige Fahrt mit der Untergrundbahn bis zum Kulturinstitut ein, bereits eine Stunde zu spät dran war.

Um die Sache klarzustellen: ich dachte keinen Augenblick

daran, daß mein Mann etwa ein Geheimnis vor mir haben und dieser Brief ohne Absender nicht für mich bestimmt sein könnte. In diesem Falle hätte ich ihn im Briefkasten liegengelassen und wäre ins Kulturinstitut gefahren. Ich war, ganz im Gegenteil, davon überzeugt, auch mein Mann habe keine Ahnung, wer ihm den Brief gesandt haben könnte, was ja dann auch tatsächlich der Fall war.

Während ich also die sechs Stockwerke langsam wieder hochstieg, nahm die Beklemmung zu, die ich sofort beim Vorfinden des Briefes verspürt hatte. Da mein Mann mir in seinem Arbeitszimmer eine Tasse Tee einschenkte, blieb ich in dem Fauteuil neben dem Kamin sitzen, während er den Brief kopfschüttelnd las, und zündete mir eine Zigarette an, was ich sonst nicht vor dem Mittagessen tue. Am Ende reichte mein Mann mir wortlos den Brief. Er war kurz und handgeschrieben. Ein Blick auf die Unterschrift (auch Adresse und Telephonnummer waren angegeben) überzeugte mich, daß wir den Absender nicht kannten. »Eike« lautete der deutsche, genauer: der norddeutsche Vorname, der uns keine Deutung über das Geschlecht des Absenders gestattete.

Meine Wachsamkeit nahm zu.

Wie gesagt, nicht, daß ich meinem Mann direkt mißtraut und Geheimnisse vermutet hätte, die er vor mir nicht hat, es war vielmehr diese allgemeine Wachsamkeit, mit der wir uns, geschwächt durch zu wenig Schlaf und schlechte Träume, wappnen gegen die Gefährdungen des Alltags.

In der Anrede zu Beginn des Briefes stand nun das »Herr...«, das auf dem Kuvert gefehlt hatte. »Herr...« stand da und der Name meines Mannes. Weder »Sehr geehrter Herr...« noch meinetwegen auch »Lieber Herr...«; statt dessen nur »Herr...«, der Nachname meines Mannes und ein Beistrich.

Eine reichlich knappe Anrede. Selbst in dringlichst mahnenden Geschäftsbriefen – ich kenne mich aus in diesen Dingen – wird auf eine gewisse Höflichkeit in der Form geachtet.

Übertrieben wachsam oder nicht, der ganze Brief erweckte in mir allmählich den Verdacht, der unbekannte Absender lege es darauf an, meinen Mann absichtlich zu brüskieren oder, warum und wozu auch immer, zu provozieren. Es gibt ja Menschen, die sich, da sie selbst nichts Rechtes zustande gebracht haben, unentwegt messen wollen an Persönlichkeiten des öffentlichen Lebens, seien es nun Sportler, Politiker oder Dichter.

Alpträume hin oder her, der Brief war mir nicht geheuer. Das Datum war das desselben Tages, jemand hatte diesen Brief vermutlich erst vor wenigen Stunden verfaßt.

Mir war, wohl von der ungewohnten Zigarette am Vormittag, ein wenig übel geworden, weshalb ich mir eine Medizin zubereitete, die ich beim Weiterlesen trank.

Mein Mann solle die Frechheit verzeihen, begann der Brief, mit der er (der Absender) ihm (meinem Mann) dieses Papier aufnötige.

Eine seltsam rüde Entschuldigung, wie mir schien. Der Briefanfang eines entweder ganz ungeschickten oder besonders selbstsicheren Menschen. Denn sich für die eigene Frechheit auch noch zu entschuldigen, dazu gehört Dummheit oder Mut.

In der Tat ein fataler Brief. Was er uns aufnötigte, war dieses Rätselraten um eine fremde Person, die uns schließlich schon so weit in ihre Fänge gebracht hatte, daß unser gewohnter Tagesablauf – mein Mann legt Wert auf geregelte Arbeitszeiten, pünktliches Essen und gesunden Schlaf – ins Wanken geriet.

Dann aber verstieg sich dieser Mensch vollends. Denn der nächste Satz, der auf den ersten Blick reichlich verworren schien, ließ auf den zweiten Blick nur zu deutlich die Absicht erkennen, durch geheimnisvolle Andeutungen die Neugierde des Lesers – meines Mannes also, denn ich war ja ganz offensichtlich nicht mitbedacht worden in dem Brief – anzustacheln.

Und wie oft erzeugt nicht die allzu deutlich geäußerte Absicht ihre gegenteilige Wirkung. Denn es erschrecken uns nur die eigenen dunklen Ahnungen, während uns das allzuleicht Durchschaubare wie das ganz Unerklärliche geradezu beruhigen.

Der Satz lautete folgendermaßen: »Da mein Deutsch (ich spreche es nicht) leichenblaß geworden ist unter Stößen beschriebenen Papiers, wende ich mich an Sie, der Sie so vollendet mit der Sprache umgehen.« Das wäre doch nun wirklich klarer auszudrücken gewesen. Denn ganz eindeutig, dachte ich nach dem zweiten Lesen des Satzes, wendet sich hier ein Dichter an seinen Kollegen. Er lebt schon länger im Ausland, hat keinen Kontakt mehr zur Heimat (»mein Deutsch – ich spreche es nicht«), schreibt erfolglos (das leichenblasse Deutsch) an einem endlosen Roman (die Stöße beschriebenen Papiers) und verspricht sich Abhilfe durch den erfolgreichen Kollegen (»wende ich mich an Sie, der Sie« usw.).

Was für eine lächerliche Verschlüsselung eines so simplen Sachverhalts.

Im Grunde also gar nichts Beunruhigendes, dachte ich erleichtert, mein Mann hat, als wir noch in Österreich lebten – wir sind seither von Land zu Land gezogen, da er es haßt, sich endgültig an einem Ort niederzulassen –, schon die merkwürdigste Verehrerpost bekommen. Liebesgeständnisse unglücklicher Hausfrauen, begeisterten Zuspruch von Studienräten und jede Menge Briefe von erfolglosen Kollegen.

Und genaugenommen waren alle diese Briefe im Ton ein wenig fehlgegangen, waren entweder zu forsch oder zu höflich, zu kurzangebunden oder zu umständlich, jedenfalls ungeschickt formuliert gewesen, was wohl aus einem Gefühl eigener Minderwertigkeit im Umgang mit berühmten Menschen kommt, da der Verfasser eines solchen Briefes selbst jemanden verehrt oder liebt, der ihn andersherum nicht einmal kennt.

Warum sollte das nicht auch hier der Fall sein?

Beinahe hätte mich diese Erklärung beruhigt, meine Wachsamkeit begann schon nachzulassen, als ich, mit halbem Auge sozusagen, doch noch den nächsten und gleichzeitig letzten Satz des Briefes las.

Der nächste und letzte Satz lautete: »So fordere ich Sie denn kurzerhand, wenn Sie Lust und Zeit dazu haben, zu einem gemeinsamen Spaziergang durch die Stadt auf!«

»Fordere ich auf!« – »Kurzerhand!« – »Zu einem gemeinsamen Spaziergang!«

Sofort war ich wieder auf der Hut, und die wirren Träume kehrten zurück. Einen Moment lang hatte ich geradezu den Eindruck, so lächerlich das auch klingen mag, eine Fürstin habe hier an ihren Dichter geschrieben, oder, nicht weniger lächerlich, ein Edelmann fordere den anderen zum Duell heraus.

Denn selbstverständlich beunruhigte mich nicht die Tatsache an sich, daß ein Verehrer oder meinetwegen auch eine Verehrerin meinen Mann persönlich kennenlernen wollte, nein, es war die herausfordernde Formulierung, die mich beunruhigte. »Fordere ich auf.« »Kurzerhand.«

Mein Mann ist anfällig für so was. Denn wenn er auch geregelte Arbeitszeiten, pünktliches Essen und seinen gesunden Schlaf braucht für das Tageswerk, so gerät er doch immer wieder in irgendwelche abstrusen Situationen, aus denen er schließlich reumütig zu mir und seinem Alltag zurückkehrt.

Und wie geschickt die Herausforderung durch die Bemerkung »wenn Sie Lust und Zeit dazu haben« gemildert worden war und gleichzeitig, da sie nicht am Ende des Satzes, sondern scheinbar ein wenig hilflos in dessen Mitte stand, den befehlenden Ton nicht eigentlich abmilderte, sondern am Ende sogar betonte.

Ein Hinweis also, daß man wisse, wie man sich zu benehmen habe; eine rein rhetorische Höflichkeit. Der Verfasser des Briefes schien keinen Augenblick daran gezweifelt zu haben, daß der so Angesprochene Zeit und Lust zu dem angekündigten, oder soll ich sagen: angedrohten Spaziergang habe.

Wenn der geheimnisvolle Absender des Briefes wirklich ein Kollege meines Mannes war, warum schlug er dann nicht, in angemessenem Ton, ein gemeinsames Abendessen oder auch einen gemeinsamen Cafébesuch vor, warum dieser Spaziergang, warum, befangen oder nicht, die dunklen Andeutungen (»leichenblaß«), und warum, zum Teufel, schrieb dieser Mensch, wenn er sich schon unbedingt mit meinem Mann treffen wollte, überhaupt einen Brief und benützte nicht einfach das Telephon wie andere Menschen auch, und schließlich und endlich: War dieser Mensch nun ein Mann oder eine Frau?

Ich hätte den Brief selbstverständlich lächelnd zur Seite legen und mit einem Achselzucken abtun sollen, aber ich hatte mich schon zu weit in die Sache verrannt, als daß ich zurückgefunden hätte zum Selbstverständlichen. Statt dessen rauchte ich bereits die zweite Zigarette an diesem Morgen, wodurch zu dem Druck auf den Magen noch ein Druck auf die Brust kam.

In meiner Verwirrung passierte mir dann folgende Ungeschicklichkeit: Ich bat meinen Mann, doch gleich die unter

Name und Adresse des Absenders angegebene Telephonnummer zu wählen, damit man erführe, wer der geheimnisvolle Absender nun eigentlich sei.

Mein Mann, der an seinem Schreibtisch saß, zog die Augenbrauen hoch, drehte sich mit seinem Drehstuhl ein wenig von mir weg und sah zum Fenster hinaus, auf die Front des modernen Häuserblocks gegenüber, auf dessen Balkonen trotz der seit einigen Tagen eingefallenen Kälte noch die Oleanderbüsche standen.

»Dieser Brief«, murmelte er zum Fenster hinaus, »ist an mich gerichtet.«

Mir war seltsam kalt, und eine tiefe Müdigkeit, die mich in letzter Zeit öfter erfaßt hat, kam mit einem Male so vollständig über mich, daß es mir schwerfiel aufzustehen, die Teetassen abzuwaschen und ins Kulturinstitut zu fahren.

Ich war zwei Stunden zu spät dran.

Das Abteil der Untergrundbahn war leer, als ich es betrat, die Zeit, in der die Menschen zur Arbeit fahren, vorbei.

Ja, fast schien es mir so, als wäre ich alleine in dem ganzen langen erleuchteten Zug, der einzig für mich durch die unterirdischen Gänge raste, die die Menschen dafür gegraben haben.

Für gewöhnlich lese ich Zeitung in der Untergrundbahn. Diesmal aber lehnte ich mich zurück und schloß die Augen. Und während ich tief unter der Stadt dahinbrauste, begleitet vom Quietschen der Räder, dem Zirpen der Bremsen und dem Röhren des Zuges auf den Geleisen, fühlte ich ein starkes, unvermutetes Heimweh.

Als ich die Augen wieder öffnete, war ich nicht mehr alleine in meinem Abteil. Rundherum drängten sich die Menschen. Die Müdigkeit war wie weggeblasen.

»Etwas wird geschehen«, dachte ich beinahe erleichtert, während ich einen blassen Menschen neben mir beobachtete, der einem Schwarzen eine lange mathematische Formel erklärte, die auf ein kariertes Papier geschrieben war, das letzterer aus einem Heft herausgerissen hatte, »und es wird nie mehr gutzumachen sein.«

Nachtrag. Der Absender des geheimnisvollen Briefes war ein Mädchen aus Hamburg, eine Verehrerin meines Mannes, die hier Literatur studiert. Das Mädchen habe unsere Adresse im Telephonbuch gefunden, sagte mein Mann, sich spät nachts Mut angetrunken und den Brief geschrieben, ohne wirklich mit einem Anruf zu rechnen. Spazieren seien sie nicht gegangen. Vielmehr habe mein Mann das Mädchen zu einem Glas Wein eingeladen. Das Mädchen habe über Literatur gesprochen. Ihr Urteil sei sehr treffsicher gewesen. Das Mädchen sei neunzehn Jahre alt und habe lange, blonde Haare, sagte mein Mann.

Lucie sagt

Lucie sagt, B. und sie verbinde eine zwanzigjährige Freundschaft. So lange schon träfen sie sich, mit Ausnahme jener beiden Jahre, von denen sie sprechen werde, jeden Dienstag und jeden Donnerstag zum Tee, Dienstag bei ihm und Donnerstag bei ihr.

Ihre Häuser lägen nicht weit voneinander entfernt in derselben Straße. Aus einem ähnlichen Elternhaus mit alter humanistischer Tradition stammend, B.s Vater sei wie ihrer Professor an der Universität ihres Städtchens gewesen, und nicht unähnliche Berufe ausübend, B. sei Arzt, genauer Chirurg mit eigener Privatklinik, sie Lehrerin am Mädchenlyzeum – und verbinde nicht den Arzt und den Lehrer die Sorge um Leib und Seele der ihm Anvertrauten –, also mit ähnlichen Interessen ausgestattet, sei ihnen in den zwanzig Jahren ihrer Freundschaft niemals der Gesprächsstoff ausgegangen.

In seinem oder ihrem Wintergarten sitzend, B. liebe wie sie die Blumen, unterhielten sie sich über Literatur, Theater und Kunst. Hin und wieder bringe ihr B., der ein namhafter Kunstsammler sei, ein von ihm neu erworbenes, besonders schönes Stück zur Ansicht mit, ein kostbares Buch, eine chinesische Vase oder einen alten Kupferstich. Zum Dank dafür bemühe sie sich, verschiedenste Sorten von Ostfriesentee aufzutreiben, den B. besonders schätze.

Nie sei zwischen ihnen etwas vorgefallen. Ganz zu Beginn ihrer Freundschaft, vor zwanzig Jahren also, habe B. ein einziges Mal versucht, sie zu küssen. In seine Schranken verwiesen, habe er sie seither nie mehr berührt. Und das sei gut so gewesen. Denn wohin die Leidenschaft führe, habe er ja nun wohl am eigenen Leib erfahren. Und er sei reumütig zu ihr zurückgekehrt.

Die Geschichte, die ihre damals fünfzehnjährige Freundschaft beinahe zerstört hätte, liege nun schon wieder drei Jahre zurück. B. sei zu der Zeit gerade von einer Griechenlandfahrt zurückgekehrt – er unternehme so wie sie jedes Jahr eine größere Studienreise – und sei Donnerstag nach seiner Rückkehr zu ihr zum Tee gekommen. Nachdem er von der Reise erzählt habe – eine Kreuzfahrt von Venedig aus über Athen, Kreta, durch den Isthmus von Korinth, über Rhodos, Patmos und Lesbos bis nach Istanbul –, habe er eine Weile geschwiegen, als sinne er dem Erzählten nach, und dabei geheimnisvoll gelächelt. Außer den unsterblichen Kunstschätzen Griechenlands, habe er nach einiger Zeit, immer noch lächelnd, gesagt, sei ihm ein Kunstschatz ganz anderer Art unter die Augen gekommen. Er habe bedächtig einen Schluck Ostfriesentee (Alt-Auricher Mischung!) genommen und gesagt, sie möge ihm seine Offenheit verzeihen. Es sei eine merkwürdige Beichte, die er ihr noch schuldig sei. Da B. aufs anschaulichste zu erzählen verstehe, habe sie sich auf eine kleine, unterhaltsame Anekdote vorbereitet.

Es sei knapp nach der Abreise von Venedig gewesen, habe B. begonnen, als er beim Herumschlendern auf dem Oberdeck – man müsse sich etwas Bewegung verschaffen auf diesen Schiffsreisen, wie sie wisse, sei er es gewohnt, ausgedehnte Spaziergänge zu unternehmen –, beim Herumschlendern auf dem Oberdeck des Schiffes also sei er unversehens in die Nähe des Swimming-pools geraten. Er sei gerade im Begriff gewesen, wieder kehrtzumachen, da er den Anblick von

Menschen, die sich halbnackt jedermanns Blick präsentieren, nicht schätze, im übrigen mißfalle ihm jede Art von öffentlicher Badeanstalt, als er eine Frau gesehen habe, die sich so schamlos an den Rand des Schwimmbeckens plaziert hätte, daß es unmöglich gewesen sei, sie nicht zu beachten.

Auf dem Bauch dieser Frau habe sich eine Rose befunden. Eine der schönsten Tätowierungen, die man sich vorstellen könne. Der Stiel der Rose habe in einer feinen Schwingung aus dem Bikinihöschen herausgeragt und sich blutrot um den Bauchnabel herum entfaltet.

Sie hätten eine Weile geschwiegen, da ein derartiges Thema sonst nicht zu ihren Teegesprächen gehört habe. Bald danach sei B. aufgebrochen. Sie habe die Sache längst vergessen gehabt, als B. sie ein paar Tage danach angerufen habe, um nach einigen, wie sie sehr wohl bemerkt habe, ganz rhetorischen Fragen nach ihrer Arbeit, ihrem Gesundheitszustand usf. abermals auf die Sache mit der Rose zu sprechen zu kommen.

Er habe die ganze Zeit herauszubekommen versucht, habe B. nach der kurzen Einleitung gesagt, um welche Rose es sich bei der Tätowierung gehandelt haben könne. Es sei keinesfalls die übliche gemeine Gartenrose gewesen. Die Blütenblätter seien von besonderen Rundungen gewesen und hätten ausgesprochen fleischig gewirkt.

Es sei wohl, habe sie geantwortet, eine Phantasierose gewesen, wie sie irgendeinem Tätowierer in irgendeiner Hafenkaschemme eben eingefallen sei.

Nein, habe ihr Bekannter eifrig erwidert, nein, hier sei ein Fachmann am Werk gewesen und ein Meister.

Am Dienstag darauf, als sie zur gewohnten Zeit bei ihm eingetroffen sei, habe B. ihr erstaunt die Tür geöffnet. Er habe seit fünfzehn Jahren zum erstenmal ihre Teestunde vergessen. Verwirrt habe er sie hereingebeten und sich diesmal gar nicht erst mit Höflichkeitsformeln aufgehalten, sondern er sei sofort zur Sache gekommen.

Gerade sie, habe er begonnen, die sie die Kunst liebe wie er, werde ihn wohl kaum mißverstehen. Sein Interesse an der Frau mit der Rose, sie werde es längst erraten haben, sei ein künstlerisches, ja darüber hinaus ein philosophisches. Denn die Schranke zwischen Kunst und Wirklichkeit, sei er fortgefahren, wobei er sich weit zu ihr vorgebeugt habe, scheine ihm hier aufgehoben zu sein. Der menschliche Körper selbst werde zum Kunstwerk.

Obwohl ihr seine Gedanken durchaus nicht neu gewesen seien – oft hätten sie über den unerbittlichen Gegensatz von der Lächerlichkeit des Lebens und seinen Niedrigkeiten und Häßlichkeiten und der Erhabenheit der Kunstwerke, die sich nicht zuletzt aus ebendiesen Niedrigkeiten speisten, gesprochen –, sei da etwas gewesen, das sie befremdet habe. Vielleicht der seltsame Glanz in den Augen ihres Freundes, vielleicht die Röte seines Gesichts. B. sei als Kunstsammler sonst stets ein kühler Kopf gewesen.

Sie müsse bedenken, habe B. nach einer Weile gesagt, daß eine auf den menschlichen Körper geritzte Rose lebe. Sie sei ständig in Bewegung, atme, hebe und senke sich, rolle sich zusammen und richte sich strahlend auf. Niemals sehe sie gleich aus, die Haut, in die sie gekerbt sei, wiege sie wie der Wind. Am schönsten sei die Rose gewesen, habe B. gesagt, wenn die Frau ins Wasser gesprungen sei. Sie habe nämlich die Angewohnheit gehabt, den Oberkörper vor dem Sprung mit nach oben gestreckten Armen rund nach rückwärts zu beugen, bevor sie sich zum Sprung gekrümmt habe. In dem Augenblick aber, in dem sich ihr Bauch wie eine Trommel gespannt nach vorn gewölbt habe, habe die Rose alle ihre Blütenblätter geöffnet, sei aufgeplatzt, habe klaffend dagelegen, und in ihrer Mitte der Bauchnabel.

Da niemand in dieser Weise über ein Kunstwerk spreche, sei sie zu folgendem Schluß gekommen: B. habe sich wohl in die Frau verliebt und wehre sich als alter Junggeselle mit allen Mitteln dagegen, indem er die Bewunderung für eine billige Tätowierung – denn welcher wirkliche Künstler gäbe sich für so etwas her – vor seine Begierde schiebe.

Sie habe sofort gespürt, daß ihre langjährige Freundschaft in Gefahr sei. Kein leidenschaftlich liebender Mann besuche auf die Dauer zweimal die Woche eine alte Freundin zum Tee, um mit ihr über Kunst und Theater zu plaudern.

Sie müsse gestehen, sie sei gereizt gewesen und habe beschlossen, die Sache, wenn es schon so weit habe kommen müssen, zu beschleunigen, denn offensichtlich sei ihr Bekannter nicht in der Lage gewesen, einen Entschluß zu fassen.

Am darauffolgenden Dienstag, als B. zu ihr gekommen sei, diesmal mit einer Schachtel Pralinen – B. habe ihr fünfzehn Jahre lang keine Pralinen geschenkt –, sei sie von sich aus gleich zu Beginn auf die Frau mit der Rose zu sprechen gekommen. Ihr Bekannter habe gar nicht gut ausgesehen. Er sei blaß gewesen und habe dunkle Ringe unter den Augen gehabt. Sie habe ihn ohne Umschweife gefragt, ob er die Adresse dieser Frau besitze. B. sei noch blasser geworden, habe sie starr angesehen und schließlich kaum sichtbar genickt. Er habe an diesem Nachmittag keinen Schluck Tee getrunken, obwohl es ihr gelungen sei, eine seltene Ostfriesenmischung (Pastorentee/Goldspitzen) aufzutreiben.

Ob sie denn meine, habe er sie schließlich mit leiser Stimme nach einer einigermaßen qualvollen Pause gefragt, daß er die Frau besuchen solle. Das habe ihre schlimmste Befürchtung bestätigt. Sie sei sicher gewesen, daß B. seit langem danach gelechzt habe, seine Geliebte wiederzusehen.

Ja, habe sie gesagt, sich zu einem aufmunternden Ton zwingend, was er jedoch mit Sicherheit nicht bemerkt habe, ja, das meine sie. Sie erinnere sich genau an B.s Gesichtsausdruck nach ihrem Ratschlag. Es sei Erschrecken, Verachtung und Triumph in seinem Gesicht gewesen. Als hätte er sie zu dieser Antwort von Anfang an sorgsam verführt. Als triumphierte er, daß sie selbst ihn in die Arme dieser Frau führte, als erschreckte er, es nun tun zu müssen, und als verachtete er sie, weil er wußte, daß sie so oder so keine Chance gehabt hätte gegen diese Frau.

Jedenfalls sei ihr die Sache so nahegegangen, daß sie beschlossen habe, den Kontakt zu B. abzubrechen. Aber selbst dazu habe sie keine Gelegenheit mehr gehabt, da er kurz danach spurlos verschwunden sei. Nicht einmal in seiner Klinik habe man über seinen Verbleib Bescheid gewußt.

Der Verlust der gemeinsam verbrachten Stunden sei schmerzlich für sie gewesen, und jeden Dienstag und Donnerstag habe sie zur üblichen Stunde in ihrem Wintergarten gesessen und allein ihren Tee getrunken. Einer Bekannten gegenüber, die ihr anläßlich einer Ausstellungseröffnung erzählt habe, B. halte sich in Frankreich auf, habe sie so getan, als hätte sie von seiner Abreise gewußt. Insgeheim jedoch sei sie wütend gewesen. Er hätte sich wenigstens verabschieden können, habe sie gedacht.

Nach drei Monaten habe sie dann den Anruf erhalten. Die ersten paar Minuten sei nur ein Rauschen in der Leitung zu hören gewesen. Endlich habe sie doch etwas verstanden. Es sei B. gewesen. Lucie, habe B. gesagt – B. habe sie in den fünfzehn Jahren ihrer Freundschaft niemals bei ihrem Vornamen genannt –, Lucie, habe er gesagt, und daß er restlos glücklich sei. Das sei schön, habe sie geantwortet, aber sie glaube nicht, daß er es verstanden habe bei dem Rauschen und Knacken, denn sie habe es wohl nicht allzu laut und nicht allzu begeistert gesagt, und er habe auch gleich weitergesprochen. Es sei wunderbar, habe er gesagt, sie zu besitzen, sie sei das Schönste, das er je gesehen habe. Jeder Augenblick sei ein Abenteuer. Jede Berührung ein Rausch. Es habe ihr die Sprache verschlagen. Nie zuvor sei B. jemals so indiskret gewesen. Er habe sich aber noch weiter verstiegen. Merkwürdig sei es schon, habe er weiter gesagt, wie sie dufte. Es steige ein Duft aus ihrem Inneren, der die Sinne über alle Maßen verwirre. Sie habe ihm verbieten wollen weiterzusprechen, aber durch dieses unselige Rauschen in der Leitung scheine er sie noch weniger verstanden zu haben als sie ihn. Vielleicht habe er auch gar kein Rauschen gehört, vielleicht habe er nur sich selbst gehört, und die Leitung habe für ihn ruhig dagelegen und geschwiegen. Ja, es sei ihr mehr und mehr so erschienen, als habe er zu sich selbst gesprochen. Er tauche, habe er zu sich selbst gesagt, sein Gesicht in ihren Kelch, er lege seine Lippen an ihre samtenen Blätter, er senke seine Zunge in ihren Nektar.

Sie sei unfähig gewesen, sich zu rühren, kalter Schweiß sei ihr auf der Stirn gestanden, ihr Mund sei verschlossen gewesen, sie habe gezittert. Das merkwürdigste aber sei, habe er seine unglaublichen Geständnisse fortgesetzt, daß sie selbst die Bienen täusche. Sie kämen, um sie zu befruchten.

B., habe sie da ausgerufen, aber die Leitung sei endgültig unterbrochen gewesen, sie habe nur noch das Rauschen gehört, das wie das Rauschen des Meeres in der Ferne geklungen habe, wie das Säuseln von Wind in Palmenblättern, wie das Plätschern von Tropenregen in Bananenplantagen, weswegen ihr der Gedanke gekommen sei, B. halte sich in der

Südsee auf. Woher sonst auch sollte eine Frau kommen, die eine tätowierte Rose am Bauch trage.

Der Brief sei aber aus Moskau gekommen. Schon die Schrift habe auf völlige nervliche Zerrüttung des Verfassers hingewiesen. Er sei am Ende seiner Kräfte, habe der Brief begonnen, ohne Anrede und Einleitung, was nie B.s Art gewesen sei, der stets größten Wert auf stilistischen Ausdruck gelegt habe. Diese Frau, habe er unmittelbar darauf geschrieben, als gelinge es ihm angesichts seiner Lage nicht, Gedanken an die Form seiner Mitteilung zu verschwenden, diese Frau sei ein Ungeheuer. An der Stelle habe sie nicht umhin gekonnt, ein wenig zu lächeln. Vom ersten Augenblick an habe er sie verabscheut in ihrer unvorstellbaren Vulgarität, ihrer Bosheit und Hinterhältigkeit, und längst, längst wäre er abgereist, wenn nicht die Rose wäre. Diese Rose aber – sie erinnere sich? – ziehe ihn mehr und mehr in ihren Bann.

Ihr Herz habe unerträglich heftig geschlagen. Sie könne ihren damaligen Zustand nicht beschreiben. Wieder und wieder habe sie sich gefragt, was das alles zu bedeuten habe. In welche Netze der Verderbtheit ihr Freund geraten sei und warum er immer noch auf dieser lächerlichen Rose bestehe. Sie habe die Frau in kaum vorstellbarem Maße gehaßt. Sie hätte eben zu dem Zeitpunkt noch nichts verstanden von der wirklichen Leidenschaft ihres Freundes.

Ein weiterer Brief, abgeschickt aus N., nur achtzig Kilometer von ihrer Stadt entfernt, habe sie dann endgültig aufgeklärt. Es sei ein langer Brief gewesen, in dem B. zu allen Formen des Anstands und des Ausdrucks zurückgefunden habe. Er sei beinahe unpersönlich gewesen. Fast sei es ihr so vorgekommen, als habe B. alles wieder ins Lot bringen wollen mit diesem Brief.

Wie sie wisse, habe B. geschrieben, besitze er eine umfangreiche Sammlung von Blumendarstellungen namhafter Künstler aus vielen Jahrhunderten und aus allen Teilen der Welt. Er besitze die Stiefmütterchen Waldmüllers, das Bildnis eines Ritters mit Lilie von Carpaccio, alle dreiunddreißig Ansichten der Chrysantheme von Hokusai, die Lotoskönigin eines unbekannten indischen Malers, den Kaktus vor einem Bungalow von Kitaj, zwei Skizzen zum Tomatenstock Picassos, um nur einige Exponate seiner Sammlung zu nennen.

Er habe alle diese Bilder wie kaum sonst etwas auf der Welt geliebt. Bis er jene Rose gesehen habe. Keines der Kunstwerke aus all den Jahrhunderten, aus all den Ecken und Winkeln der Erde, aus denen er sie zusammengetragen habe, habe ihn berührt wie dieses Bild der Rose, dem er jetzt schon so lange nachreise. Es sei ein Zauber um das Bild wie um kein einziges anderes Kunstwerk auf der Welt. Vergeblich habe er versucht, den Namen des Meisters in Erfahrung zu bringen, der es in die Haut dieser Frau gestochen habe. Was, habe er geschrieben, gäbe er darum, könnte er es nur besitzen.

Da sei es ihr endlich wie Schuppen von den Augen gefallen. Die Blumensammlung!

Sie habe das Nötigste zusammengepackt und sei noch in derselben Nacht nach N. gefahren.

B. habe an der Hotelbar gestanden, besser gesagt, er habe sich daran gerade noch aufrecht gehalten, vor ihm eine halbgeleerte Flasche Whisky. Er sei kaum in der Lage gewesen, sie zu erkennen. Nie zuvor habe B. getrunken. Als er sie nach langem Schweigen erkannt habe, sei es zu einer Szene gekommen. B. habe sich haltlos schluchzend an sie geklammert und seinen Kopf an ihrer Schulter geborgen. Sie habe ihn zu einer Sitzgruppe in einer dunklen Ecke des Foyers geschleppt. Zitternd habe er sich ein weiteres Glas Whisky eingegossen.

Die Frau sei der Teufel selbst, habe er nach einer Weile stockend hervorgebracht, keine Marter der Hölle sei ihr fremd.

Mit geröteten Augen habe er sie angestarrt. Sie habe seinen Blick jedoch erwidert, und ihre Gelassenheit habe ihn etwas beruhigt. Sie verlange die schändlichsten Dinge von ihm, sei er ruhiger fortgefahren, damit er das wunderbare Bild betrachten dürfe. Sie werfe mit seinem Geld um sich, er selbst müsse ihr die Liebhaber zuführen, sie schlage ihn in aller Öffentlichkeit, sie trete mit ihren Füßen nach ihm, die er küssen müsse. Aber alles das sei nichts gegen die Qual, die er leide, um das Schlimmste zu verhindern. Sie müsse nämlich wissen, habe er gesagt, daß er diese Frau, obwohl sie ihn unablässig demütige, keinen Augenblick aus den Augen lassen dürfe. Denn sie könnte sich verletzen. Es könnte dem wunderbaren Bild etwas zustoßen. Die zarten Blütenblätter könnten zerreißen, der stolze Kelch könnte knicken, der herrliche Stiel könnte gebrochen werden, habe er gesagt, und das blanke Entsetzen sei in seinen Augen gewesen. Denn nicht nur, sei er fortgefahren, daß sie das Bild verkommen ließe, sie achte nicht im geringsten darauf, und nur selten gestatte sie ihm, es zu reinigen, es scheine, daß sie es geradezu darauf angelegt habe, es zu zerstören. Sie unternehme die unsinnigsten Dinge. Einmal habe sie ihn zu Tode erschreckt mit der Ankündigung, sie sei schwanger. Die Rose wäre ohne Zweifel nach einer Schwangerschaft ruiniert. Oder sie springe von zehn Meter hohen Brettern ins Wasser, prelle die Rose auf der harten Oberfläche, sie setze das Bild unbedenklich der Sonne aus, dann wieder schrubbe sie es mit einer Bürste, sie bade zu heiß, sie verwende Körperöle, und so weiter und so fort. Es werde täglich schlimmer, habe ihr Freund mit vor Qual entstellter Stimme gesagt, neuerdings schlage sie sich selbst auf den Bauch und drohe, wenn er ihr nicht ständig zu Willen sei, mit ihren Fingernägeln die Rose zu zerkratzen. Sie halte ein scharf geschliffenes Brotmesser an ihren Bauch.

B. habe erneut die Fassung verloren. Er habe laut geschluchzt. Sie habe ihn scharf zurechtgewiesen. Sie sei gekommen, habe sie gesagt, ihm zu helfen. Dann seien sie zur Hotelbar gegangen. Lange sei kein Wort gefallen. Nachdem sie zusammen die Flasche Whisky ausgetrunken hätten, habe sie ihm ihren Plan erläutert. Wenn die Frau wirklich so vulgär sei, wie er behaupte, werde sie ihm die Rose verkaufen, habe sie zu B. gesagt. Er werde dann die Hauttransplantation vornehmen, die abgetrennte Rose auf eine Leinwand ziehen und endlich in seine Blumensammlung einreihen.

Ihr Bekannter habe sie erstaunt angesehen und einen Finger an die Nase gelegt. Schließlich, nachdem er sie lange so angesehen habe, habe er sich aufgerichtet, einen Notizblock aus seiner Jackentasche genommen und die Rose auf ein Blatt gezeichnet. Den Hintergrund habe er schraffiert und dann begonnen, die Linie einzuzeichnen, nach der er die Haut möglichst dicht um die Rose herum herausschneiden würde.

Nachdem er eine Weile in seinem Notizbuch herumgezeichnet und einige Notizen gemacht habe, habe er sich ihr wieder zugewandt. Es sei wohl jetzt besser für sie beide, habe er ruhig und klar zu ihr gesagt, sich auszuruhen, bevor die Verhandlungen begännen. Daraufhin sei er aufrecht zum Lift gegangen.

Als sie sich am nächsten Morgen alle drei zum Frühstück getroffen hätten, habe diese Person sie spöttisch angesehen. Ihr Bekannter sei in einer schrecklichen Verfassung gewesen. Sein Gesicht sei aufgedunsen gewesen, die Augen rot geädert und feucht, überdies habe er der Frau ununterbrochen auf den Leib gestiert, was ihr, auch wegen des ihre Frühstücksbestellung aufnehmenden Kellners, äußerst peinlich gewesen sei. Es sei ihrem Bekannten anzusehen gewesen, daß er die vergangene Nacht wohl kein Auge zugetan habe. Offenbar habe ihn diese Frau die Nacht zuvor noch erwartet und mit ihrer Rose gequält.

Sie habe zunächst einmal zwei Tassen schwarzen Kaffee getrunken und die Frau betrachtet, die B., und nicht zuletzt auch ihr selbst, so zugesetzt habe. Sie sei, allen Erwartungen gemäß, in jeder Hinsicht eine geschmacklose Person gewesen. Rothaarig, grünäugig, mit breitem, gewöhnlichem Mund, aufreizendem Körper und langen Beinen, die noch betont gewesen seien durch hochhackige Schuhe. Ihren Leib mehr entblößend als bedeckend, habe sie ein schwarzes, enganliegendes Kleid getragen, das den Gutteil ihrer großen Brüste freigegeben und dessen schmale Träger sich in die gebräunte Haut gedrückt hätten. Schon am frühen Morgen sei diese Person vollkommen geschminkt gewesen, was allerdings die dunklen Schatten unter ihren Augen und einen gewissen erschöpften Zug um den Mund nicht habe verbergen können. Diese Person habe, ohne dabei auch nur aufzusehen von ihrem Frühstück, kurzerhand zu ihr gesagt, sie könne ihn – dabei habe sie mit dem Kopf in B.s Richtung gedeutet – mitnehmen. Wenn er mit ihr ginge. Was sie allerdings bezweifle.

Es sei über die Maßen abstoßend gewesen. Sie habe von B. gesprochen wie von einem seinem grausamen Herrn treu ergebenen Hund.

Es habe ihr einen Stich durchs Herz gegeben.

Niemand werde es ihr verübeln, wenn sie nicht berichte, was diese Person alles zu ihr gesagt habe, welche Perversionen sie B. unterstellt und was sie vorgegeben habe, mit ihrem Körper alles zu vermögen. Sie selbst habe nicht mehr hingehört. Alles habe seine Grenzen. Statt dessen habe sie sich mit einer weiteren Tasse Kaffee gestärkt, und während B. mit stumpf begehrlichen Blicken den Körper dieser Frau verschlungen habe, habe sie ohne zu zögern mit den Verhandlungen begonnen. Sie habe der Frau, so gut sie es vermocht habe, den chirurgischen Eingriff erklärt und dabei die Dauer des Heilungsprozesses und die Größe der sichtbar bleibenden Narben untertrieben.

Sie hätten zwei Stunden lang um den Preis verhandelt.

Darauf seien sie gemeinsam nach Z. gefahren.

Sie habe die Frau bei sich untergebracht, was ihr nicht leichtgefallen sei, nur damit B. den nötigen Abstand gewänne und überhaupt imstande wäre, eine solche Operation durchzuführen.

Am folgenden Morgen habe die Operation stattgefunden.

Sie habe sich ausgebeten, dabeisein und alles mit ansehen zu dürfen. Nicht nur, um sicher zu sein, daß die Sache ein für alle Male aus der Welt geschafft sei und B. zurückkehre in das ihm gemäße Leben, sondern auch, wie sie zugeben müsse, weil sie nach all dem Einsatz diese Genugtuung wohl verdient hätte.

Die Frau habe gespannt zwischen vier Pfosten dagelegen.

Ihr Körper sei schön gewesen, weich und jung. Die Rose schmal, zart und samten. Wenn sich der Körper der Frau beim Atmen gesenkt habe, habe der Kelch sich geschlossen, sei dunkelrot geworden, fast schwarz, um blutrot aufzuplatzen, wenn ihr Körper sich gehoben habe.

Die Beine der Frau seien gespreizt gewesen. In sanften Windungen sei der Rosenstiel im Schamhaar der Frau verschwunden und die Wurzeln seien in ihren Leib gewachsen.

Er werde alles mitschneiden, habe B. heiser gesagt. Seine Hand sei aber ruhig gewesen, als er das Skalpell gehoben habe, sagt Lucie.

Die Bindermichler

Bindermichllied:
Wer die Bindamichla kennd
blonde Hoar und schwoarze Zend …

Der Bindermichl ist ein Stadtteil von Linz. Zum Bindermichl gehören: die Bindermichler Schule, die Bindermichlkirche, der Hummelhof, das Hummelhofbad – »Waldbad Hummelhof« seit neuestem – und einige VÖEST-Siedlungen.

Für die Bindermichler war der Hummelhof das wichtigste. Der Hummelhof ist ein Teil eines Landes, das einmal war. Als es war, war es waldig. Jetzt stehen dort, wo früher die Wälder gewesen sind, Häuser. Nur ein Stück Land hat man gelassen, wie es immer war: den Hummelhof. Mit der Zeit hat man auch ihn verändert. Wege durchgelegt und Wiesen angelegt und Kinderspielplätze gebaut. Bänke aufgestellt und Laternen angebracht. Ich war jetzt schon länger nicht mehr dort. Es heißt, der Hummelhof soll heute ein Spielpark für alte Leute sein. Ein riesiges Schachbrett. Man soll dort zu jeder Tages- und Nachtzeit vor allem alte Männer sehen, die überall sitzen und Schach spielen.

Früher, als ich noch in den Hummelhof gegangen bin, war er kein Park, sondern ein Wald, und es waren keine alten Männer dort, sondern junge, und die haben nicht Schach gespielt, sondern Bier getrunken und geredet. Es ist also unmöglich, daß die alten Männer von heute die jungen Männer von damals sind.

Didi, Heli, Pinky und Günther haben sie geheißen.

Der Pinky und der Günther waren Brüder.

Der Günther war der Chef der Gruppe. Er war der Chef jeder Gruppe. Weil er fast zwei Meter groß und sehr wild war.

Der Pinky war kleiner als der Günther und ist nur zweimal in der Woche in den Hummelhof gekommen, weil er am Abend Boxen gelernt hat. Er war wahrscheinlich der stärkste von allen.

Der Heli war kleiner als der Günther, aber größer als der Pinky. Er war einen Meter neunzig groß und also fast so groß wie der Günther. Er war der Freund vom Günther.

Der Didi war kleiner als der Pinky und somit der kleinste. Er war aber so wie der Günther Hilfsarbeiter in der VÖEST und hatte den gleichen Weg zur Arbeit wie der Günther. Deshalb waren die beiden viel zusammen.

Der Didi war der friedlichste von den vieren, und wenn es zwischen ihnen Streit gab, hat er immer versucht, ihn zu schlichten. Der Didi war auch der einzige, der sich um mich gekümmert hat.

Ich war größer als der Didi, aber das zählte nicht. Außerdem war ich die Freundin vom Günther.

Der Heli war Installateurslehrling und nicht angewiesen darauf, zerschlissene Blue jeans zu tragen. Er trug sie aber immer.

Der Heli und der Didi wohnten im selben Häuserblock.

Der Günther und der Pinky wohnten in einem anderen Häuserblock. Die Eltern vom Didi und vom Heli trafen sich manchmal am Abend und spielten Karten miteinander.

Die Eltern vom Günther und vom Pinky taten nichts mehr. Die waren schon fertig mit allem. Es soll herausgestunken haben aus der Wohnung vom Günther und vom Pinky. Aber über die Eltern haben die Bindermichler eigentlich nie geredet und auch über ihre Arbeit nicht. Zumindest nicht so, daß eine wie ich es gleich verstanden hätte. Ich ging ja ins Gymnasium.

Ich habe erst lange Zeit später erfahren, und das nur durch Zufall, daß der Günther in der VÖEST dort gearbeitet hat, wo das flüssige Eisen sich durch die Halle wälzt.

Lange Zeit habe ich nicht aufhören können, daran zu denken. Einmal habe ich von einem furchtbaren Unfall beim Stahlband gelesen. Oder vielleicht war es auch anderswo. Jedenfalls war es ein Unfall in der VÖEST, und einer ist verkohlt dabei. Immer hab ich gedacht, vielleicht war das der Günther, aber es ist nur der Nachname in der Zeitung gestanden, und den Nachnamen vom Günther hab ich nicht gewußt.

Der Holzpavillon stand auf dem Hügel über dem Spielplatz. Am Tag saßen dort die Mütter und strickten, während ihre Kinder unten auf dem Spielplatz herumrasten. Am Abend saßen die Bindermichler dort. Der Pavillon bestand eigentlich nur aus zusammengebundenen Baumstämmen, war aber dicht genug, daß wir nicht naß wurden, wenn es regnete. Der Boden war sandig, und an den Seiten entlang standen Holzbänke. Der Günther schlief dort manchmal ein und blieb die ganze Nacht über im Hummelhof.

Man konnte weit sehen vom Pavillon aus. Über einem waren nur der Himmel und ein paar schwarze Tannen.

Wenn der Günther betrunken war, dann stellte er sich oft in die Mitte des Pavillons hin und sang laut »Wer die Bindamichla kennd ...« über den ganzen Hummelhof hin. Die anderen standen dann auf und sangen irgendwann mit. Ich hab am Anfang darüber gelacht, weil ich geglaubt habe, nur beim

Singen der Bundeshymne muß man aufstehen, aber mit der Zeit bin ich dann auch aufgestanden, und irgendwie ist es mir gar nicht mehr komisch vorgekommen.

Es ging oft der Streit darum, wer er eigentlich gewesen sei, der Binder Michl.

Der Didi war der Ansicht, daß der Binder Michl der erste war, der sich aufgehängt hat, an der Tanne drüben, weil er es einfach nicht mehr ausgehalten hat. »Er ist ein armer Bauer gewesen«, hat der Didi gesagt und den Heli angeschaut, der sich von Anfang an gelangweilt weggedreht hat.

»Der Binder Michl, das war ein Großbauer«, hat der Heli gesagt, »und alles hat ihm gehört, jedes Schaf. Ich hab das irgendwo gelesen. Der Binder Michl, der hat nichts zu tun gehabt mit der Tanne.« Der Günther ist immer ein bißchen am Rand gesessen und hat schon eine Reihe leerer Bierflaschen vor sich stehen gehabt, und manchmal ist er wütend geworden, wenn der Heli das mit dem Großbauern erzählt hat, und er hat dann eine Bierflasche zerschlagen oder ganz laut geschrien. Manchmal ist er auch fast eingeschlafen bei den Geschichten und hat nur ganz schläfrig gesagt: »Der Binder Michl, das war kein Großbauer, du Trottel. Es hat überhaupt keinen Großbauern gegeben in der Umgebung, weil der Binder Michl hätte den Großbauern auf unserer Tanne aufgehängt, wenn es einen gegeben hätte. Ist das klar? Der Binder Michl, der ist überall gewesen. Er hat keine Arbeit gehabt und ist rumgezogen, und er war überall bekannt. Weil er hat nicht viel gesagt und ihnen einfach eine reingehauen, wenn sie ihn halten wollten, und was ihm im Weg war, das hat er angezündet, und die Frauen sind ihm nachgelaufen. Jede Nacht hat er eine andere gevögelt, und er war siebenmal im Gefängnis und ist immer wieder ausgebrochen, und Pfaffen hat er auch erwürgt ...«

An der Stelle unterbrach der Didi den Günther immer. »Und warum hat er sich dann aufgehängt, auf unserer Tanne?«

Günther zuckte mit den Achseln. »Weiß der Teufel, warum.«

Am Samstag und Sonntag saßen die Bindermichler schon am Nachmittag im Pavillon auf dem Hügel und schauten den Kindern zu, die am Wochenende in den Hummelhof spielen kamen. Die Mütter saßen an diesen beiden Tagen unten auf den Bänken rund um den Spielplatz. Nur am Abend wurde jeder verdroschen, der sich in den Wald wagte und kein Bindermichler war. Zum Beispiel die Froschberger.

Während die Bindermichler am Samstag nachmittag den Bindermichler Kindern beim Schaukeln und Schreien zusahen, begannen sie über die Froschberger zu schimpfen. Sie stimmten sich ein. »Es ist mir ein Rätsel, wie man sich ›Froschberger‹ nennen kann«, sagte zum Beispiel der Didi, der die Froschberger besonders haßte, weil ihm einer von ihnen einmal seine Hose zerrissen hatte. »Einen Frosch zum Vorbild zu haben!« Er schüttelte den Kopf.

»Vielleicht haben die Froschberger alle einen Kropf und haben sich darum so genannt«, sagte der Heli, und der Günther sah nachdenklich den Kindern zu. Immer wenn er Kinder spielen sah, schaute er nachdenklich hin und beteiligte sich an keinem Gespräch.

Pinky, der am Samstag nachmittag meistens betrunken war, versprach dem Didi, jedem einzelnen Froschberger die Nase einzuschlagen.

Ich saß meistens neben dem Didi, wenn der Günther nachdenklich wurde. Einmal hab ich ihn angefaßt, wie er nachdenklich war, und er hat mir eine runtergehauen. Dann ist er schnell weggegangen und hat an den Waldrand geschifft. Als er zurückgekommen ist, hat er sich betrunken. Aber der Pinky hat zum Schluß doch meistens eine Bierflasche mehr vor sich stehen gehabt. Der Günther hat ihm dann auf die Schulter geklopft und war stolz auf seinen Bruder.

Am Samstag abend ist immer einer von den Bindermichlern am Eingang vor dem einzigen Weg gestanden, der zum Holzpavillon geführt hat. Durch den Wald von hinten sind die Froschberger nie gekommen.

»Weil sie zu feig dazu sind«, hat der Didi gesagt.

Ein schriller Pfiff. Sie kommen.

Ich mußte immer die Jacken halten.

Ich will keine Jacken mehr halten.

Es war mir immer schlecht beim Jackehalten.

Immer nachher war es still. Nicht einmal ein Bier.

Unruhe im Pavillon.

Die Bindermichler sind an solchen Abenden früher heimgegangen als sonst. Jeder allein.

»Nein«, sagte der Günther und klammerte sich an mich, »nicht in diesen Teil«, und gleichzeitig ging er weiter in den dunkleren Teil des Waldes.

»Nicht dorthin, wo die Tanne ist, nicht dorthin«, und er wehrte sich gegen seine eigenen Schritte, als wäre da ein anderer, der ihn mit Gewalt dorthin zöge. Mühsam torkelten wir durch den Wald. Günther stützte sich auf meiner Schulter ab. Ich hatte Angst, daß Günther versuchen würde, mit mir zu schlafen. Sein Entsetzen vor der Tanne verstand ich nicht. Also meinte ich, er zöge mich tief in den Wald hinein, weil es so ist, wenn man jemanden vergewaltigen will. Ich sträubte mich auch. So sträubten wir uns beide und zogen und schleppten uns doch immer weiter dorthin, wo wir beide nicht hin wollten. Auf einer Lichtung dann kam das riesengroße Gesicht Günthers auf mich zu wie die Scheinwerfer der Polizei. Schweißverklebte Haare auf meinem Gesicht, auf meinem Mund, in meinem Mund. Günther schüttelte mich, und ich hatte Angst, wußte aber, daß Günthers Angst noch größer war. Das verstärkte meine Angst.

Günthers Stimme an meinem Ohr: »Die Tanne gibt es schon lange. Es hat sie schon im Mittelalter gegeben. Stell dir vor, wie es war im Mittelalter. Stell dir vor, wie finster da der Wald war. Stell dir die Wölfe vor, die überall geheult haben.«

Günther schüttelt mich rhythmisch bei jedem Satz. Er spricht zu mir wie ein alter Mann zu einem Kind, das doch nicht verstehen wird, was er sagt: »Im Mittelalter hat es im Wald gestunken. Weil an der Tanne die Leichen verfault sind. Und die Eulen, die sinnlosen Biester haben geschrien und geschrien, obwohl sie es doch gar nicht wissen können, wie das ist, wenn einer schreit.«

Günther vor Betrunkenheit fast besinnungslos. Er schreit und schreit, um mir zu zeigen, wie das ist, wenn einer schreit.

»Hörst du es? Hörst du es, wie das ist, wenn einer schreit? Hörst du es?« Günther läßt sich zur Seite kippen. Ich leg mich neben ihn, aber er faßt mich nicht an, schaut in den Himmel hinein und redet weiter: »Im Mittelalter war der Himmel immer schwarz. Oder rot. Jedenfalls unvorstellbar groß. Und bis zum Himmel hinauf haben die Leichen gestunken. Sie wollten es nicht, sie wollten es alle nicht. Aber es hat sie hingezogen, zu unserer Tanne. Weißt du, in einer Nacht, kohlrabenschwarz und der Himmel so groß und die Luft so verdammt verpestet von den Leichen, da ist einer raus aus seinem Haus, rumgeschlichen um das Haus wie ein Wolf, und die Eulen haben sinnlos geschrien überall. Die Luft war voll Wolfsgeschrei, und Gestank bis zum Himmel rauf, und die Schreie und der elendigliche Gestank, und die blöden Viecher, die Eulen, haben keine Ahnung gehabt, warum sie so schreien, und da schleicht einer. Braun ist er angezogen, braun wie der Boden, und über ihm die Nacht schwarz wie Kohle, und die Raben sind schon im Gipfel der Tanne.«

Ich klammere mich an Günther fest, der lacht und kräht und schuut ein bißchen. Plötzlich ist er wieder ernst, und seine Stimme ist höher als sonst: »Der schleicht neunmal um sein Haus herum, der braune Bauer, wie ein Wolf schleicht er durch den Gestank der Nacht. Dann nimmt er ein Streichholz und zündet sein ganzes Haus an.«

Günther schüttelt mich jetzt wieder.

»Du mußt dir vorstellen, er hat sonst nichts. Nur das Haus, und das bröckelt überall ab, sonst nichts. Aber in dem Haus kann er wohnen in der Nacht, wenn die Wölfe schreien, auch wenn es abbröckelt, er kann drinnen liegen und schlafen. Und das brennt er nieder! Steht draußen im Gestank und brennt sein Haus nieder. Nur damit der Himmel für ganz kurze Zeit nicht so schwarz ist, tut er das. Weil im Mittelalter ist der Himmel ja die ganze Zeit kohlrabenschwarz. Und er steht da und schaut rein in das Geflammere, schaut zu, und es macht ihm nichts aus, daß seine Ziegen verbrennen. Und solange sein Haus brennt, ist es ganz still. Die Ziegen sind still und verbrennen, und die Wölfe sind still und schauen zu, und die Eulen auch, und die Raben und der Bauer auch. Der Bauer schreit nicht, obwohl es sein Haus ist, das da brennt. Wie's ausgebrannt ist, ist alles wieder schwarz, und alles schreit wieder und stinkt, und er hat jetzt nichts mehr, wo er wohnen kann, in der Nacht, wenn die Wölfe schreien. Da zieht es ihn weg, und wo zieht es ihn hin? Her zu uns zieht es ihn, dort hinten hin, wo die Tanne steht. Dort zieht's ihn hin.«

Und als sie die Tanne bereits gefällt hatten, weil mit dem Bau des Hummelhofbades begonnen worden war und ich längst nicht mehr in den Hummelhof ging, und als der Pinky sich schon umgebracht hatte in der Garage seiner Eltern, und als ich gerade die Nachprüfung in Französisch bestanden hatte und der Sommer vorbei war, begegnete ich dem Günther ein letztesmal zufällig auf der Straße.

Er sagte, sie träfen sich jetzt alle in den Traunerauen. Ob ich dort auch einmal hinkäme? Es sei viel besser in den Traunerauen, sagte der Günther, als im Hummelhof. Man könne dort ungestört bumsen. Aber ich hatte keine Lust.

Über das Geschlecht

Das erstemal, daß mir vor dem Geschlechtlichen so richtig gegraust hat, war, als meine Mutter mich aufgeklärt hat.

Ich war damals vierzehn Jahre alt und wußte besser Bescheid als sie. An dem Abend, an dem sie sich vorgenommen hatte, mich aufzuklären, war mein Vater bei seiner Kegelrunde, und ich weiß noch, daß es Sommer war. Wir saßen vor dem Fernseher – durch das offene Fenster kam die laue Sommerluft – und sahen uns einen Krimi an. Als der Krimi aus war, setzte sich meine Mutter dicht neben mich auf die Couch. Sie hat das öfter mal gemacht, und immer war es mir sehr unangenehm. Ich wollte denn auch damals gleich aufstehen und gehen, als sie mich festhielt.

»Wart einmal«, sagte sie, »ich muß mit dir reden.«

Dann begann sie mich aufzuklären. Ich weiß nicht, was sie mir damals erzählte, ich hörte ja absichtlich weg und wurde stocksteif, ich weiß nur, daß sie lange und ausführlich vom männlichen Glied sprach, während sie ganz dicht neben mir auf der Couch saß. Je mehr meine Mutter sich um Sachlichkeit in der Wortwahl und Natürlichkeit im Tonfall bemühte, desto mehr begann es mich zu ekeln. Was sie Glied nannte, kam mir so nackt, so bloßgelegt, so rot, roh und glänzend vor, so über die Maßen ekelerregend, daß ich an einem Brechreiz würgte. Keiner der vulgären Ausdrücke hatte je so entsetzliche Vorstellungen in mir hochgerufen.

Das zweitemal, daß mir vor dem Geschlechtlichen so ekelte, war ein paar Wochen nachher, als ich auf dem Heimweg von der Schule zwei Pudel beobachtete, die koitierten. Der eine Pudel war, als ich sie entdeckte, schon auf dem anderen drauf und wetzte in einer unglaublichen Geschwindigkeit auf ihm rum. Es dauerte vielleicht drei Sekunden, dann steckten sie ratlos ineinander fest und versuchten loszukommen. Was ihnen nicht gelang. Da fiel mir das Wort Glied ein mit seiner klebrig glänzenden Ausstrahlung. Ich mußte mich übergeben. Das drittemal, daß es mich so ekelte, war, als ich den Schwanz von G. sah. G. war ein pickliger Junge aus der katholischen Jugendgruppe. Er war musikbesessen, übte den ganzen Tag Klavier und hatte bestimmt noch nie eine Freundin gehabt.

Er hatte mich am Sonntag, als seine Eltern einen Ausflug machten, zu sich nach Hause ins oberste Stockwerk des damals einzigen wirklichen Hochhauses von Linz eingeladen und mich, nachdem er mir am Klavier vorgespielt hatte, unvermittelt an sich gepreßt. Keiner von den Lehrlingen und den jungen Arbeitern, die ich kannte und deren Umgang mit mir meine Eltern so beunruhigte, hatte je so einen Angriff auf mich gestartet. Ich war ganz starr. G. preßte sein rotes, pickliges Gesicht an meinen flachen Busen und keuchte vor Erregung. Dann führte er meine Hand zu seiner Hose, und wir holten gemeinsam sein Glied heraus. Ein ungemein hartes, langes, glänzendes, pochendes Glied. Da ergriff mich die Panik, und ich rannte, so schnell ich konnte, die sechzehn Stockwerke des Hochhauses hinunter und in Richtung meiner elterlichen Wohnung. Kurz vor unserem Häuserblock wurde ich langsamer, und ich hatte zum erstenmal dieses zwiespältige Gefühl von Erregung und Ekel, das ich von da an immer wieder suchte. Und immer waren es die Außenseiter, die mich auf diese Weise angezogen haben, die Besessenen, die Sensiblen, die Häßlichen.

Es war nämlich so, daß ich bei keinem der Männer, mit denen ich länger zusammen war und mit denen mich ein gesundes, vom Ekel weit entferntes Verhältnis verband, je Befriedigung gefunden hätte. Befriedigt war ich einzig und allein, wenn der Ekel eine Rolle spielte, wenn das Glied nackt und roh und glänzend war, wenn der Mann, der mich anzog, sich mir ganz auslieferte, kurz, wenn etwas Klebriges, Unnatürliches, Ekelerregendes dabei im Spiel war, das ich, sofern ich nicht vorher davonlief, schließlich in einer unglaublichen Erregung vergaß, besiegte, auf die Spitze trieb, was mich einzig endlich befriedigte.

Viele meiner Affären sind davon gekennzeichnet, keines jedoch meiner länger anhaltenden Liebesverhältnisse. Weshalb ich ja auch immer unruhig wurde wie eine läufige Hündin, besonders wenn Vollmond war oder ein lauer Sommerabend.

Dieser besonderen, ekelerregenden Art war auch mein Verhältnis zu B.

B. war ein hochintelligenter, sensibler Junge mit schmalen, nervösen Fingern und einem nervösen Lachen. Er warf seine Haare alle Minuten wie ein Mädchen in den Nacken, und seine lange, spitze Nase glänzte rot. Er war Chemiker und verbrachte Tage und Nächte in seinem Labor.

Ich erkenne einen solchen Menschen auf den ersten Blick und er mich. B.s ganzer Körper zuckte, als er mich das erstemal sah, und er begann ununterbrochen zu reden, was sonst nicht seine Art gewesen zu sein scheint und deshalb sofort allen auffiel. Das Interessante ist nämlich, daß meine Bekannten es immer gleich bemerken, wenn sich einer dieser Außenseiter, dieser nervösen jungen Männer in mich verliebt, daß aber keiner von ihnen je auf die Idee gekommen ist, auch mich könnten sie in ihren Bann schlagen. Obwohl ich es nie an Andeutungen habe fehlen lassen, denn die Zeit, nachdem ich einen dieser Männer kennengelernt habe, war stets eine äußerst qualvolle für mich. Ich wehrte mich nämlich dann lang, zäh und immer ergebnislos gegen solche Affären, wurde von Unruhe befallen, von einer plötzlichen Euphorie und dann wieder von einer entsetzlichen Depression, saß stundenlang vor dem Telephon und überlegte, ob ich denjenigen anrufen sollte.

Keiner meiner Freunde, Liebhaber und Geliebten hat je das Ausmaß meiner Qual in so einem Moment begriffen. Meine Andeutungen, in denen ich mich über die verdammten lauen Sommernächte, über meine Hormonstöße, wie ich meine Unruhe scherzhaft nannte, meine Nervosität äußerte, wurden wohlwollend lächelnd, oder auch, wie mir schien, neugierig hingenommen.

Der Mann, mit dem ich verheiratet war, als das mit B. passierte, war sonst sehr eifersüchtig. Alles jedoch, was B. betraf, beobachtete er interessiert, ja, ich würde sagen fasziniert. Er grinste, wenn B. mich anrief. Nie wurde ich das Gefühl los, daß mein Mann B. stellvertretend für sich selbst ins offene Messer laufen lassen wollte.

B. stand in seinem Labor, als ich ihn das erstemal aufsuchte. Er legte mir einen Wattebausch auf die Handinnenfläche und zündete ihn an. Darauf schoß eine Stichflamme von mindestens einem Meter Höhe in die Luft, und meine Hand war leer.

Es waren immer solche Zaubereien, die ich bei den Außenseitern kennenlernte. Einer von ihnen konnte nach dem Stand der Sonne die Himmelsrichtung bestimmen und auch nach dem Moos auf den Bäumen. Ein anderer konnte komplizierte Geräte bauen mit Schrauben und Federn, die waren nicht größer als ein paar Millimeter.

B. hatte eine Couch in seinem Labor stehen. Auf die fielen

wir nieder, während in den Retorten schwefliges Zeug vor sich hinbrodelte. Er schwor, selbst LSD herstellen zu können. B. nestelte an meiner Kleidung herum und ließ sich von mir abwehren. Ich gestattete ihm nur, meinen Hals, mein Gesicht und meine Finger zu küssen. Seine Augen zeugten von seiner Ergebenheit an mich. Seine Hände waren feucht und kalt.

Ich lief fort, unerlöst; dem Brechreiz und dem Glück, der Ekstase, dem Vergessen, der Befriedigung so nah.

Bevor ich ihn das nächstemal anrief, vergingen ein paar Wochen. Ich hatte, bevor ich ihn kennenlernte, zu rauchen aufgehört und inzwischen in doppelter Stärke wieder damit begonnen. Ich konnte kaum etwas essen und fror ständig. In der Nacht konnte ich nicht schlafen, und tagsüber war ich am ganzen Körper matt.

Ich deutete meinem Mann gegenüber meinen Zustand immer wieder an, und er sah mich interessiert an und lachte.

Es war auch längst zu spät, als daß er mich von irgend etwas hätte zurückhalten können. Im Grunde, ja, im Grunde bin ich sicher, niemand kann mich von so etwas zurückhalten. Ich weiß inzwischen, daß ich den Häßlichen verfallen bin mit Haut und Haar und daß ich selbst es so will.

Mein Mann fuhr fort und ließ mich allein, im Sommer, bei Vollmond, viele Nächte lang.

B. führte mir die unglaublichsten Experimente in seinem Labor vor, küßte mich und tat alles, was ich ihm zu tun erlaubte, und ich merkte, wie ich ihm mehr und mehr verfiel.

Als wir zusammen einen Abend verbracht und einiges getrunken hatten und B. mir erzählte, daß er imstande sei, am Geschmack des Wassers seine Qualität zu erkennen, Chlor-, Kalk-, und Eisengehalt, Schadstoffe und Abwässerzufuhr, sah ich, daß er in einem bestimmten Winkel, in einer bestimmten Haltung, mit einem bestimmten Gesichtsausdruck schön war. Das sonst verschlossene Gesicht wurde lebhaft, und sein ganzes Verhalten so zutraulich, daß ein Außenstehender hätte meinen können, er erzählte mir die verworfensten Dinge. Als wir jedoch das Lokal verließen und er neben mir herschlich, war er wieder dürr und schlottrig und hatte eine spitze, rote Nase. Er kicherte auch wieder grundlos und pfiff bei jedem dritten Schritt durch die geschlossenen Lippen.

Als wir uns vor meiner Tür mit dem üblichen Kuß verabschiedeten, faßte er mit seiner langen, schmalen, feuchtkalten Hand so überaus zärtlich in mein Haar, daß ich ihm nicht mehr widerstehen konnte. Ich ließ ihn mit mir gehen, obwohl ich um das Unglück wußte, daß es für ihn und für mich bedeutete.

In meiner Wohnung fiel er gleich über mich her, und sein Hunger, seine Leidenschaft, das Maß seiner Auslieferung an mich verstärkten den Ekel und die Erregung.

Ich sah seinen dürren Körper an, die Rippen, die aus seiner Brust stachen, die Beine, die dünn waren wie Zündhölzer, den knochigen Brustansatz, die gelbe, nutzlose Haut. B. kniete neben mir und flüsterte mir seine Bewunderung ins Ohr. Er sagte, was sie dann alle sagen. Daß ich die erste Frau sei und die letzte und daß es nirgends auf der Welt eine andere Frau gebe. Und er sagte, und auch das sagen sie alle, daß er nichts sei, der Wind, der im Baum säuselt, die Welle, die sich kräuselt, der Duft, der in der Sommernacht liegt.

»Du«, sagte B. zu mir, »wirst mich verlassen, ich weiß. Aber«, sagte er, »es macht nichts. Nichts zählt als der Augenblick.« Und ich sah sein Glied sich aufrichten gegen den Bauch, sah es lang und fest und glänzend, rot, feucht und zuckend, roh, unbedeckt, unverstellt.

Mein Magen zog sich zusammen, es ekelte mich unsagbar, mein Körper war starr, und ich würgte an einem Brechreiz, als er in mich drang. Und dann, sein Gesicht über mir mit der spitzen, roten Nase, den dicken Lippen und den kleinen, kurzsichtigen Augen, seine feuchtkalten Hände gierig auf meinem Körper, sein Glied in mir roh, hart und zuckend, gelang es mir, ohne die Augen zu schließen, in einem Strudel ekstatischer Willensanstrengung den Ekel zu besiegen.

Wir gingen dann noch zum See in der Dunkelheit, er kostete noch das Wasser. »Der See«, sagte er, »wird sterben«, ich brachte ihn noch zum Bus, er nahm noch mein Gesicht zwischen die Hände, seine Lippen waren noch warm, wir umarmten uns noch, unsere Körper waren einander noch vertraut, dann trennten wir uns.

Ich habe B. noch ein paarmal gesehen.

Alles, was weiter geschah, und es geschieht immer so, war quälend, grausam, kalt.

Ein paarmal noch fielen wir uns verzweifelt in die Arme, ein paarmal noch drang er in mich ein.

Aber es gelingt mir stets nur ein einziges Mal, den Ekel zu besiegen, und dann nie mehr. Der Schrei blieb mir in der Kehle stecken. Er rief mich ständig an, lauerte mir auf und redete auf mich ein, und je mehr er mich drängte, ihn zu lieben, desto kälter wurde ich.

Wenn er seine kaltfeuchte Hand auf meinen Arm legte, ekelte es mich schon, und ich konnte ihn nicht länger ertragen. Ich schüttelte ihn ab wie einen lästigen Hund, so war es mit allen.

Mein Mann war inzwischen wieder zurückgekehrt, und wenn B. anrief, grinste er.

»Dein Verehrer«, sagte er, und ich schämte mich.

B. versuchte noch ein paarmal, mit mir zu reden, und ließ dann, wohl endlich ernüchtert durch meine Kälte, von mir ab.

Ich habe ihn nie wiedergesehen. Nur wenn ich nachts um den See gehe, denke ich an ihn. Ich denke an die Retorten und Gläser, an die Pulver und die Wattebausche und daran, daß der See sterben wird.

Mein erster Neger

Für Hugo

Ankunft in Afrika

Sein Name war Franzi Brandlmüller.

Er war damals etwa dreizehn Jahre alt, und ich war zwölf.

Wann genau unsere Freundschaft begonnen hat, weiß ich nicht mehr. Ganz sicher haben wir als Kleinkinder nicht miteinander gespielt, so wie wir auch später keinen Kontakt mehr hatten.

Möglicherweise ist der Franzi erst mit dreizehn Jahren in unsere Siedlung gekommen und dann irgendwann wieder ausgezogen. Vielleicht hat er auch schon länger in der Siedlung gelebt, und wir haben uns nicht gemocht. So kann es gewesen sein. Wir sind uns vorher nicht begegnet, weil wir uns nicht gemocht haben.

Ich war immer ängstlich bei Gruppenspielen. Sobald die Kinder im Garten Völkerball spielten, hatte ich Angst. Vor dem Ball, vor dem Gedränge, vor dem Spiel. Franzi spielte immer mit. Er war stark und wild und hatte kurzgeschorene dunkelblonde Haare und eine große, fleischige Nase. Er war grob. Besonders wenn er merkte, daß jemand ängstlich war, schoß er den Ball mit aller Kraft dem- oder derjenigen in den Bauch. Er war gedrungen und hatte kurze, stämmige Beine. Und unglaublich kräftige Arme. Sein Hals war dick. Die Augen waren blau. Ich weiß das. Obwohl ich als Kind nur die Nasen der Menschen gesehen haben soll. Ich konnte von jedem Menschen, auch wenn ich ihn nur kurz gesehen hatte, die Nase beschreiben. Es war ein Zeitvertreib in meiner Familie, mich über die Nasen von Verwandten und Bekannten zu befragen.

Franzi hatte also eine fleischige Nase mit großen Nüstern. Am Ansatz war sie breit, und später war sie eingeschlagen. Es war eine braune Nase mit Haaren, die borstig waren, in den Löchern. Die Poren auf der Nase waren grob. Das Gesicht war nicht rund. Die Augenbrauen waren breit.

Der Anfang unserer Freundschaft war so: Ich war irgendwie ins Völkerballspiel hineingeraten. Franzi Brandlmüller hatte den Ball, hob ihn hoch, zielte auf mich und holte mit aller Kraft aus, um den Ball dann behutsam an meinem Bauch entlangstreichen zu lassen. Ich weiß noch, daß es ganz still wurde in dem Hof, in dem wir spielten. Alle waren erstaunt und sahen den Franzi Brandlmüller an. Ich auch. Am erstauntesten aber war der Franzi Brandlmüller selbst. Er stand verlegen da und zog den Rotz hoch in seiner fleischigen Nase mit den starken Nüstern. So wurde ich unverletzbar. Niemand sollte es von da an wagen, mich schlecht zu behandeln. Der Franzi Brandlmüller wäre in blinder Wut über jeden hergefallen, der mir ein Haar gekrümmt hätte.

Das Spiel, das zu unserer großen Leidenschaft wurde, habe ich erfunden.

Wir spielten, wir seien zwei Zauberer, für die anderen unsichtbar. Unsichtbar schlichen wir den ganzen Tag hinter irgendwelchen Leuten her, um weiß Gott was von ihnen zu erfahren und ihnen weiß Gott was anzutun. Wenn sie in einem Haus oder einem Fahrzeug verschwanden, verfolgten wir sofort die nächsten. Wenn sie sich auf der Straße bückten, um die Schuhbänder zuzubinden, oder wenn sie jemanden grüßten oder mit jemandem sprachen, klopfte unser Herz vor Aufregung. Wir waren davon überzeugt, daß alles um uns eine ungeheure, geheime Bedeutung habe.

Von Zeit zu Zeit zauberten wir Menschen auf die andere

Straßenseite oder ließen sie an ihrer eigenen Wohnungstür vorbeigehen. Es war in den Sommerferien, und die Straßen waren heiß. Wir gingen barfuß. Der Teer roch stark. Auch die Abgase der Autos. Unsere Hände waren schweißnaß, wir gingen immer Hand in Hand. Manchmal war seine Hand über der meinen, manchmal war meine Hand über der seinen.

Am Abend, wenn wir zurückkehrten, jeder in seine Wohnung, war ich erschöpft. Ich war jedesmal so müde, daß ich freiwillig früher ins Bett ging. Die Reklame im Femsehen hat mich in dieser Zeit nicht interessiert, und ob den Eltern etwas an mir aufgefallen ist, weiß ich nicht. Ich hatte gar kein Interesse an ihnen. Franzi hat es da sicher schwerer gehabt, weil seine Mutter ihn quälte.

Manchmal fiel ein Tag für uns aus, weil er mit ihr seinen Vater besuchen mußte oder sie zu Einkäufen in die Stadt begleitete. Heimzugehen fiel ihm schwerer als mir, wenn wir uns am Abend trennten – immer vor seiner Haustür, weil sie als erste kam auf dem Weg, den wir stets nahmen. Ich löste meine Hand dann gerne von seiner, um den Schweiß an der Hose abzuwischen. Ihn schmerzte das. Und immer, Abend für Abend, sah er mich am Ende erstaunt an. Die roten Flecken auf seinen Wangen kamen ganz sicher von diesem Erstaunen. Als ob seine Freude zugleich ein dumpfes Ersticken nach sich zöge, das ihn in der Nacht nicht schlafen ließ. Er sah mich dann auf eine seltsam eindringliche Weise an, als wollte er in mir etwas ergründen, das in ihm selbst nicht vorhanden war.

In der Umgebung unserer Wohnsiedlung war eine ziemlich große, hügelige Lehmfläche, die wir oft aufsuchten. Der Franzi hatte sie entdeckt. Dort spielten wir, wir seien Forscher in

Afrika, und gruben im Wüstensand. Der Ort muß zwischen dem Spallerhof und dem Bindermichl gelegen haben. Genau konnte ich nie erfahren, was es mit der kahlen Lehmlandschaft auf sich hatte. Mein Vater hat später behauptet, dort seien die ehemalige Panzerfabrik und ihre Abstellplätze gewesen, meine Mutter sagte, dort sei ein Bunker gewesen, in dem sie selbst die Fliegerangriffe abgewartet habe.

Woher aber kamen die Lehmhügel? Ich weiß, daß wir auf ihnen herumgeklettert sind, und ich weiß ganz genau, daß es dort Höhlen gab und schmale Gänge in der Erde und daß wir über die Hügel Wege bauten und in den Mulden lagen und daß meine rechte Hand auf dem Lehmboden gelegen und der Franzi Brandlmüller sie gestreichelt hat. Wir hatten auch Schaufeln dabei, und Bagger standen auf dem Areal herum. Es muß kurz vor der Zeit gewesen sein, in der sie das ganze Gebiet glätteten.

Wir suchten nach Gold und nach Skeletten. Der Franzi behauptete, das Gelände sei unterirdisch vollgestopft mit Gold und Skeletten. Da wir aber nichts anderes fanden als einmal einen verrosteten Eisentopf, buddelten wir meist schon nach kurzer Zeit lustlos im Lehm herum. Franzi sagte, daß alle Forscher in Afrika nur eine Stunde am Tag forschten, wegen der Hitze. Den restlichen Tag ruhten sie sich aus in den Lehmhöhlen.

Ach Franzi, so ist das also gewesen: Du hast neben mir gelegen und dich an meinem Arm zu schaffen gemacht. Du hast mir deine Höhlen gezeigt. In denen haben wir mit heißen Gesichtern gehockt. Unsere Füße waren schmutzig vom Lehm. Ich erinnere mich, daß du meine Füße gehalten hast. Auf dem harten Lehmboden haben wir uns also gewälzt. Das Hemd habe ich ausgezogen, um meinen Rücken an den kühlen Wänden zu reiben, und die Hose habe ich ausgezogen und mich auf die kleine Erhöhung am Boden gesetzt. Zwischen meinen Schamlippen war die glatte Erde. Du hast eine Grube in den Boden gegraben; dazu hast du die Schaufel also mitgenommen. Über die Grube habe ich mich gehockt und reingepinkelt. Die Flüssigkeit ist wie ein goldener See stehengeblieben und nicht versickert. Du hast zornig an die Wände geschifft.

Andere Kinder waren dort nicht. Wir waren immer allein, und wir sind nie erwischt worden. Aber ich weiß, die Aufräumungsarbeiten haben zu dieser Zeit begonnen.

Entweder wir waren zusammen mit seiner Mutter in einer Zaubervorstellung gewesen, oder der Franzi war mit ihr allein dort (was wahrscheinlicher ist), oder wir haben im Fernsehen einen Zauberer gesehen, oder in einem der vielen Mickymaus-Hefte, die Franzis Mutter ihm beim Essen vorlas, ist ein Zauberer vorgekommen. Jedenfalls kamen wir auf die Idee mit den Murmeln.

Der Zauberer hat unzählige Murmeln aus seiner Nase geholt. Was man herausholt, stopft man zuerst hinein. Wir stopften also Murmeln in die Nase.

Es war in Franzis Wohnung, und es war ein stiller Vormittag, als wir es taten. Wir waren nicht erhitzt wie in den Höhlen, wir waren sehr ernsthaft bei der Sache. Ich erinnere mich auch, daß wir weiße Leintücher ausbreiteten, auf denen die Kugeln hin und her rollten und klirrten, wenn sie einander berührten. Und daß wir lange die schönsten Murmeln auswählten. Jeder legte einige vor sich hin, wir saßen einander gegenüber, und dann fingen wir an. Wahrscheinlich habe ich nur eine und der Franzi zwei Murmeln in jedem Nasenloch gehabt, als Franzis Mutter kam. Die Mutter kam und fing sofort zu schreien an. Sie war ganz rot im Gesicht, und wir betrachteten sie eine Zeitlang stumm. Ganz langsam verstanden wir erst, daß sie uns befahl, die Murmeln aus der Nase zu holen. Und noch langsamer verstanden wir, daß die Murmeln in der Nase steckengeblieben waren und daß wir sie nicht herausholen konnten. Wir standen alle drei in der Mitte des Zimmers auf den weißen Leintüchern und schnauften. Die Mutter, die nicht viel größer war als wir, zählte immer wieder bis drei, dann begannen wir zu schnaufen. So fest wir konnten. Die Mutter gab mit den Händen den Einsatz, sie drückte oberhalb der Murmeln auf die Nase, und wir schnauften. Bei mir fielen die Murmeln irgendwann aus der Nase. Franzi, der eine größere Nase und deshalb mehr Murmeln drin hatte, schnaufte weiter. Ich sah seine Verzweiflung und bin dann wohl bald nach Hause gegangen, oder seine Mutter hat mich fortgeschickt. Franzi mußte mit ihr zum Arzt gehen, der die Murmeln dann aus der Nase holte.

Es war bekannt, daß Franzi jähzornig war und daß seine Mutter ihn dann schlug. Ich habe seine Mutter gemocht, obwohl sie mich nie beachtet hat. Die Mutter hatte rote Haare und las dem Franzi, wie gesagt, beim Essen aus Mickymaus-Heften vor. Dabei kaute sie rasch zwischen den Wörtern. Ich fand sie sehr schön. Sie war klein und schmal, aber sehr kräftig, wenn sie ihn schlug. Sie konnte unglaublich schreien. Dazwischen zitterte sie am ganzen Leib. Überhaupt war sie sehr nervös. Weil ihr Mann sie gerade verlassen hatte. Mich traf ihr Zorn nie, weil sie mich ja gar nicht richtig beachtete. Franzis Wut war immer offensichtlich. Man sah, daß es in ihm brodelte, langsam breitete sich die Röte in seinem Gesicht aus, der Oberkörper schob sich vor, und er ballte die Hände zu Fäusten. Man konnte daher rechtzeitig davonlaufen. Erwischte er einen nicht gleich, ließ er von der Verfolgung ab. Seine Mutter hingegen nie. Ihr ging es nicht darum zu drohen, ihr ging es darum zu schlagen. Es kam zu Verfolgungsjagden. Franzi rannte weg, seine Mutter lief hinter ihm her, meist mit dem Kochlöffel in der Hand. Franzi stieß Sessel und Tische um, um sie an der Verfolgung zu hindern, er duckte sich unter Gegenständen weg, die sie nach ihm warf, und reizte sie damit immer mehr. Die Frau schrie nicht gleich laut, sondern sie zischte. Das Rot ihrer Haare und das Rot der Schminke im Gesicht und die Zornröte und der rote breite Mund, das alles war so schön, daß Franzi gar nicht anders konnte, als weiter und weiter davonzulaufen, damit sie ihn verfolgte. Er war ja im Grunde der Stärkere, und das zeigte er ihr auch, indem er sich, wenn sie ihn am Arm erwischte, so gewaltsam losriß, daß einen Moment lang Angst in ihrem Gesicht war. Aber ihre Verzweiflung war so ungeheuer, daß sie alles übertraf, auch die Kraft ihres Sohnes. Wenn er die Angst und gleich darauf die Verachtung aller Gesetze, ja das Außerkrafttreten jedes Gesetzes im Gesicht seiner Mutter sah, ließ er sich am Ende strafen. Keineswegs freiwillig, nicht aus Mitleid oder weil er es satt hatte davonzulaufen, sondern aus Gehorsam. Sie befahl ihm, die Hose auszuziehen, legte ihn über ihren Schoß und drosch mit aller Kraft – und die war doch auch beträchtlich – auf seinen Hintern ein, der tiefrot wurde wie ihr Hals und ihr Brustansatz. Franzi schrie dabei und wimmerte, bat sie aufzuhören, versprach alles, was sie verlangte – auch daß er sich bessern werde.

Die Nachbarn waren sich darüber einig, daß diese Frau ihrem wilden Sohn nicht gewachsen sei. Darum hörten alle mit Befriedigung, wenn sie ihn schlug.

Das Grüblerische an Franzi nahm zu. Ich saß ratlos daneben.

Ob es ihn quälte, daß die Leute zufrieden waren, wenn er geschlagen wurde, und daß sie ihn schreien hörten; oder ob es ihm etwas ausmachte, daß seine Mutter immerfort rauchte und ihm beim Essen schmatzend aus Mickymaus-Heften vorlas; ober ob er an seinen Vater dachte, dem er ähnlich sah und der angeblich mit einer ganz jungen Frau zusammenlebte und der auch diesen dumpf brütenden Gesichtsausdruck hatte? Wenn ich Franzi solche Dinge fragte, sah er mich völlig verständnislos an und schüttelte den Kopf. Um mich nach einer Weile stumpf anzustarren, bis ich weglief. Er wurde nie wütend, lief mir nie nach, sondern sank noch mehr in sich zusammen und stierte auf den Boden.

Ich wurde immer lustloser und unruhiger, wenn ich mit ihm zusammen war. Manchmal gingen wir noch ziellos umher und versuchten die Menschen zu verzaubern, aber sie schienen alle ihr Geheimnis verloren zu haben. Und die Lehmlandschaft war, als wir sie aufsuchten, glattgewalzt. Nicht einmal die Bagger standen mehr dort.

Meine einzige Lust bestand mit der Zeit darin, den Franzi aus einiger Entfemung heimlich zu beobachten, wie er dasaß und dumpf vor sich hin brütete. Seine Hilflosigkeit und seine Ohnmacht bedrückten und berauschten mich zugleich. Daheim war ich freilich dann unzufrieden. Ich saß wieder vor der Fernsehreklame herum und hörte das Nörgeln meiner Mutter. Ich fühlte mich schlecht und versuchte durch allerlei Botmäßigkeiten und Artigkeiten zu beeindrucken, um geliebt zu werden.

Es war eine trostlose Zeit. Die Ferien mußten inzwischen zu Ende gegangen sein, von allen Seiten griff man nach mir und zerrte an mir herum. Irgendwann begannen Franzis Mutproben.

Unser Klettern auf den Lehmhügeln, das Hocken in den

Höhlen und das Kriechen in den Gängen hatte ja nichts mit Mut zu tun gehabt. Wir waren unverletzbar gewesen, damals.

Vor meinem Fenster begann der Franzi mit dem Fahrrad auf und ab zu rasen. Er sauste steile Hügel hinunter und fiel oft um. Später, im Winter, hat er das gleiche mit den Schiern gemacht. Ohne Schistöcke fuhr er den Hügel hinunter, vor dem die Muldenstraße lag. Er wartete eine Lücke zwischen zwei Autos ab und raste den Hügel hinunter bis auf die Straße. Wenn er mich am Fenster stehen sah, winkte er mir zu. Aber ich ging nicht zu ihm. Ich wußte, daß ich nicht mit den Schiern einen Berg hinunterrasen konnte, vor dem eine Straße ist. Ich war wie gelähmt. Denn ich hatte wieder Angst.

Am meisten Angst hatte ich, daß alles nichts nützen würde: daß ich die Hügel hinunterrasen würde, auf Stelzen über zugefrorene Teiche gehen, in Baumhäusern getrocknete Bananenschalen rauchen – und trotzdem nicht glücklich wäre. Ich wollte einfach nicht wissen, was von jetzt an alles zu tun und zu ertragen wäre, um glücklich zu werden. Also wurde ich wütend auf Franzis Mutproben. Und sah mit Genugtuung, daß er sich dauernd einen Fuß oder einen Arm verstauchte oder Nasenbluten hatte. Ich blieb unverletzt und steif und stumm hinter Sträuchern stehen oder hinter den Gardinen meines Zimmers. Manchmal trat meine Mutter neben mich und schüttelte den Kopf. »Der Bub ist der Frau hoffnungslos über den Kopf gewachsen«, sagte sie und nahm mir auch noch die Lust an seinen Verletzungen. In dieser Zeit schickte sie mich dauernd irgendwohin. Ich mußte einkaufen gehen oder Bestellungen ausrichten, sie ermahnte mich, zu grüßen oder das Kleid zurechtzuziehen, und ich bekam immer mehr Angst. Die Eltern machten sich große Sorgen um mich. Alles machte mir angst. Die Schule, die Lehrerin, die Eltern. In der Nacht bohrte ich in der Nase und klebte den Rotz an die

Sofawand. Oder ich kniete im Bett und betete Rosenkränze für verstorbene Unbekannte, damit sie nicht länger im Fegefeuer schmoren müßten. Immer seltener stand ich hinter den Vorhängen am Küchenfenster und beobachtete Franzis wilde Versuche, auf der flachen Erde rasend schizufahren oder den Fußball über die Dächer zu schießen.

Als ich mich endgültig wegbewegte von den Vorhängen und Verstecken, war es nicht zu ihm hin.

Meine Eltem waren damals mit mir nach Italien auf Urlaub gefahren. Ich war inzwischen vierzehn Jahre alt.

Er hieß Franky oder ähnlich, spielte in einer Band die Baßgitarre, war schmal und hatte lange schwarze Haare. Mit ihm ging ich ins Hotel. Es hat Franzi gegolten, von Anfang an, es war meine Rache an Franzi.

Franky zog mich aus. Was ihm an mir besonders gefiel, waren die weißen Stellen, die der Bikini auf meiner Haut zurückgelassen hatte. Wie Franky genau aussah, weiß ich nicht, weil ich nicht hinsah. Ich schämte mich. Franky legte sich auf mich. Ich spürte, wie sich etwas zwischen meine Beine drängte, sonst fühlte ich gar nichts, sondern starrte auf einen Punkt an der Decke und wartete auf den Schmerz, von dem ich gelesen hatte, daß er der Preis sei, den man zahlen müsse. Für das Vergnügen. Aber weder das Vergnügen kam noch der Schmerz, und der Preis war ein anderer. Der Preis war eine aus dem Haß auf Franzi Brandlmüllers dumpf bohrenden Blick aufsteigende Kälte, die sich allmählich in mir ausbreitete. Ich sah auf den Punkt an der Decke, den Schmerz erwartend, ich sah die Asphaltstraße in der Sonne glitzern, sah die verzauberten Menschen, die Hänge von Schnee, zugefrorene Teiche, Baumhäuser und das Ledigenwohnheim, das leer war an den Feiertagen und schon von draußen nach saurer Milch roch, ich sah die Kinderspielplätze, in denen wir am Abend hinter den Büschen gesessen und versucht hatten, uns in die engen Hosen zu greifen, auch die Schaukel dort. Ich sah Franzi Brandlmüllers Hand meinen nackten Arm berühren, sah ihn an Hauswände schiffen, sah die Gruben und die Schächte. Ich sah Lehmhöhlen, voll mit weißgebleichten Elefantenknochen.

Ich sah das alles, bis Kälte und Gleichgültigkeit alles auslöschten und nur Franky blieb, der einen Moment aufstöhnte, worauf sich Nässe in mir ausbreitete.

Ich blieb liegen. Die Bilder waren verschwunden, all die Geschichten auch, und ich blutete.

Ich habe den Franzi Brandlmüller und seine Mutter ein Jahr später noch einmal auf einem Schülerball gesehen. Seine Mutter und er waren damals längst aus unserer Siedlung ausgezogen. Es hieß, sie seien gerade von einer Fotosafari durch Afrika zurückgekommen.

Die Mission

Ich habe mir in meiner Kindheit gerne vorgestellt, ich sei eine indische Prinzessin mit langen, schwarzen Haaren bis über die Hüften. Mein Kinderzimmer daheim in Linz wollte ich immer indisch einrichten. Meine Eltem waren aber der Ansicht, indisch sei unbequem, weil die Inder meistens auf dem Boden säßen. Deshalb sind nur ein türkischer Kamellederhocker dabei herausgekommen und eine chinesische Plastiklampe mit roten Fransen.

Außerdem hat meine Mutter nie angeklopft, bevor sie in mein Zimmer gekommen ist, was aber unerläßlich ist, wenn man das Zimmer einer Prinzessin betritt. Es war daher gar nicht so leicht für mich, ungestört indische Prinzessin zu spielen. Ungestört war ich eigentlich nur, wenn ich ohne meine Eltem bei meinem Onkel Friedel, einem Mühlviertler Pfarrer, Urlaub machte. Das war bis zu meinem zehnten Lebensjahr ein paarmal der Fall. Und jedesmal war es sehr schön.

Mein Onkel wohnte in einem großen, gelben Pfarrhaus in Viehhofen. Vor dem Pfarrhaus war ein englischer Rasen mit einem Goldfischteich in der Mitte und einer ebenfalls gelben Mauer rundherum.

Wenn ich am Anfang der Sommerferien mit meinen Eltern beim Pfarrhaus meines Onkels ankam, war das Tor geschlossen. Wir mußten läuten, dann bellte meines Onkels Bernhardinerhund, der Bello hieß und meistens im Zwinger saß, weil er angeblich sehr bissig war. Nach kurzem Warten und Bellos Bellen kam mein Onkel und öffnete das Tor. Wir fuhren dann mit dem Auto einen Kiesweg entlang bis vor das Pfarrhaus. Der Kiesweg war gesäumt von langen, schnurgeraden Rosenbeeten. Entlang der Steinmauer, die den Rasen umgab, wuchsen Stachelbeer- und Himbeer- und Brombeer- und Johannisbeer- und Ribiselsträucher. Die Sträucher hatte die Haushälterin meines Onkels, die Mizzi, gepflanzt; die Rosen hatte mein Onkel selbst gepflanzt. Ich erinnere mich, meinen Onkel oft in seinem langen schwarzen Gewand in den Rosen knien gesehen zu haben.

Auf der Wiese hinter dem Pfarrhaus wuchs ein alter Kastanienbaum, und darunter standen ein Tisch, eine Bank und einige Sessel. Dort saßen wir jedesmal nach unserer Ankunft mit meinem Onkel. Während wir Guglhupf aßen, gaben meine Eltern ihm unzählige Ratschläge, meine Erziehung betreffend. Zum Beispiel sollte er darauf achten, daß ich regelmäßig handarbeitete und rechnete. Und daß ich mit den Kindern aus der Nachbarschaft spielte. Ich war nämlich ein Einzelkind, und meine Eltern haben sich immer Sorgen gemacht, daß ich zuwenig Freunde hätte und ein Eigenbrötler würde. Mein Onkel nickte zu allem. Dann fuhren meine Eltern wieder nach Linz.

Wenn ich bei meinem Onkel in Viehhofen indische Prinzessin spielte, befestigte ich ein Badetuch mit Haarklammern von der Mizzi auf meinem Kopf. Das sollten meine langen, schwarzen Haare sein. Damit ging ich auf dem Steinweg um den Goldfischteich herum, die Hände auf dem Rücken. Hinter mir ging der Hendrich her, mein Elefant.

Mein Onkel war sehr nett. Er hat die Ratschläge meiner Eltern nie beachtet, und ich mußte kein einziges Mal handarbeiten. Er hat mich auch nie gezwungen, mit anderen

Kindern zu spielen. Er beaufsichtigte mich überhaupt nicht und hat sich auch nicht in meine Spiele eingemischt.

Manchmal brachte ich ihm einen Teller mit Stachelbeeren und Himbeeren und Brombeeren und Ribisel in sein Zimmer. Die Beeren hatte ich kreisförmig angelegt und so, daß sie ein Farbmuster auf dem Teller bildeten. Mein Onkel bot mir dann einen Sessel an, und wir saßen eine Weile da, er kostete ein paar Beeren und rauchte Zigaretten, und ich warf meine Haare bzw. das Badetuch in den Nacken.

Mein Onkel war groß und hatte breite Schultern und eine Halbglatze. Außerdem hatte er braune Augen und eine kräftig hervorspringende Nase. An einem Finger trug er einen Ring. Er roch immer nach Rasierwasser. Ich erinnere mich an kein einziges Gespräch mit ihm. Ich glaube, wir haben meistens geschwiegen.

In meiner Vorstellung war er ein indischer Großfürst, manchmal mein Vater, manchmal mein Ehemann. Das schwarze Gewand paßte sehr gut in meine Vorstellungen, und wenn er am Sonntag die Messe las, dann stellte ich mir vor, er versammle alle Untertanen in seinem prächtigen Palast. Einmal hab ich gesehen, wie eine ältere Frau meinem Onkel die Hand geküßt hat, und ich habe gedacht, daß er ein sehr guter Großfürst sei.

Wenn es mir zu heiß wurde, mit dem schweren Badetuch auf dem Kopf um den Goldfischteich herumzugehen – ich erinnere mich nur an heiße Sommer in Viehhofen –, dann ging ich in den Vorraum des Pfarrhauses mit dem roten Steinboden und den dicken, weißgetünchten Wänden, setzte mich auf einen der Korbsessel, die dort herumstanden, und empfing die Bittsteller. In dem Vorraum waren auch eine große Truhe, die immer verschlossen war, und die Garderobe. An der Garderobe hingen ein Janker und der Hubertusmantel meines Onkels. Außerdem sein Hut mit dem Gamsbart. Unter dem Hubertusmantel stand ein Gewehr. Mein Onkel ging manchmal auf die Jagd. Neben den Korbsesseln stand ein großer Strauch, der jeden Sommer viele rosa Blüten hatte. Ich glaube, es war ein Oleander.

Die Mizzi mochte ich auch sehr gern. Sie hatte eine hohe Stimme und sang oft. Sie ist jetzt schon seit zwanzig Jahren in der Mission in Afrika, und meine Eltern sagen, sie sei die ganze Zeit über nur ein einziges Mal in Österreich gewesen. Und da habe sie ausschließlich für ihre Mission Geld gesammelt.

Die Haushälterin, die mein Onkel hatte, nachdem die Mizzi nach Afrika in die Mission gegangen war, hat mich gleich bei unserer ersten Begegnung so böse angeschaut, daß ich die Einladung meines Onkels, die Sommerferien wieder bei ihm zu verbringen, nicht mehr angenommen habe. In meiner Vorstellung war sie ein bösartiger Großwesir, der meinen Onkel schlecht beriet, und ich hatte keine Lust, meine Ferien mit einem bösartigen Großwesir zu versauen. Ich bin dann nur noch einmal in Viehhofen gewesen, das war, als mein Cousin Fritzi heiratete.

Mein Onkel war übrigens homosexuell. Das hat sich aber erst herausgestellt, als er schon tot war, und auch, daß er den Kelch und eine Marienfigur aus der Kirche von Viehhofen verkauft hatte. Daß er Pornohefte aus Schweden bezog, haben sie bei der Post entdeckt, weil ein großes Paket an meinen Onkel beschädigt angekommen ist, und da haben sie es aufgemacht und die Pornohefte gefunden. Zu der Zeit lag mein Onkel schon im Sterben im Krankenhaus in Wels. Daß er seinen Urlaub in Paris verbracht hatte, von wo einige Male im Jahr französisch sprechende Geistliche angereist waren, Arbeiterpriester, die, wie meine Mutter später sagte, alle einen weichen Händedruck gehabt hatten, das hat man allerdings schon immer gewußt.

Mein Onkel Friedel ist an Krebs gestorben. Angeblich hat er es wegen der großen Qualen, die er ausstehen mußte, nicht mehr ausgehalten und am Totenbett seinem Bruder, meinem Onkel Fritz, anvertraut, daß er sein Leben in Sünde verbracht habe. Damals hat mein Onkel Fritz noch geglaubt, sein Bruder habe bloß etwas mit der Bayerhamer-Wirtin am Ort gehabt. Erst nach dem Tod vom Onkel Friedel hat er die ganze Wahrheit erfahren. Eine Zeitlang hat dann die Geschichte, daß mein Onkel homosexuell gewesen ist, die Geschichte, daß ich Kommunistin geworden war, verdrängt; aber dann haben alle meinen Onkel Friedel vergessen, und das mit meinem Kommunismus war wieder schlimmer.

Als mein Onkel Friedel noch lebte und die Mizzi noch nicht in der Mission war und ich die Ferien noch in Viehhofen verbrachte, war ich sehr glücklich. Schon am Morgen, wenn ich im Pfarrhaus meines Onkels aufwachte, war ich glücklich. Ich hatte ein großes Zimmer mit Bauernmöbeln. Vor dem Fenster war ein gelber Vorhang. Wenn ich aufstand und den Vorhang von meinem Fenster wegzog, sah ich auf den Garten meines Onkels Friedel und direkt auf den Teich. Es war mir ganz egal, was für ein Wetter gerade war, es war immer schön. Wenn die Sonne schien, war der Teich silbern, und die Seerosenblätter waren alle geöffnet; wenn es regnete, war der ganze Teich überzogen mit kleinen Kreisen, und die Seerosen blieben geschlossen. Nur die Blätter waren dann zu sehen, und die waren ganz grün. Am schönsten war es, wenn die Sonne nach dem Regen wieder hinter den Wolken hervorkam. Die Seerosen haben sich dann geöffnet, und die Wassertropfen haben auf den Blütenblättern geglitzert und auf den Stachelbeeren und den Ribiseln und den Himbeeren auch. Auch auf den Rosenblüten.

Mein Onkel Friedel hatte Rosen in allen Farben. Mir gefielen die Teerosen am besten, weil es damals hieß, gelbe Teerosen seien die edelsten Rosen. Meine Eltern hatten in Linz vor unserer Wohnung in dem VÖEST-Siedlungsblock einen Streifen Erde zur Verfügung, in dem mein Vater Rosen gepflanzt hatte. Drei oder vier Stöcke, mehr Platz war nicht. Einmal hatte er auch Teerosen gepflanzt, und sie sind so langstielig geworden, wie das sein muß, und als sie gerade aufgeblüht waren und meine Mutter sie eines Morgens gießen wollte, waren sie abgeschnitten. Nur die Teerosen. Meine Mutter hat damals ziemlich geheult und gesagt, gelbe Teerosen seien die schönsten Blumen überhaupt, und es sei ihr so, als hätte ihr jemand die Seele aus dem Leib geschnitten.

Wenn mein Vater gewußt hätte, daß mein Onkel Friedel in Viehhofen mich in der Früh schlafen ließ, so lange ich wollte, hätte er sich große Sorgen gemacht. Mein Vater war nämlich der Ansicht, daß langes Schlafen faul mache. Da war bei mir aber gar keine Gefahr. Mein Tag in Viehhofen war im Gegenteil ganz genau eingeteilt, weil ich als indische Prinzessin sehr viele Verpflichtungen hatte. Gleich nach dem Frühstück band ich mir das Badetuch um und ging in die Garage zum Hendrich. Meistens machte er Kunststücke, wenn er mich sah. Er ging zum Beispiel auf zwei Beinen, wackelte mit den Ohren, balancierte einen Benzinkanister auf dem Rüssel etc.

Der Hendrich war übrigens ein weißer Elefant mit blauen Augen und langen Wimpern. Besonders liebte er es, wenn man ihn bürstete und streichelte, was ich am Morgen ausgiebig tat. Dann gingen wir zusammen zum Teich, wo ich die Goldfische mit Brotkrümeln fütterte.

Die Goldfische im Teich meines Onkels waren größer als die Goldfische im Aquarium. Mein Onkel Friedel sagte, seine Goldfische seien Karpfen. Außerdem waren sie nicht gold, sondern orange. Der Hendrich und ich, wir begannen jeden Tag damit, die orangenen Goldfische zu beobachten. Wir sahen zu, wie sie an die Oberfläche des Teiches schwammen und nach den Brotkrümeln schnappten. Wenn schönes Wetter war, schien ihnen dabei die Sonne auf den Leib. Sie funkelten richtig in der Sonne.

Nachdem wir die Goldfische gefüttert hatten und der Hendrich ein paar Stachelbeeren gefressen hatte – Stachelbeeren waren seine Lieblingsfrüchte –, empfingen wir die ersten Bittsteller. Entweder direkt am Goldfischteich oder im Vorraum des Pfarrhauses. Wenn es regnete, auch manchmal in der Küche. In meinem Zimmer habe ich nie Bittsteller empfangen.

Um Punkt zwölf Uhr aßen wir zu Mittag. Es gab immer drei Gänge zum Mittagessen, und wenn Besuch da war, dann gab es vor dem Essen auch Erdbeersekt, den die Mizzi selbst gemacht hatte.

Nach dem Mittagessen schlief mein Onkel eine Stunde. Da mußte es ganz still sein im Haus. Die Mizzi und ich, wir wuschen in der Zeit das Geschirr ab oder buken einen Kuchen. Der Hendrich rollte sich einstweilen in einer Ecke der Küche zusammen und schlief auch. Die Mizzi konnte sehr gut backen. Besonders gut waren der Apfelstrudel und der Milchrahmstrudel von der Mizzi und der Guglhupf und der Marillenkuchen mit Streusel und der Ribiselkuchen mit überbackenem Eiklar. Aber auch die Karottentorte von der Mizzi schmeckte erstklassig und die Schoko-Nuß-Torte auch.

Während der Kuchen im Backrohr war, setzten wir uns an den Holztisch in der Küche, und die Mizzi erzählte mir von Afrika. Sie hatte ein Buch gekauft, da stand alles drin. In dem Buch war ein Foto, darauf sah man einen Löwen in einem

Baum sitzen. Die Mizzi sagte, in Afrika gäbe es jede Menge Elefanten und kleine Negermädchen, die nicht einmal nähen könnten. Das wollte die Mizzi den Negermädchen beibringen. Und Lesen und Schreiben, sagte sie. Die Mizzi sprach so seltsam, wie es nur Erwachsene tun, die lange Zeit im Dialekt gesprochen haben und plötzlich in die Schule gehen. Sie reden hochdeutsch, aber so, als ob sie für den Schulbeginn eine Zahnspange bekommen hätten. Die Mizzi sagte »Af'ika« und »Flugscheug«. Vielleicht hat es auch an dem Goldzahn gelegen, den die Mizzi vorne hatte. Vielleicht war ihr der beim Sprechen im Weg. Er hat jedenfalls immer geglitzert, wenn sie von »Af'ika« gesprochen hat. Das hat mir so gut gefallen, daß ich dem Hendrich die Stoßzähne habe vergolden lassen.

Wenn der Kuchen fertig war, ließen wir ihn auskühlen und kochten Kaffee und deckten den Tisch in der Stube zum Kaffeetrinken. Da ist dann auch mein Onkel gekommen.

Am Nachmittag bin ich wieder mit dem Hendrich zum Goldfischteich gegangen, und wir haben die Nachmittagsbittsteller empfangen.

Auf der ungemähten Wiese hinter dem Pfarrhaus, wo der große Kastanienbaum und der Tisch und die Bank für die Jause standen, spielte ich nie. Dort war auch ein Teich. Aber der Teich hinter dem Haus war grün überzogen mit Algen. Rundherum wuchs Schilf. Sein Wasser war braun. In dem Teich waren keine Goldfische, sondern ganz gewöhnliche Fische mit grauen Leibern. Mein Onkel hat dort gefischt. Mir gefiel der gepflegte Garten vor dem Haus viel besser, die schnurgeraden Rosenbeete, das Abgezirkelte, Quadratische, Rechteckige, Gereinigte, Gemähte, süß Duftende; der Kiesweg, die Mauer, die Sträucher, das klare Wasser des Goldfischteichs, die Seerosen, der Steinweg um den Teich, auch wenn mein Onkel hinter dem Haus Ziegen und Schafe und Kühe aus der Nachbarschaft weiden ließ, was die Kinder der deutschen Sommerfrischler, die damals schon in Viehhofen bei der Bayerhamer-Wirtin Urlaub machten, stark anzog. Ich mochte als Kind keine Schafe und Ziegen und Kühe. Und keine anderen Kinder. Ich zeigte mich nur manchmal hinter dem Haus den anderen Kindern, mit dem Badetuch auf dem Kopf und dem Hendrich an der Leine. Das genügte mir.

Zu Abend gegessen wurde um sechs Uhr. Auch zum Abendessen gab es drei Gänge. Suppe, Hauptspeise und Nachspeise. Meine Lieblingsnachspeise war der »besoffene Kapuziner« von der Mizzi.

Nach dem Abendessen gingen mein Onkel, die Mizzi, der Bello, der Hendrich und ich spazieren. Auf diese Spaziergänge freute ich mich immer sehr. Die Mizzi setzte dann ihren Hut auf und nahm einen Regenschirm mit. »Zur Sicherheit«, sagte sie. Mein Onkel ging mit dem Bello vor. Hinter ihm gingen die Mizzi und ich, und hinter uns ging der Hendrich und paßte auf uns auf. Mir kam das alles sehr feierlich vor. Mein Onkel war ja sehr groß und hatte so einen besonders aufrechten Gang. Er hatte beim Spazierengehen sein Fernglas umgehängt. Manchmal blieb er stehen, schaute durch das Fernglas und zeigte dann auf eine Gruppe Rehe oder auf einen Vogel in der Luft oder auf einen Hasen. Zum Bello sagte er »sitz«, und der Bello blieb neben ihm sitzen und zitterte am ganzen Leib vor Aufregung.

Wir gingen meistens einen Feldweg am Waldrand entlang. Auf der einen Seite war der lichte Wald von Viehhofen mit den Farnen und Schachtelhalmen und den Pilzen, auf der anderen Seite waren die Weizen- und Gersten- und Kornfelder. Irgendein Feld war immer golden.

Wenn wir Leuten aus dem Dorf begegneten, dann grüßten

sie alle besonders freundlich. Die Männer zogen den Hut, und ich spürte, wie sehr die Untertanen den Großfürsten liebten.

Nach dem Spazierengehen brachte ich den Hendrich in die Garage und erzählte ihm eine Gutenachtgeschichte. Dann saß ich noch eine Weile mit der Mizzi und meinem Onkel in der Stube. Mein Onkel las Zeitung, rauchte und trank einen Cognac, und die Mizzi strickte. Ich saß meistens nur so da und sah ihnen zu. Dann ging ich schlafen. Obwohl ich daheim in Linz schon als Kind unter Schlaflosigkeit gelitten habe, bin ich in Viehhofen immer sofort eingeschlafen.

Jeden Sonntag vormittag besuchte ich die Messe. Damals ging ich noch gerne in die Kirche. Den Hendrich nahm ich mit und band ihn vor der Kirche fest. Er konnte durch eines der bunten Glasfenster hineinschauen und meinen Onkel Friedel sehen, wie er in einem goldenen Gewand die Messe las. Besonders gern hatte ich die Hochämter. Die Messe konnte mir gar nicht lange genug dauern. Ich saß auf der Frauenseite in der ersten Reihe neben der Mizzi, und alle Gläubigen hatten den Kopf zum Großfürsten erhoben. Beim Hochamt hat der Großfürst gesungen, und wir haben zurückgesungen. Alles in der Kirche war golden und weiß. Die Kanzel, von der mein Onkel Friedel predigte, war weiß, und das Geländer rundherum war aus Gold. Wenn mein Onkel predigte, dann schrie er dabei nicht so wie unser Pfarrer zu Hause, und das hat mir auch gefallen. Ich kann mich natürlich nicht mehr erinnern, was er gepredigt hat, ich habe auch gar nicht aufgepaßt. Nur daß er oft von der Gnade gesprochen hat, daran erinnere ich mich, und daß das Licht in langen, bunten Strahlen durch die Glasfenster gefallen ist und daß die Marienfigur vorne am Altar ganz friedlich gelächelt hat und daß es immer dämmrig war in der Kirche und kühl und duftend, und daß der Singsang so schön war und gleichmäßig und ohne Ende. Bei der Kommunion hab ich den Mund weit aufgemacht, damit mein Onkel Friedel die Hostie nicht danebenlegt, und er hat sie mir ganz sanft auf die weit herausgestreckte Zunge gelegt, und der Ring an seinem Finger hat geglitzert. Die Hostie hab ich dann die ganze restliche Messe vorsichtig auf der Zunge hin und her gerollt und aufgepaßt, daß ich sie nicht in Gedanken zerbeiße, weil man den Leib Jesu nicht zerbeißt. Nach der Messe hab ich immer noch ein kleines Stück auf der Zunge gehabt, das hab ich dann dem Hendrich gegeben.

Ab und zu kam auch mein Cousin Fritzi für einen Tag nach Viehhofen zu Besuch. Er wohnte mit seinen Eltern so wie ich in Linz und blieb nie lange in Viehhofen, weil er immer lernen mußte. Oder Geigespielen üben. Er war sehr begabt und hat später sein Studium mit Auszeichnung bestanden. Am Ende ist er aber dann doch nur Lehrer geworden.

Wenn mein Cousin für einen Tag nach Viehhofen zu Besuch kam, empfing ich keine Bittsteller. Überhaupt geriet mein ganzer Tagesablauf dann durcheinander. Ich war damals nämlich sehr verliebt in meinen Cousin und machte deshalb alles, was er vorschlug. Meistens schlug er vor, daß wir alleine mit dem Bello spazierengehen sollten.

Ohne meinen Onkel Friedel mit Bello spazierenzugehen war verboten, weil der Bello angeblich sehr bissig war. Ich erinnere mich aber, daß mein Cousin Fritzi den Bello oft aus dem Zwinger gelassen hat, wenn er zu Besuch da war, und daß der Bello uns nie gebissen hat. Mein Cousin ist sogar auf ihm geritten, und eines Morgens hat er dem Bello in der Küche ein Radieschen zu fressen gegeben, und der Bello hat das Radieschen wieder ausgespuckt, und mein Cousin hat es ihm wieder in das Maul gesteckt und ihm die Schnauze zugehalten, und als er losgelassen hat, hat der Bello das Radieschen wieder ausgespuckt. Aber mein Cousin hat ihm das Radieschen wieder in das Maul gesteckt, und der Bello hat schließlich so getan, als ob er es geschluckt hätte. Beim Abendessen, als der Bello wie immer neben meinem Onkel Friedel gesessen ist, hat er das Radieschen endgültig von sich gegeben. Dann hat er sich unglaublich geschüttelt. Mein Cousin hat gesagt, der Bello sei ein sehr guter Hund.

Einmal sind wir weit mit dem Bello spazierengegangen. Bis zum nächsten Ort. Auf dem Rückweg haben wir alle drei im Gras gelegen, und ich glaube, es war damals, als ich meinen Cousin gefragt habe, ob er mich später einmal heiraten würde. Er hat mir damals versprochen, oder vielleicht war es auch ein andermal, jedenfalls war es zu der Zeit ungefähr, und wir haben ganz bestimmt im Gras gelegen dabei, daß er beim Papst ansuchen werde um eine Heiratsbewilligung, weil wir ja verwandt seien. Drei Jahre später hat er dann die Siglinde geheiratet.

Damals im Gras aber, mit dem Fritzi und dem Bello, wußte ich noch nichts von der Siglinde. Mir heute unbegreiflicherweise habe ich als Kind meinen Cousin Fritzi für den schönsten Mann gehalten, den es gibt. Und wenn er für mich »Sah ein Knab ein Röslein stehn« gesungen hat, mit seiner, wie meine Mutter immer sagte, glockenreinen Stimme, dann hab ich gedacht, daß ich mein Leben lang nie mehr einen so lieben würde wie ihn. Wir haben auf dem Rücken gelegen, ich mit dem Kopf auf der Schulter meines Cousins Fritzi, der Bello mit dem Kopf auf meinen Füßen, und haben alle in den Himmel geschaut. Als mein Onkel Friedel und mein Onkel Fritz, der Vater meines Cousins Fritzi, uns dort fanden, waren sie unglaublich zornig. Sie hatten mit dem Jeep meines Onkels

Friedel den ganzen Nachmittag die Wege in der Umgebung von Viehhofen abgefahren und uns gesucht. Mein Onkel Fritz hatte geglaubt, der Bello habe uns gebissen. Der Bello hat uns aber nie gebissen. Nur meinen Onkel Fritz hat er einmal gebissen.

Vor meinem Cousin Fritzi hab ich den Hendrich dreimal verleugnet. Das erstemal in der Früh, als er gerade Stachelbeeren gefressen hat, das zweitemal mittags, als er zusammengerollt in der Küche geschlafen hat, und das drittemal abends, als er alleine in der Garage gewesen ist, wo er sich immer so gefürchtet hat. Und das alles nur, weil mein Cousin sich lustig machte, wenn ich indische Prinzessin spielte. Er verneigte sich dann tief vor mir und lachte, wenn ich mit dem Badetuch um den Goldfischteich herumging. Besonders lustig fand er es, daß der Hendrich blaue Augen hatte, und da hab ich den Hendrich dreimal verleugnet. »Und wer«, hat mein Cousin gesagt und sehr gelacht, »steht da hinten in der Garage auf zwei Beinen und trompetet?« Da hab ich gesagt, in der Garage stehe bloß der Jeep meines Onkels Friedel.

Nachdem mein Cousin am Abend darauf nach Linz abgereist war, lief ich in die Garage, und der Hendrich war wirklich nicht mehr da. Nur der Jeep meines Onkels stand da. Ich hab den Hendrich überall gesucht, und es hat dann zu regnen angefangen, und ich hab weitergesucht, dabei muß ich mich dann verkühlt haben. Jedenfalls bin ich sehr krank geworden, und ich erinnere mich, daß die Mizzi lange an meinem Bett gesessen und mir versprochen hat, den Hendrich zu suchen. Sie hat ihn dann bei den Stachelbeersträuchern gefunden und wieder in die Garage gebracht. Zu mir hat sie gesagt, daß es dem Hendrich überhaupt nichts ausmachte, daß ich ihn verleugnet hätte, weil er meinen

Cousin Fritzi sowieso nicht leiden könne. Da hab ich mich beruhigt und auch zu heulen aufgehört, und die Mizzi hat mir heiße Milch mit Honig gebracht. Die Krankheit war dann noch sehr schön. Ich habe jede Menge Kuchen und Beeren mit Schlagobers ans Bett gebracht bekommen, und mein Onkel ist am Nachmittag vor meinem Bett auf und ab gegangen und hat bei mir sein Brevier gebetet, damit ich nicht so alleine bin.

Als ich wieder gesund war, schenkte ich dem Hendrich meinen Handarbeitskoffer, und er trug ihn dann immer auf dem Rücken. Wir gingen im Garten herum, und der Hendrich fraß so viele Stachelbeeren, bis ihm schlecht wurde. Wenn die Mizzi uns sah, sagte sie, ich solle aufpassen, daß der Hendrich nicht die Rosen meines Onkels Friedel zertrample, aber sie wußte ganz genau, daß der Hendrich keine Rosen zertrampelte, weil er nämlich ein ganz besonderer Elefant war. Meinen Onkel Friedel hat er sehr geliebt.

Ich habe den Hendrich in meinem letzten Sommer in Viehhofen freigelassen. Da war schon klar, daß die Mizzi bald in die Mission gehen würde, und mein Cousin war auch schon verlobt mit der Siglinde. Irgendwie hab ich gewußt, daß dies mein letzter Sommer in Viehhofen sein würde. Ich habe keine Ahnung gehabt, wer den Hendrich pflegen würde übers Jahr, wenn die Mizzi nicht mehr da wäre. Die Mizzi hat mir vorgeschlagen, den Hendrich mitzunehmen nach Afrika – »nach Af'ika«, hat sie gesagt –, damit er dort wieder bei einer Herde leben könnte, aber ich glaubte nicht daran, daß der Hendrich glücklich würde in Afrika. Er war es doch gewohnt, daß man ihn streichelte und bürstete und schmückte. Die Mizzi, dachte ich, werde in Afrika ganz bestimmt keine Zeit haben, den Hendrich auszureiten und zu streicheln, wenn sie doch den Negermädchen das Nähen beibringen müsse. Schließlich hat die Mizzi gesagt, vielleicht kümmere sich ja ihre Nachfolgerin um den Hendrich, aber ich habe mir gleich gedacht, daß niemand je mehr so sein würde wie die Mizzi. Meine Ahnung hat sich dann ja auch vollkommen bestätigt.

Der Tag, an dem ich den Hendrich freigelassen habe, war kohlrabenschwarz. Es war der letzte Ferientag meines letzten Sommers in Viehhofen. Alles war so drückend, daß ich Kopfweh bekam. Der Bello hatte in der Früh ohne Grund gebellt, und ich habe von überallher Kühe brüllen gehört. Als ich gleich nach dem Aufstehen in die Küche ging, saß dort schon die Mizzi. Den Kopf hatte sie in die Hände gestützt. Sie sagte, die Hausarbeit sei schon erledigt, und Mähen habe keinen Sinn, weil bald ein Gewitter komme. Ich wollte gleich zum Hendrich in die Garage gehen, weil er sich vor Gewittern sehr fürchtete. Aber die Mizzi sagte, ich solle doch noch ein bißchen in der Küche sitzen bleiben. Sie fragte mich, was ich einmal werden möchte. Aber dann wartete sie meine Antwort gar nicht ab. Wahrscheinlich hatte sie schon vergessen, was sie mich gefragt hatte. Sie war überhaupt sehr zerstreut an dem Tag. Plötzlich sagte sie, Afrika sei sehr weit weg. Dann stand sie auf und kochte Kaffee. Das machte sie sonst nie am Vormittag, und als sie den Filter ausbreitete, sah ich, was für große Hände die Mizzi hatte. Sonst war sie eher klein. Die Mizzi sagte beim Kaffeekochen, es gebe schreckliche Krankheiten in Afrika und auch Hungersnöte.

»Ich habe Angst«, sagte sie. Ich sah sie nur an, was hätte ich auch schon sagen sollen. Die Mizzi goß sich eine große, grüne Tasse voll Kaffee ein und gab so viel Milch dazu, daß der Kaffee ganz hellbraun war. »Ich habe keine Angst um mich«, sagte sie zwischen dem Trinken, »ich hab Angst um die.«

»Um wen?« fragte ich dann doch.

»Um die dort unten«, sagte die Mizzi. »Die werden uns nicht überleben.«

Da muß dann der Wind vor dem Gewitter aufgekommen sein, die Fenster überall im Haus sind aufgesprungen, und die Mizzi ist weggelaufen.

Heute ist die Mizzi Haushälterin bei einem schwarzen Bischof in Südafrika. Ich weiß das von meinem Onkel Fritz, der den gleichen Krebs hat, wie sein Bruder, mein Onkel Friedel, ihn hatte. Mein Onkel Fritz lacht immer, wenn er von der Mizzi spricht.

» Sie will unbedingt dort unten bleiben «, sagt er und lacht, »obwohl sie praktisch das Haus nicht mehr verlassen kann. Sie werfen mit Steinen nach ihr. Der Bischof«, sagt mein Onkel Fritz, »rät ihr täglich, heimzufahren, weil sie nicht mehr sicher sei bei ihm, aber die Mizzi will nicht heimfahren. Vielleicht hat sie sich dort eingewöhnt«, sagt mein Onkel Fritz und lacht.

Damals, an meinem letzten Ferientag in Viehhofen, ist die Mizzi im ganzen Haus herumgelaufen und hat überall die Fenster zugemacht, und dann ist sie in die Küche gekommen und hat mir eine Kette geschenkt, mit einem blauen Anhänger mit der Jungfrau Maria drauf. Die Kette hatte sie aus Lourdes.

Es war so feierlich, wie sie mir die Kette um den Hals gelegt hat, und die Mizzi war so traurig, weil uns die Neger in Afrika nicht überleben würden, daß ich sie nicht fragen wollte, was ich denn nun mit dem Hendrich tun sollte. Als das Gewitter losging, bin ich in die Garage gelaufen. Der Hendrich hat schon gezittert vor Angst. Ich hab ihn gestreichelt und beruhigt. Wir haben miteinander gewartet, bis das

Gewitter vorbei war. Dann habe ich ihn in den Wald geführt und freigelassen. Ich habe mir immer wieder gesagt, wie glücklich der Hendrich in der Freiheit sein und daß er im Notfall immer einen Bauern finden werde, der ihn durchfüttere. Aber traurig war ich trotzdem.

Ich bin dann zurück ins Pfarrhaus gegangen und habe meine Koffer gepackt. Die Sonne hat wieder geschienen, und ich habe durch das Fenster meines Zimmers gesehen, wie die Seerosenblätter auf dem Teich geglitzert haben.

Vater

Eine bestimmte Zeit in meiner Kindheit war besonders trüb. Die Zeit der Frühmessen und der Familienfeste.

Ich besuchte damals regelmäßig Gruppenabende im katholischen Studentenwerk. Dort hatten wir einen Pater als Leiter, ich weiß nicht einmal mehr, wie er hieß, der hatte, wie meine Mutter damals sagte, einen schlappen Händedruck.

Dieser Pater schien wenig geeignet für den Posten als Leiter des Mädchen-Studentenwerks. Er konnte nicht gut singen, und Gitarre spielte er überhaupt nicht. Es hieß damals, er habe den Posten nur bekommen, weil er bereits so viel mitgemacht habe in seinem Leben. »Er ist in der Mission in Afrika gewesen und hat Dinge gesehen, die kein Mensch beschreiben kann«, hat mein Cousin Fritzi gesagt.

»Das sieht man doch gleich, daß mit dem was nicht stimmt«, hat meine Mutter, die ein unheimliches Gespür für menschliche Schwächen hat, gleich nachdem sie den Pater kennengelernt hatte, zu meinem Vater gesagt. Was sie aber nicht daran hinderte, mich weiter in dieses Studentenwerk zu schicken, in das im übrigen auch mein Cousin Fritzi ging.

Er war Gruppenleiter in der Männerabteilung des Studentenwerks. Und Oberministrant, glaube ich. Er ging ins katholische Lehrerseminar, und alle haben geglaubt, daß er vielleicht doch einmal Pfarrer wird.

Schon als Kind hat mein Cousin am liebsten Pfarrer gespielt, und seine und meine Mutter mußten vor ihm hinknien, und er hat ihnen dann Seifenstückchen als Hostien verabreicht, und die haben sie angeblich wirklich geschluckt, weil mein Cousin so ernst bei der Sache gewesen sei, daß sie einfach die Hostien nicht hätten ausspucken können. Sagt meine Mutter. Nur gelacht hätten sie sehr dabei. Ich kann mich daran nicht erinnern, weil ich erst ein paar Jahre alt gewesen bin, als mein Cousin Fritzi Pfarrer gespielt hat. Ich erinnere mich nur, daß er Dirigent gespielt hat. Das war viel später. Er hat eine Platte mit Musik von Bach aufgelegt, und dann hat er zu der Musik dirigiert, und es war alles so echt, daß ich als Kind immer geglaubt habe, ohne meinen Cousin Fritzi käme nichts aus dem Plattenspieler heraus. Manchmal hat er auch Geige gespielt.

Die deutlichste Erinnerung aber habe ich an sein Gitarrespiel und seinen Gesang bei den Familienfesten.

Es wurden unzählige Feste in meiner Familie gefeiert. Wenn ich heute daran zurückdenke, dann kommt es mir so vor, als wären wir damals zahllose Personen gewesen. Aber wir waren immer nur sechs oder sieben. Mein Cousin Fritzi und seine Eltern, meine Eltern und ich, und später die Siglinde, die mein Cousin dann geheiratet hat. Das Hannerl war nie bei diesen Geselligkeiten dabei.

Die Feste – Namenstage und Geburtstage, Weihnachten, Silvester, Ostern, Pfingsten, Maria Himmelfahrt und der Nationalfeiertag – wurden in der Wohnung meines Onkels und meiner Tante gefeiert. Sie begannen nachmittags um vier Uhr mit Kaffee und Torten. Obwohl wir meistens nur sechs Personen waren oder höchstens sieben, hat es mindestens drei Torten am Nachmittag zum Kaffee gegeben. Dazu aßen wir Schlagobers. Eine Haube Schlagobers kam auch auf den Kaffee. Schwarzwälder Kirschtorte mit Schlagobers war eine meiner Lieblingsspeisen, und es ist eigentlich merkwürdig, daß ich als Kind so dünn war.

Dabei waren die Torten nur der Anfang unseres Familienfestessens. Zum Abendessen gab es Heringssalat, den meine Mutter immer zubereitet und mitgebracht hatte, Kartoffelsalat, den meine Tante zubereitet hatte, und Wurst- und Käseplatten. Außerdem gab es mayonnaisegefüllte Eier und gefüllte Tomaten. Dabei fällt mir ein, daß wir manchmal sogar kleine Pilze ausgehöhlt und mit Schinken und Mayonnaise gefüllt hatten. Und daß Kerzen auf dem Tisch standen und daß es nach dem Abendessen dann die Bowle gab. Bei jedem Fest gab es eine Bowle. Früher gab es Ananasbowle, später gab es Erdbeerbowle. Die Bowle schimmerte in der Kristallschüssel, die unten einen Zapfen hatte, an den man sein Glas stoßen mußte, so wie Kühe auf Weiden mit der Schnauze an einen Zapfen stoßen müssen, wenn sie trinken wollen.

Die mit Alkohol getränkten Fruchtstückchen schöpfte man dann mit dem gläsernen Bowlelöffel oben aus der Karaffe. Meine Mutter war besonders wild auf die Ananasstückchen.

Die Erdbeerbowle später hat uns allen bei weitem nicht so gut geschmeckt wie früher die Ananasbowle. Aber irgendwann waren Ananasbowlen einfach passé, und da setzte mein Onkel Erdbeerbowlen an, obwohl die Erdbeeren in der Bowle immer so braun und glitschig wurden, als ob sie mitten im Alkohol verfault wären. Da hat meine Mutter nicht mehr versucht, die meisten Fruchtstückchen aus der Karaffe zu fischen.

Wenn nach dem Abendessen die Bowle auf den Tisch kam, dann holte mein Cousin Fritzi die Gitarre aus seinem Zimmer, das »das Kabinett« hieß und nie geheizt war, und begann zu spielen. Wir haben bei jedem Fest, das wir feierten, stundenlang gesungen. Wir sangen: »Schwarzbraun muß mein Mädel sein« und »Ich weiß nicht, was soll es bedeuten«, wir sangen »Im Rosental« und »In einem Polenstädtchen«, wir sangen von lustigen Burschen und vom Rhein, von des Postmeisters Töchterlein und einer Leiche, die grün im Teich herumschwimmt, wir sangen von einer Bar in Sansibar, und vom Wandern und vom Singen sangen wir auch.

Der Höhepunkt jedes Familienfestes war die Modenschau, die mein Cousin und ich veranstalteten. Er als Conférencier und ich als Model. Im Schlafzimmer seiner Eltern, wo es immer sauer roch und kalt war – jetzt fällt mir ein, daß die Eltern meines Cousins überhaupt nur einen einzigen Raum in der Wohnung beheizten, und das war das Wohnzimmer –, hat mein Cousin mich mit der Kleidung seiner Mutter, die sehr dick war, verkleidet. Und zwar vorwiegend mit ihrer Unter- und Nachtwäsche.

Für meinen Cousin Fritzi tat ich fast alles, obwohl ich ein sehr ernstes und, wie es hieß, gehemmtes Kind war. Ich trug fleischfarbene Strumpfhalter, die mit Leibbinden festgebunden wurden und deren Strapse so weit herunterhingen, daß mir die Nylonstrümpfe meiner Tante um die Waden schlotterten. Ich trug drapierte Spitzennachthemden und schwarze und lachsfarbene wallende Unterkleider. Unter gewaltigen Unterhemden trug ich Büstenhalter, die mein Cousin mit Äpfeln und Orangen ausstopfte. Mein Cousin kommentierte meine Auftritte.

»Das praktische Hausfrauenmodell«, sagte mein Cousin, »das Wander- und Freizeitmodell« (dabei hatte ich, ich erinnere mich genau, den Nachttopf meines Onkels auf den Rücken gebunden) oder »die elegante Abendgarderobe« (das rote Nachthemd meiner Tante, verziert mit ihrem Rosenkranz, zusammengebunden mit einer grünen Nylonwäscheleine, aus dem Ausschnitt, der ausgestopft war, glitzerte die Watte, die Wangen hatte mir mein Cousin so rot angemalt, wie das Nachthemd war), »das Modell für die reifere Dame« (da hatte ich Lockenwickler ins Haar gedreht, den Nachttopf meines Onkels schwang ich als Handtäschchen; ich glaube, dieser Nachttopf war immer dabei, bei jedem Modell), »beachten Sie«, sagte mein Cousin Fritzi, »das praktische Handtäschchen, die wirkliche Dame hat immer das Notwendigste zur Hand; das Reservehöschen, man weiß schließlich nie.«

Und das verblüffendste war: Ich versank nie im Boden vor Scham! Im Gegenteil. Ich war auch noch stolz auf meine Auftritte. Nachts dann, wenn ich im Bett lag, wußte ich selber nicht, warum ich stundenlang heulte und was mir eigentlich so die Kehle zuschnürte.

Zu der Zeit besuchte ich jeden Freitag die Sechs-Uhr-Frühmesse, und der Pater begrüßte mich in der Sakristei, in der es noch dunkel war und nur ein ewiges Licht flackerte, mit einem Kuß auf die Stirn. Damals war das Hannerl meine Gruppenleiterin im Studentenwerk.

Mein Cousin erzählte bei den Familienfesten von den Konzerten und den Theateraufführungen und den Opern, die er besuchte. Ich erinnere mich, daß er immer von Stehplätzen sprach, von denen aus er die Konzerte und vor allem die Opern, besonders die langen, hörte. Ich stellte mir vor, wie mein Cousin im Frack auf einem Stehplatz stand und die Konzerte und Opern aus dem Hintergrund dirigierte. Während seines zweiten Studienjahres am katholischen Lehrerbildungsseminar hatte mein Cousin keine Zeit mehr für die Opern und Konzerte. Da hat er jede freie Minute mit dem Hannerl verbracht. Meine Tante hat manchmal gesagt, er sei mit seiner Verlobten zusammen, aber ich weiß genau, daß mein Cousin nie mit dem Hannerl verlobt gewesen ist. Ich weiß nur, daß er ganz verrückt war nach dem Hannerl. Und daß dann irgend etwas passiert ist. Was, weiß ich nicht. Es hieß damals in meiner Familie, das Hannerl habe meinen Cousin Fritzi sehr enttäuscht.

Ich mochte das Hannerl nicht. Meistens hatte es den Kopf gesenkt und sah die Menschen von unten an. Es hatte kurze blonde Haare, braune Augen, eine kleine, aber kräftige Nase, hohe Backenknochen und einen breiten Mund. Uns in der Gruppe kommandierte es dauernd herum, und nur wenn ein Erwachsener zusah, war es freundlich.

Ich konnte nicht verstehen, was mein Cousin an dem Hannerl fand. Und wenn wir bei den Familienfesten in den Unter- und Überhosen seiner Mutter kramten, in ihren Hemden, Büstenhaltern und Hemdhosen, Leibbinden und Katzenfellen, Wattebergen, Monatshosen, Nachthemden, dann wurde mir manchmal plötzlich übel.

Der Pater im Studentenwerk rief mich öfter in sein Zimmer und fragte mich, ob ich Kummer hätte. Aber ich schüttelte immer den Kopf. Da hat er mich nicht einmal mehr auf die Stirn geküßt. Nur geseufzt hat er oft.

Ich habe mich damals gefragt, was es wohl Schreckliches gewesen sein mag, das er in Afrika erlebt hat, als er in der Mission war, aber es sind mir nur die Witzhefte mit den großen Wasserkesseln eingefallen, in denen Missionare sitzen und gekocht werden.

Einmal hab ich geträumt, er sei mein Vater.

Bei den Familienfesten, bei denen das Hannerl ja nie dabei war, hat mein Cousin weiter gesungen, und ich habe weiter Schwarzwälder Kirschtorte mit Schlagobers gegessen und die Mayonnaise-Eier und bin trotzdem immer dünner geworden. Manchmal haben sich unsere Blicke über dem Tisch getroffen, und mir ist es so vorgekommen, als wären die Augen vom Fritzi dunkler geworden in der Zeit.

Mir ging es immer schlechter. Ich bin dünner und dünner

geworden, und von der Schule haben sie mich manchmal heimgeschickt, weil ich krank aussah.

Der Tag, an dem das Hannerl meinen Cousin Fritzi enttäuscht hat, war ein wunderschöner Sommertag. Ich hatte gerade Ferien und hatte den ganzen Tag am Pichlingsee in der Sonne gelegen. Zu der Zeit begleitete mich öfter ein Junge mit dem Fahrrad, der behauptete, die Twiggy gefalle ihm ziemlich.

Als ich an diesem Sommertag vom Pichlingsee heimkam, saß mein Cousin Fritzi bei uns im Wohnzimmer und weinte. Meine Mutter saß auf der Lehne des Fauteuils, in dem er saß, und hielt ihm ein Glas mit einer durchsichtigen Flüssigkeit hin. Es war randvoll, und mein Cousin trank es in einem Zug aus. Mich sah er sehr böse an.

Dann stand er auf und ging.

Meine Mutter hat dann gesagt, daß das Hannerl meinen Cousin so enttäuscht habe. Was genau das Hannerl aber getan oder gesagt hat, hat meine Mutter mir nicht erzählt. Entweder sie wußte es auch nicht, oder sie wollte es mir nicht sagen. Sie wirkte nur außerordentlich zufrieden, als sie sagte: »Das wäre ja nun wohl erledigt.«

Mit meinem Cousin Fritzi hab ich mich nicht mehr verstanden. Kurz nachdem er sich von dem Hannerl getrennt hat oder das Hannerl sich von ihm, bin ich nicht mehr ins Studentenwerk gegangen, sondern hab mich immer mehr mit dem Jungen angefreundet, der die Twiggy gut fand und der Baßgitarre in einer Band spielte, zu deren öffentlichen Auftritten ich dann ständig ging.

Bei den Familienfesten machte ich auch nicht mehr mit. Das alles tat mir gut, ich wurde etwas dicker und bekam die Regel.

Später ist es zwischen meinem Cousin und mir dann zu

einem richtigen Streit gekommen, der schließlich auch einen Streit meiner Familie mit seiner Familie zur Folge hatte, den aufrechtzuerhalten mir bis heute gelungen ist: Ich war damals gerade in einer kummunistischen Schülergruppe, und mein damaliger Freund und ich, wir haben uns, weil mein Cousin und dessen Eltern zu Besuch waren und im Wohnzimmer keine Sessel mehr zur Verfügung standen, auf den Boden gesetzt, und mein damaliger Freund, der einen Parka trug, auf dessen Rückseite eine fünfstellige Zahl stand und PEACE, und weiße Handschuhe, auf denen »I'm an LSD Addict« stand, und einen gelben Schal, auf dem aber nichts stand, hat auf dem Boden sitzend mit meinem Cousin, der damals bereits Lehrer in Gallneukirchen war, über antiautoritäre Erziehung diskutiert, und plötzlich ist mein Cousin aufgesprungen und hat herumgebrüllt. Er hat gebrüllt, mein Freund solle den Mund halten und gefälligst aufstehen, wenn er mit ihm rede usw. Da hat mein Vater eingegriffen, der wegen der kommunistischen Schülergruppe, die ich zweimal die Woche besuchte, sowieso schon meist bis zum äußersten gereizt war und meinen Freund nicht leiden konnte, aber nicht dulden wollte, daß jemand anderer als er selbst in seiner Wohnung irgend jemanden zum Aufstehen auffordere, wenn, hat mein Vater damals gesagt, dann fordere er selbst andere zu irgend etwas auf, in seiner eigenen Wohnung; am Ende forderte er meinen Cousin Fritzi auf, seine Wohnung zu verlassen, was mein Cousin auch tat, und seine Eltern mußten sich dem dann anschließen, aber es ging bei ihnen nicht so schnell, weil mein Onkel Fritz, der Vater meines Cousins Fritzi, in seiner Kindheit Kinderlähmung gehabt hat und von daher immer noch behindert ist und nicht einfach, wie mein Cousin Fritzi, aus der Wohnung stürmen konnte, sondern erst telefonisch ein Taxi bestellen mußte, auf das wir dann alle schweigend warteten, bis mein Vater meinem damaligen Freund und mir befahl, uns gefälligst Sessel aus dem Eßzimmer zu holen und uns draufzusetzen, was mein Freund dann ablehnte, um, bevor ihn mein Vater auch noch aus der Wohnung schmeißen konnte, freiwillig zu gehen, so daß ich am Ende allein war mit meiner Familie. Ich harrte aber aus und blieb auf dem Boden sitzen, und mein Vater schrie herum, und dann rannte er noch in mein Zimmer und kratzte mühsam die roten Aufkleber von dem Fenster, auf denen stand: Erzieht die Erzieher. Mein Onkel und meine Tante zogen ab, als der Taxifahrer an der Wohnungstür klingelte.

Seither sind, wie gesagt, unsere Familien zerstritten.

Der Pater Johannes – jetzt weiß ich wieder, wie er hieß – ist übrigens vor einigen Jahren von seiner Tätigkeit als Leiter des Mädchen-Studentenwerks suspendiert und in irgendein Kloster auf einen Berg versetzt worden.

Aus Altersgründen, hat meine Mutter zu mir gesagt, aber ich habe gehört, wie sie zu meinem Vater gesagt hat, sie habe da einen ganz bestimmten Verdacht.

Mein erster Neger

Meinen ersten Neger habe ich in Caorle/Italien kennengelernt.

»Es war kein Neger, sondern ein sehr braungebrannter Urlauber«, sagt meine Mutter. Mein Vater sagt es auch. Ich hätte als Kind in Caorle einen sehr braungebrannten Urlauber mit einem Neger verwechselt, sagen meine Eltern, was ihnen damals sehr peinlich gewesen sei. Besonders weil ich plötzlich mitten am Strand stehengeblieben sei, mit dem Finger auf diesen braungebrannten Urlauber gezeigt und geschrien hätte: »Schau, Mutti, ein Neger.«

Ich kann mir nicht vorstellen, daß es so war.

Solange ich mich erinnern kann, habe ich zu meiner Mutter nie »Mutti« gesagt, sondern »Mama«, weil mir »Mama« unpersönlicher vorgekommen ist als »Mutti«. »Mutti« war mir schon als Kind zu vertraulich, so daß ich es immer vermieden habe, »Mutti« zu meiner Mutter zu sagen. Meine Mutter selbst hat sich oft genug darüber beschwert und von mir verlangt, ich solle »Mutti« zu ihr sagen, was ich aber eben, soweit ich mich erinnere, stets vermieden habe. Dann habe ich lieber gar nichts gesagt.

Deshalb kann ich mir auch schwer vorstellen, daß ich am Strand gestanden und » Schau, Mutti, ein Neger« gerufen haben soll, noch dazu mit ausgestrecktem Zeigefinger, wo ich doch als Kind auffällige Gesten immer vermieden habe. Ich habe da zum Beweis mehrere Alben voll Fotos. Auf allen Fotos sieht man mich ganz steif mit an den Körper gelegten

Armen herumstehen. Nie strecke ich auf irgendeinem Foto die Arme aus oder spreize die Beine oder recke den Hals. Ich stehe immer möglichst steif da, was sich völlig mit meiner Erinnerung an mich selbst deckt. Ich habe in Erinnerung, alles Auffällige vermieden zu haben. Deshalb habe ich auch mitten am Strand bestimmt nicht geschrien.

Meine Vermutung ist sowieso schon lange, daß alle Eltern sich ihre Bilder machen von den eigenen Kindern und sich dann an diese Bilder erinnern. Von den Kindern selbst wissen sie gar nichts.

Da mein Vater und meine Mutter aber immer wieder und bereits seit Jahren betonen, daß das kein Neger gewesen sei, sondern ein besonders braungebrannter Urlauber, den ich damals in Caorle gesehen habe, und da ich mir auch nicht recht erklären kann, wie ein Neger ausgerechnet nach Caorle in das Hotel ›Bellavista‹ gekommen sein soll, neige ich manchmal selbst dazu, anzunehmen, daß ich tatsächlich einen braungebrannten Urlauber als Kind mit einem Neger verwechselt habe. Was aber insofern völlig belanglos ist, als ich ja damals dachte, es sei ein Neger, und also meine ersten Erfahrungen mit Negern mit diesem – von mir aus braungebrannten – Urlauber gemacht habe.

Das erstemal bin ich ihm im Hotellift begegnet. Damals waren Lifte noch etwas Besonderes, und ich bin den halben Tag auf und ab gefahren mit dem Lift. In der Früh einige Male, mittags ein paarmal und abends auch. Eines Morgens, ich war schon im Badeanzug und hatte meine Badetasche umgehängt und fuhr gerade zum drittenmal hinauf, bevor ich dann endgültig hinunterfahren und frühstücken wollte, da betrat plötzlich der Neger den Lift. Er hatte ebenfalls seine Badehose an. Um den Hals trug er ein grünes Badetuch. Seine Haare waren kurz und kraus. Seine Augen waren braun, und seine Augäpfel leuchteten weiß aus dem braunen Gesicht. Ich hatte furchtbare Angst und drückte mich in eine Ecke des Lifts. Der Neger grinste. Dann verließ er den Lift, und ich fuhr vor Schreck noch einmal hinunter und hinauf und dann erst endgültig hinunter.

Bei diesem Italienurlaub war, wie bei allen unseren Italienurlauben, meine Tante Fini dabei. Die Tante Fini war damals schon über siebzig Jahre alt und sehr rüstig. Heute ist sie tot. Vor ihrem Tod hat sie meinen Eltern einige Male eine Abschrift ihres Testaments geschickt, in dem stand, daß sie meiner Mutter ihren ganzen Schmuck vererben würde, und als sie dann tot war, stellte sich heraus, daß sie den Schmuck doch nicht meiner Mutter vermacht hatte. Meine Mutter war damals sehr enttäuscht.

Meine Tante Fini hatte so viel wertvollen Schmuck, daß sie ihn während ihres Italienaufenthaltes tagsüber und nachts in den Hotelsafe einsperren ließ und nur abends benutzte. Wenn sie ihn benutzte, glitzerte er sehr stark. Sie hatte einen Rubinring mit Brillanten und mehrere Perlenketten, die schimmerten matt im Licht des Restaurantlüsters, und Smaragdketten hatte sie auch, und auch Gold- und Silber- und Platinarmbänder.

Mir hat meine Tante Fini einmal ein Goldarmband geschenkt. Aber ich trage es kaum. Es liegt in meiner Wohnung irgendwo herum. Ich wollte es einmal versetzen, aber der Juwelier hat gesagt, daß es nicht viel bringt.

Das einzige, was meine Mutter letztlich von meiner Tante Fini erbte, waren eine diamantene Anstecknadel und ein Ölbild von einem im Schlamm steckengebliebenen Zigeunerwagen. Meine Tante Fini hatte das Bild auf der Strandpromenade von Caorle gekauft und immer geglaubt, es sei ein Kunstwerk, das im Wert noch steigen werde. Meine Eltern glaubten das auch, weil sie der Ansicht waren, Schmuck und Kunst seien die besten Geldanlagen und irgend jemand müsse ja so ein Kunstwerk erst einmal irgendwo entdecken, bevor es dann im Wert steigen könne.

Beim Frühstück saß der Neger am anderen Ende des Eßsaals. Ich konnte ihn durch einen Spiegel beobachten. Er saß ganz allein an seinem Tisch. Der Neger war der einzige, der einen Tisch für sich alleine hatte. Alle anderen hatten ihre Familien dabei. Während ich Löcher in die großen weißen Semmeln bohrte, die es zum Frühstück gab, beobachtete ich die Eßgewohnheiten des Negers an seinem Einzeltisch. Aber er aß eigentlich alles, was die anderen auch aßen.

Am Strand hab ich ihn in der ersten Woche unseres Urlaubs nicht gesehen. Da hab ich aber auch nicht so besonders auf ihn geachtet, weil ich mit anderen Dingen beschäftigt war. Mit Burgbauen, Schwimmen, Bootfahren, Bocciaspielen, Minigolfspielen, Kartenspielen etc.

Boccia haben wir jeden Tag zweimal gespielt. Einmal vormittags und einmal nachmittags. Es haben immer mein Vater, meine Mutter, meine Tante Fini, eine Urlaubsbekanntschaft – und irgendeine Urlaubsbekanntschaft haben meine Eltern und Tante Fini in jedem Urlaub gemacht – und ich gespielt. In dem Jahr, in dem ich meinen ersten Neger kennengelernt habe, war die Urlaubsbekanntschaft ein Richter aus Stuttgart. Er hieß Rauch und tat immer so, als ob er schwimmen könnte. In Wirklichkeit ging er aber im Seichten mit den Füßen auf dem Boden herum und machte nur mit den Armen Schwimmbewegungen. Meine Tante Fini hat den Herrn Rauch ihren ›Kurschatten‹ genannt. Warum, wußte ich nicht. Wer Sieger beim Boccia war, bekam ein Eis. Das Eis hat immer mein Vater bezahlt, ganz egal, ob er selbst Sieger war oder nicht. Manchmal hat er allen ein Eis bezahlt, auch den

Verlierern. Nachmittags haben wir auch Boccia gespielt. Vor dem Mittagessen haben wir geduscht und uns umgezogen. Ich weiß nicht, wie das heute ist in Caorle oder Rimini oder Jesolo. Vielleicht gehen ja heute die Urlauber alle im Badeanzug zu Mittag essen. Das war damals ganz unmöglich. Alle Urlauber haben sich sowohl zum Mittag- als auch zum Abendessen umgezogen. Auch der Neger. Zu Mittag hat der Neger meist Bluejeans angehabt und bunte Hemden. Das weiß ich noch genau, weil damals Bluejeans nicht so oft getragen worden sind wie heute. Damals ist es aufgefallen, wenn jemand zum Mittagessen im Hotelrestaurant Bluejeans trug. Die anderen Männer haben zum Mittagessen helle Hosen mit Bügelfalte getragen. Und helle Hemden.

Zum Mittagessen und zum Abendessen gab es je drei Gänge. Beim ersten Gang konnte man zwischen Minestrone und Spaghetti wählen, der Hauptgang bestand aus irgendeinem Stück Fleisch, das mir nie geschmeckt hat, weil es dünn geschnitten war und hart. Das Fleisch bei meiner Mutter war immer dick geschnitten und ganz weich. Fast zerkocht. Meine Mutter hat nämlich immer Angst gehabt, ihr Fleisch könnte hart bleiben. Deshalb hat sie es im Druckkochtopf gekocht und immer fast zerkocht. Da ich aber an das ganz ausgekochte, geschmacklose Fleisch meiner Mutter gewöhnt war, hat mir das Fleisch in Italien überhaupt nicht geschmeckt.

Zum Nachtisch gab es entweder Eis oder Käse oder Früchte. Ich hab immer Eis gegessen. Mittags und abends. Es gab immer Zitroneneis als Nachtisch.

Nach dem Abendessen gingen wir durch Caorle spazieren oder aßen irgendwo noch ein Eis. Meine Tante Fini trug dabei ihren ganzen Schmuck. Wahrscheinlich habe ich deshalb geglaubt, sie sei Millionärin.

Daheim soll sie in einer Wohnung gewohnt haben ohne Warmwasser und mit der Toilette auf dem Gang. Das hat meine Mutter erzählt, nachdem sie – Jahre nach unseren Italienurlauben – mit meinem Vater zum erstenmal meine Tante Fini besucht hatte. Sie haben es einen Blitzbesuch genannt, weil sie nämlich den Besuch in Kassel einfach ohne Anmeldung machten. »Mir sind die Augen aufgegangen«, hat meine Mutter bei der Rückkehr gesagt, »es war nicht einmal eine Tischdecke auf dem Tisch.« Ich glaube, sie hat sogar das Wort »armselig« benutzt. Daß sie vom Doppelleben meiner Tante Fini gesprochen hat, weiß ich noch genau, weil ich das sehr übertrieben fand.

Aber all das haben wir damals, als ich noch mit meinen Eltern und der Tante Fini Urlaub in Caorle und Rimini und Jesolo machte, nicht gewußt. Wir haben meine Tante Fini für reich gehalten und für sehr vornehm. Besonders vornehm ist mir als Kind auch immer vorgekommen, daß sie einen Nasenschützer trug, wenn sie in der Sonne lag.

Ihre Nase wurde in der Sonne nämlich sofort rot und schälte sich dann. Der Nasenschützer war aus Plastik und durchsichtig. Einmal hatte ihn meine Tante Fini noch auf der Nase, als sie zum Abendessen kam. Als sie am Tisch vom Neger vorbeiging, sah ich im Spiegel, daß der Neger auf seine Nase deutete, was meine Tante Fini damals völlig mißverstand. Sie wurde ganz rot im Gesicht und kam so wütend an unseren Tisch im Hotelrestaurant, daß es lange dauerte, bis wir ihr sagen konnten, daß sie den Nasenschützer auf der Nase vergessen hatte. Meine Tante Fini hat dann noch sehr gelacht über den auf der Nase vergessenen Nasenschützer. Aber daß der Neger ein unverschämter Kerl sei, dabei ist sie geblieben.

Es war auch im Spiegel, als er mir das erstemal zublinzelte.

Beim Zitroneneisessen. Der Neger aß nämlich auch jeden Tag zu Mittag und zu Abend Eis als Nachspeise. Als wir gerade beim Zitroneneisessen waren und ich ihn beobachtete, blinzelte er mir zu. Ich tat zwar so, als hätte ich es nicht gesehen, spürte aber, wie mir ganz heiß im Kopf wurde. Ich war ja ein sehr schüchternes Kind. Vor dem Frühstück und dem Mittag- und Abendessen bin ich oft so lange Lift gefahren, bis meine Eltern aus ihrem Hotelzimmer gekommen sind, weil ich Angst gehabt habe, der deutsche Junge, der mit seinen Eltern am Nachbartisch saß, könnte mich ansprechen.

Ich wollte als Kind nicht mit anderen Kindern spielen. Meine Mutter, die sich deshalb immer Sorgen gemacht hat, hat mir oft erzählt, wie sie für mich, als ich drei Jahre alt war, am Strand von Jesolo eine Freundin gesucht hat, weil ich alleine zu schüchtern dazu gewesen sei. Sie sei mit mir an der Hand von Kind zu Kind gegangen und habe alle gefragt, ob sie meine Freundin sein wollten. Sie hat dann auch ganz offensichtlich eine Freundin für mich gefunden, denn es gibt ein Foto, da sitzen dieses Mädchen und ich nebeneinander im Sand und graben trostlos herum.

Ich ahnte, daß meine Mutter den Neger nicht mochte. »Komisch, daß der ganz alleine Urlaub macht«, sagte sie zu meinem Vater im Liegestuhl, und zu meiner Tante Fini hat sie gesagt: »Irgend etwas stimmt mit dem nicht.« Zu mir hat sie nichts gesagt. Nur, daß ich mir den Badeanzug ordentlich hochziehen solle, hat sie immer gesagt. Der Badeanzug rutschte mir nämlich bis zum Bauch hinunter, weil die Träger ausgeleiert waren und ich vollkommen platt war obenherum.

Ich war zehn Jahre alt, als ich meinen ersten Neger kennenlernte. Wir waren schon gut eine Woche lang in Caorle, als er mir zum erstenmal ein Eis kaufte. Ein Zitroneneis. Ich hatte gerade beim Bocciaspielen verloren, und mein Vater hatte gewonnen und kaufte aus irgendeinem Grund, der mir jetzt entfallen ist, niemandem ein Eis. Nicht einmal sich selbst, obwohl er doch Sieger war. Ich glaube, es war vorher um eine Anzughose gegangen, die mein Vater nicht anziehen wollte, die aber meiner Mutter besonders gefiel, oder so ähnlich. Jedenfalls waren sie alle schlechter Laune. Meine Tante Fini schnalzte unentwegt mit der Zunge, was meistens bedeutete, daß es kurz darauf zu einem offenen Streit kommen würde. Und zwar erfahrungsgemäß genau nach der ersten Urlaubswoche. Ich schlenderte daher allein am Strand entlang bis zur Bar mit dem Eisstand. Dort versteckte ich mich hinter einer Badehütte, weil ich den deutschen Jungen gesehen hatte, der im Hotelrestaurant an unserem Nachbartisch saß, und da begegnete ich dem Neger, der gerade aus der Badehütte kam und mich zum ersten Zitroneneis einlud.

Von da an traf ich ihn jeden Tag. Heimlich. Ein einziges Mal hat uns meine Mutter erwischt, als wir gerade Eis gegessen haben, und sie hat mich sofort zu sich gerufen. Dann hat sie zu mir gesagt, ich müsse ihr mein Ehrenwort geben, daß ich nie mehr von einem fremden Mann ein Eis annehme, und ich habe ihr mein Ehrenwort gegeben. Ich habe später meinen Eltern noch viele Ehrenwörter gegeben, die ich nie gehalten habe. Meineide habe ich auch viele geleistet. Und ihr Vertrauen habe ich laufend gebrochen. Die Erziehung meiner Eltern war nämlich auf Vertrauen aufgebaut.

Der Neger hat gesagt, ich sei schön. »Bella«, hat er gesagt, und er war der erste Mann meines Lebens, der mir das gesagt hat. So was hatte mir auch noch keine Frau gesagt. Überhaupt niemand hatte mir bis dahin gesagt, ich sei schön. Ich war auch nicht besonders schön, glaube ich. Es gibt ja Fotos. Ich war dünn und hatte ganz kurze Haare, die aussahen, als hätte man mir einen Kochtopf aufgesetzt und sie danach abgeschnitten. Die Kleidung, die ich trug, war immer unpassend. Ich trug immer Kleider, in denen ich noch dünner und noch größer aussah, als ich ohnehin schon war. Der Neger fand besonders meine Augen schön. Was mich nicht besonders wunderte, da ich wußte, daß die Neger alle braune Augen haben, und ich blaue Augen habe. Als Kind hatte ich sogar hellblaue Augen, ich hatte, nach den Fotos zu schließen, bis etwa zu meinem dreizehnten Lebensjahr himmelblaue Augen. Ab da sind sie dann gedunkelt. Der Neger fand meine himmelblauen Augen schön, außerdem meine Haare. Mag sein, daß sie tatsächlich in Italien noch am ansehnlichsten waren, weil sie da von der Sonne ausgebleicht waren und ausgetrocknet vom Salz und vom Sand und durcheinandergeraten vom Wind. Sonst waren sie jedenfalls nicht schön. Meine Mutter hat sie mir auf der Seite gescheitelt und mit einer Spange aus der Stirn gehalten, so daß es aussah, als klebten ein paar Strähnen an meinem Kopf. Der Kopf wirkte zu klein dadurch, wenigstens auf den Fotos.

Beinahe hätte mir der Neger einen neuen Badeanzug gekauft. Wir hatten uns bei der Badehütte getroffen – wir haben uns übrigens nie verabredet, sondern ich bin einfach jeden Tag einmal zur Badehütte geschlendert, und da hab ich ihn dann getroffen, und wenn er gerade nicht da war, hab ich eine Weile gewartet, und manchmal hat er eine Weile gewartet, glaub ich –, da kam ein Händler für Badeanzüge vorbei. Es waren glitzernde Badeanzüge, die er verkaufte, das weiß ich noch. Ob da Goldfäden hineingestickt waren oder ob Flitter draufgepreßt war und aus welchem Material diese Badeanzüge angefertigt waren, weiß ich nicht mehr. Ich weiß nur, sie glitzerten dermaßen in der Sonne, daß man beinahe die Augen schließen mußte, wenn man hinsah. Vorne waren schillernde Tiger und Zebras und Elefanten auf die Badeanzüge gestickt oder gepreßt. Ich hätte sehr gerne so einen Badeanzug gehabt. Der Neger sagte sofort, er würde mir einen Badeanzug kaufen, aber ich wußte natürlich, daß ich nicht mit einem neuen Badeanzug zu meinen Eltern zurückkommen durfte. Sie hätten ihn mir sofort abgenommen und mich von da an keinen Augenblick mehr aus den Augen gelassen. Also mußte ich den Badeanzug ablehnen. Nachher bin ich hinter die Badehütte gegangen und habe ziemlich geheult.

Der Neger hieß Bruno. Wir sind miteinander den Strand hinaufgewandert und haben Muscheln gesammelt. Manchmal sind wir auch mit dem Tretboot gefahren, und einmal haben wir uns am Strand miteinander fotografieren lassen. Dazu sind wir extra in ein Segelboot geklettert, das dort lag, und dann hat der Fotograf uns fotografiert.

Wir haben auch Federball miteinander gespielt und Minigolf und Fußball. Nur schwimmen ist der Neger nie gegangen.

Meine Tante Fini hat sich Sorgen um mich gemacht. »Ich an eurer Stelle würde das Kind nicht immer alleine rumlaufen lassen«, hat sie oft zu meinen Eltern gesagt. »Warum kann es denn nicht hier im Liegestuhl liegenbleiben, statt alleine durch die Gegend zu spazieren?« Aber meine Mutter hat Gott sei Dank immer gefunden, meine Tante Fini, die eine Cousine meines Vaters war, sei zu altmodisch in erzieherischer Hinsicht. Sie hat daher nur vor sich hin gelächelt, wenn sich meine Tante Fini Sorgen um mich gemacht hat, und gesagt, am Strand spazierenzugehen sei jedenfalls gesünder, als den ganzen Tag im Liegestuhl herumzuliegen. Im Grunde haben sich meine Mutter und meine Tante Fini gehaßt. Aber sie haben es beide nie zugegeben. Ich habe oft gesehen, wie meine Tante Fini hinter dem Rücken meiner Mutter den Kopf geschüttelt hat, und was meine Mutter zu meinem Vater über die Tante Fini gesagt hat, habe ich ja auch alles gehört.

Ich habe meine Tante Fini als Kind aber sehr gemocht. Wenn wir in Caorle ankamen, hat sie mich meistens gleich in die beste Gelateria des Ortes eingeladen. Dort waren die Sessel, fast so wie beim Niemetz in Linz, mit rotem Samt überzogen. An den Wänden hingen Leuchter, die waren alle aus Kristall.

Außerdem mochte ich an meiner Tante Fini, daß sie immer sehr lachte, zum Beispiel wenn sie den Nasenschützer abzunehmen vergessen hatte. Besonders wenn sie zum Abendessen zwei Glas Rotwein mit Wasser vermischt getrunken hatte und dann von ihren Verehrern erzählte, etwa wie es ihr gelungen sei, den Kurschatten abzuschütteln, indem sie einfach ein Stück ins Meer hinausgeschwommen sei, lachte sie sehr. Es liefen ihr dann die Tränen übers Gesicht, und ich sah durch den Spiegel, daß der Neger immer mitlachte. Meine Tante Fini war damals schon 72 Jahre alt.

Später hab ich sie auch nicht mehr gemocht. Je älter ich wurde, desto mehr hatte sie an mir auszusetzen. Lange Haare und Hosen fand sie nicht vornehm genug, und es gab dauernd Streit. Das war bei den letzten unserer gemeinsamen Urlaube. Meine Eltern fuhren dann nicht mehr nach Italien, weil sie eine Sommerwohnung in Grünau im Almtal gemietet hatten, wo es meinem Vater besser gefiel als in Caorle, weil er die Berge immer lieber gemocht hatte als das Meer, und dort wollte uns meine Tante Fini nicht besuchen. Sie sagte, die Berge seien nichts mehr für sie. Für die Berge sei sie zu alt. Daß es ihr am Meer auch schon lange nicht mehr gefalle, weil es ihr zu schmutzig sei, war noch eine andere Sache.

Aber damals in Caorle, als ich meinen ersten Neger kennengelernt habe, hat es uns allen am Meer sehr gut gefallen.

Als wir den Strand hinaufwanderten und Muscheln sammelten, habe ich den Neger gefragt, wie es bei ihm zu Hause aussehe, und er hat gesagt, sie hätten hohe Berge dort, mit Schnee. Als ich ihn gefragt habe, ob es auch wilde Elefanten gebe, hat er gelacht. Aber dann hat er gesehen, daß es mir ernst war mit meiner Frage, und er hat nur noch gelächelt, und dann hat er sich in den Sand gesetzt und so eigenartig aufs Meer geschaut. Mit den Händen hat er im Sand gebuddelt, und den Sand hat er zwischen den Fingern durchrinnen lassen, die ganze Zeit. »Große Elefanten«, hat er nach einer Weile gesagt, »große Ohren und dicke Beine.« Dann hat er wieder aufs Meer gestarrt. Nach einer Weile hat er zu sprechen angefangen, in gebrochenem Deutsch übrigens.

Er erzählte von einem großen Land mit dem Indischen Ozean im Osten, hohen Schneebergen in der Mitte und Seen im Norden. Von Flüssen mit Goldstaub. Von schwarzen porösen Brocken vulkanischen Gesteins, zwischen denen Bäche in kristallklare Wasserwannen mündeten. Er erzählte von weißgebleichten Elefantenknochen in ausgetrockneten Flußbetten. Von elektrischen Zäunen. Von Flamingos. Von Weißbartgnu-Jungen, die zu Zehntausenden an einem bestimmten Tag im Februar geboren würden. Von Stacheldraht, Wachtürmen und Gitterverschlägen. Er erzählte von einem wunderschönen, langbeinigen Mann. Von taubeneiergroßen Diamanten, die im Sand irgendeiner Wüste lägen. Von einem Geruch sprach er, wie in den Gewölben alter Kathedralen, vom Licht, ich bin sicher, er sprach von Stromleitungen durch die Wüste und über die Berge hinweg. Er sprach von Eisenbahnlinien durch den Urwald. (Hier sagte er noch einmal: »Der Geruch von alten Kathedralen.«) Sprach auch immer wieder von Elefantenknochen. Während er erzählte, sah er aufs Meer hinaus. Durch seine Finger ließ er den Sand rinnen.

Als man ihn vor dem Hotel aus dem Wasser zog, war er vollständig bekleidet. Trotzdem sagten damals alle, daß er beim Schwimmen ertrunken sei. Er soll nichts bei sich getragen haben, außer einer Fotografie, aber da sei nur er selbst draufgewesen. Die andere Person, die offensichtlich noch auf dem Foto war, sei mit einer Schere fein säuberlich herausgeschnitten gewesen.

So und nicht anders habe ich es in Erinnerung. Meine Eltern sagen, es sei alles ganz anders gewesen. Sie sagen, ein Fischer sei damals ertrunken, und er sei nicht vor unserem Hotel, sondern ein paar Kilometer strandabwärts aus dem Meer gefischt worden.

Der braungebrannte Urlauber, den ich damals für einen Neger gehalten hätte, der sei plötzlich abgereist. Und nie und nimmer sei er ein Neger gewesen.

Aber ich bin jetzt, nachdem ich die Geschichte aufgeschrieben habe, überzeugter denn je, daß es nur ein Neger gewesen sein kann.

Hendrich

Er steht mir gegenüber, ich weiß nicht, zum wievielten Male. Er hat die Ohren nach vorn gestellt, was aber bei ihm nicht bedeutet, daß er wütend ist. Ich kenne ihn gut und weiß, daß er es gerne so macht, wenn er mir gegenübersteht. Er hat blaue Augen und lange Wimpern. Er ist ganz weiß, was selten ist bei Elefanten, und seine Haut ist sehr rissig. Seine Haut ist, wie die Rinde von Feigenbäumen ist. Mit seinem Rüssel kann er Wasser trinken und kleine Grasbüschel ausreißen. Er kann aber auch Baumstämme tragen damit, und im Zirkus kann er den Schwanz des Elefanten vor ihm festhalten und so mit vielen anderen zusammen im Kreis durch die Manege gehen. Als kleiner Elefant wußte er seinen Rüssel noch nicht zu gebrauchen. Er ist vor ihm hergebaumelt wie ein Gummischlauch. Damals hat er versucht, das Wasser mit dem Mund zu trinken. Seine Stoßzähne sind lang und schwer und nach innen gebogen. Am rechten Stoßzahn fehlt ein Stück. Seine Ohren haben die Form einer Landkarte. Er heißt Hendrich. Alles an ihm ist gut, und sein Gemüt ist sanft. Sein Verstand ist klar. Er ist genügsam und liebt die Sonne. Er braucht viel Platz und Dornakazien, deren Rinde er frißt. Außerdem liebt er: Bananen, Wüstendatteln, die Früchte des Leberwurstbaums, der wirklich so heißt, Geranien und Feigen. Besonders gerne frißt er die gelbe Rinde des Fieberbaums. Am Tag trinkt er 130 Liter Wasser. Er hat ein gutes Gedächtnis. Wenn er läuft, zittert der Boden. Wenn er sein Kind schützt, nimmt er es zwischen die Beine. Er bespritzt sich gerne mit Wasser und wälzt sich anschließend im Staub. Wenn es ihn juckt, reibt er sich an Felsen und Baumstämmen. Er mag das Sumpfland und die Savanne, durchquert aber auch Tropenwälder und sucht abends die Flüsse, die golden sind in der untergehenden Sonne. Er überwindet die immer bewaldeten Berge und die Dünen der Wüste. Das Kreischen der Papageien und das der Paviane mag er gleichermaßen. Zieht aber weiter. Nur wenn die Dornenbüsche in der Wüste brennen, bleibt er stehen und schaut zu. Seine Heimat ist Afrika. Er ist sehr schön, und ich liebe ihn. Manchmal legt er den Rüssel um meinen Hals. Ein andermal wieder sitzt er in einem kleinen Wasserloch. Ich muß lachen, wenn ich ihn dort sitzen sehe. Nicht, weil ich finde, daß er lächerlich ausschaut in dem kleinen Wasserloch. Nein, vor Freude. Schon in der Früh freue ich mich, wenn ich ihn auf mich zutraben sehe. Abends, wenn er trompetet, höre ich ihn bis in den Schlaf hinein. Nichts mag ich so sehr wie seine blauen Augen. Nie vorher habe ich einen so mächtigen Körper gesehen, der auf einem so schmalen Baumstamm über den Fluß zu balancieren versteht. Nie habe ich Ohren gesehen wie die Landkarte Afrikas. Nie so dicke Beine. Niemals eine Haut wie Feigenbäume. Ich kenne keinen, der in das Laub der Bäume gelehnt schläft. Selbst im Zorn ist er großmütig. Aber er zürnt mir nicht. Leicht und geschmeidig läuft er durch die Steppe, und stets kommt er zu mir zurück. Ich weiß nicht, warum ich ihn immer wieder töte.

Er steht mir gegenüber. Er hat blaue Augen, seine Haut ist weiß und rissig. Ich töte ihn auf alle möglichen Arten: Ich schieße mit Pfeilen nach ihm und mit Gewehren. Ich schleudere Keulen nach ihm. Ich betäube ihn und vergifte ihn. Die Widerhaken, die sich in sein Fleisch graben, versucht er loszuwerden, indem er sich an Felsen und Baumstämmen reibt. Dabei verblutet er. Ich schneide ihm die Gurgel durch und den Rüssel ab. Ich erwürge ihn mit dicken Seilen. Aus seiner Haut mache ich Tarnanzüge. Ich stelle ihm Fallen. Aus den Zähnen mache ich Schmuck. Ich spieße ihn auf. Aus den Ohren mache ich Fächer, aus den Knochen Miederstäbchen. Ich ertränke ihn, lasse ihn verdursten, ihn verhungern. Ich nehme ihm sein Land, indem ich es rode und öd unter ihm ausbreite, bis er keine Flüsse mehr findet und keinen Baum und auch keinen Felsen mehr. Ich lasse die Sonne, die er liebt, Tag und Nacht auf ihn herabbrennen, bis er verglüht. Ich schneide ihm den Weg ab. Manchmal bebaue ich nur die Felder mit Mais. Dann lege ich mich auf die Lauer. Wenn er kommt mit seiner Herde, erlege ich ihn und so viele, wie ich sonst noch erwische. Ich ziehe die Stacheldrähte enger. Ich mische Säure unter sein Wasser, Schwefel und Gift. Die Luft, die er atmet, ist sein Knebel. Endlich, ich weiß nicht, zum wievielten Male, fällt er zu Boden. Der Boden zittert. Er braucht zwölf Stunden, um zu sterben. Nach zwölf Stunden ist er tot. Im Augenblick seines Todes verfinstert sich der Himmel. Kurz darauf wird es wieder hell.

Hyänen und Aasgeier fressen an ihm, auch Löwen, Ameisen und Käfer. Zuerst fehlt ihm nur der Rüssel.

Sein Körper ist dünn und faltig. Das kommt von der Dürre vor dem Tod. Schon nach ein paar Stunden fehlt ihm überall etwas. Besonders aber fehlen die Haut im Gesicht und das Fleisch an den Beinen. Unbeschädigt ist nur der Schwanz, der sich kringelt, als lebte er noch. Das Gesicht unter der Haut schaut aus wie ein Menschengesicht. Das ist seltsam. Es hat eine breite, abgeplattete Nase, einen großen Mund mit dicken Lippen und mandelförmige Augen. Von den Knien abwärts sind die blanken Knochen weiß. Am Ende des ersten Tages fehlt fast alles. Nur ein Stück Hautfetzen steht noch ab von den Schulterknochen, wie ein Flügel. Am übernächsten Tag sind die Stoßzähne weg. Einmal, am späten Nachmittag, kommt ein alter Elefant und holt einen Knochen. Er trägt ihn ein Stück, dann läßt er ihn fallen und geht weiter. Ich weiß auch nicht, wohin die restlichen Knochen so schnell verschwinden. Vielleicht holen sie sich die Löwen in der Nacht. Oder sie zerfallen schneller neuerdings. An der Stelle, wo die Knochen lagen, wächst ein Busch. Aber bald verdorrt er wieder. Das Land ist kahl und verwüstet.

Vom Flugzeug aus sieht man Rillen, wie sie die Würmer früher im Wattenmeer gemacht haben. Als es das Wattenmeer noch gab. Die Rillen sind die Mulden zwischen den wie Magnetstaub in eine Richtung liegenden Knochen der Elefanten. Sonst sieht man nichts. Die Sonne scheint jetzt Tag und Nacht.

Der Mann, der sein Pferd suchte

Wir feierten gerade den 68. Geburtstag meiner Tante, was um vier Uhr nachmittag mit Kaffee und Kuchen begonnen hatte und sich im Anschluß daran bereits seit Stunden mit Essen (um sechs Uhr aßen wir zu Abend) und dem Absingen verschiedenster Lieblingslieder meiner Tante dahinzog. Es war ein eiskalter Dezemberabend, und der mittelgroße Kachelofen, der die ganze Wohnung meiner Tante und meines Onkels heizen sollte, rasselte wie ein Höllenschlund. Alle halbe Stunde stocherte mein Onkel in ihm herum oder legte Koks nach.

Draußen war es still. Eine Laterne beleuchtete schwach die Teppichstangen des Hinterhofs, auf den man vom Wohnzimmerfenster aus sehen konnte, wenn man von dem Tisch, um den herum wir saßen und feierten, aufstand und ans Fenster trat. In der Mitte des Tisches stand die Erdbeerbowle.

Irgend etwas haute damals schon nicht mehr so richtig hin mit unseren Familienfesten. Wir bemühten uns alle, aber die Zeit, als mein Cousin und ich Modenschauen veranstalteten und mein Vater langwierige Geschichten seiner Heldentaten beim tschechischen Militär erzählte oder die Geschichte zum besten gab, wie er vor fünfunddreißig Jahren zu rauchen aufgehört hatte, und mein Onkel nach zwei Gläsern Bowle bereits ab acht Uhr abends sagte: »Es war ein schöner Abend, es hat mich sehr gefreut«, und mein Cousin das Lied vom Tröpferlbad sang und dann, später abends, das von Postmeisters Töchterlein, das noch einen Schnuller braucht, und meine

Tante diese unglaublich fetten Kartoffelsalate machte und meine Mutter die rosaroten Heringssalate und all die Obsttorten und die Malakoff- und die Schwarzwälder Kirschtorten – diese Zeit war unwiederbringlich vorbei. Mein Cousin war inzwischen mit der Siglinde verlobt, die Geschichten meines Vaters vom tschechischen Militär wollte kein Mensch mehr hören, und ich hatte mich längst geweigert, in der Unterwäsche meiner Tante herumzustolzieren und mich damit lächerlich zu machen.

Schon am Nachmittag hatte es statt verschiedener Torten bloß eine Biskuitroulade zum Kaffee gegeben, und auch davon war die Hälfte übriggeblieben. Der Kartoffelsalat mit Mayonnaise, den meine Tante zum Abendessen gemacht hatte, ging nicht so recht weg. (Er war so fett, daß ich mich fragte, ob wir früher so fetten Kartoffelsalat gemocht hatten oder ob meine Tante ihn immer fetter machte mit der Zeit.) Am besten ging noch der Waldorfsalat weg, den die Siglinde mitgebracht hatte.

Es war von Anfang an eine sehr trübsinnige Angelegenheit. Niemand wollte, daß ein Gespräch aufkam, weil es damals schon meist zu einem Streit führte. Meine Tante und mein Onkel waren nämlich sehr konservativ, während meine Eltern gerade einen Gesinnungswandel durchgemacht hatten. Mein Cousin war ebenfalls sehr konservativ. Ich war zu der Zeit gegen alles.

Streitthemen waren vor allem der damalige sozialdemokratische Bundeskanzler, den meine Tante einen Schmierenkomödianten nannte, die VÖEST (Vereinigte Österreichische Eisen- und Stahlwerke), in der mein Vater arbeitete und die damals noch der größte Staatsbetrieb Österreichs war, weshalb mein Onkel sie als das Hauptverlustgeschäft Österreichs bezeichnete, und die Studentenunruhen in Deutschland, die mein Cousin das logische Produkt des Niveauverlustes an den Gymnasien nannte.

Also war es das beste, bei den Familienfesten zu singen. Auch da kam es hin und wieder zu Zwischenfällen, Stimmungseintrübungen etc., zum Beispiel, als ich bei »Haubitzenbatterie« nicht aufstand und salutierte. Das Lieblingslied meiner Tante war aber nun einmal »Infanterie, Kavallerie, rote Husa-a-ren, Haubitzenbatterie«. Das war der ganze Text, den man zu singen hatte. Dazu mußte man bei »Infanterie« mit den Füßen auf den Boden trampeln, bei »Kavallerie« auf dem Sessel auf und ab wippen, bei »rote Husaren« aufstehen und bei »Haubitzenbatterie« salutieren. Das Ganze wurde als Kanon gesungen, was den Effekt hatte, daß immer einer trampelte, einer wippte und einer salutierte. Nur eben ich nicht. Ich weigerte mich damals, zu salutieren, was natürlich einen Schatten auf das ganze Fest warf und meinen Cousin veranlaßte, rasch hintereinander zwei Gläser Bowle zu trinken. Meine Mutter trat mir unter dem Tisch auf die Füße. Oben zwinkerte sie mir zu. Ich salutierte aber trotzdem nicht. Alle verloren daraufhin die Lust an dem Lied. Meine Tante seufzte und holte Kartoffelchips aus der Küche. Mein Onkel stand auf und ging zu dem Kachelofen, der krächzte und rasselte, als der Onkel die Tür öffnete und darin herumstocherte, und ich ging ins »Kabinett« und trank heimlich einen großen Schluck Cognac aus der Bar meines Onkels. Mir schmeckte damals zwar noch kein Alkohol. Aber ich hatte längst beschlossen, mich an diesem Abend zu betrinken. Und das ging am schnellsten mit Cognac.

Als ich wieder zurückkam, sang die Verlobte meines Cousins gerade »Am Brunnen vor dem Tore«, wozu mein Cousin sie auf der Gitarre begleitete. Mein Onkel schloß die Ofentür und setzte sich still an den Tisch, meine Mutter hakte sich bei meinem Vater unter, und meine Tante wischte sich sogar eine Träne weg. Kurz, es waren alle dermaßen ergriffen, daß sie richtig zusammenfuhren, als es an der Tür läutete. Nach kurzem Hin-und-her-Raten, wer zu der Zeit noch zu Besuch kommen könnte, und der Vermutung meiner Tante, eine Nachbarin wolle ihr vielleicht noch zum Geburtstag gratulieren, ich glaube, sie sagte: »Das muß die Frau Lausch sein«, öffnete mein Onkel die Tür.

Als ich mich vorbeugte, sah ich von meinem Platz auf dem Sofa aus, daß ein Neger vor der Tür stand. Der Neger trug einen langen, altmodischen Mantel mit Pelerine. Er verneigte sich ruckartig vor meinem Onkel und sagte:» Ich bin ein Reiter, wie mein Vater einer gewesen ist. Wo ist mein Pferd?«

Das nun versprach dem Abend doch eine gewisse Wende zu geben.

Zwar war mein Onkel zunächst verwirrt, denn er sagte lange gar nichts. Schließlich aber lachte er und sagte mehrmals hintereinander: »Tja.« Der Neger sah ihn ernst und wortlos an. Mein Onkel schien zu zögern, ob er ihn in die Wohnung lassen sollte. Schließlich – meine Tante rief ungeduldig: »Na, wo bleibt sie denn?« – bat er ihn doch herein.

Der Mann legte nun seinen Mantel ab, zupfte seine Joppe zurecht, die aussah wie ein oberösterreichisches Trachtenjankerl, und betrat das Wohnzimmer.

Ich hielt das Ganze zunächst für einen Scherz. Für eine Maskerade, eine Geburtstagseinlage, eine neue Modenschauvariante, was wußte ich. Ich hielt das Kraushaar, das dem Mann rund um den Kopf stand, für eine Perücke, das Pechschwarz der Haut für Schuhcreme, die dicken Lippen für aufgemalt. Und verdächtigte gleich meinen Cousin, der sich gern diesen oder jenen mehr oder weniger gelungenen Scherz bei Familienfesten erlaubte, etwas mit der Sache zu tun zu haben. Als der Fremde jedoch unter die Wohnzimmerlampe trat, war kein Zweifel mehr möglich. Er war echt. Der Mann, der uns allen die Sprache verschlug mit seinem Vater oder seinem Pferd, war wirklich ein Schwarzer.

Meine Mutter war die erste, die das allgemeine Schweigen brach. In dem Tonfall, in dem sie zu Ausländern, übrigens auch zu Kindern und Tieren spricht, fragte sie ihn, ob er aus der Nachbarschaft sei. Der Mann sah sie an, so daß sie, unwillkürlich, nehme ich an, ihren Arm von dem meines Vaters nahm. Dann verneigte er sich in die Richtung meiner Mutter und sagte sehr sanft und übrigens in tadellosem Deutsch abermals: »Ich bin ein Reiter.« Dann trat er ans Fenster und sah hinaus, kümmerte sich nicht weiter um die Gesellschaft.

Hinter seinem Rücken warfen alle einander Blicke zu. Meine Tante gestikulierte und nickte, so daß es so aussah, als kenne sie den Mann. Sie hielt sich sogar die Hand vor den Mund, anscheinend mußte sie lachen. Da ging mein Cousin aber plötzlich auf den Schwarzen zu, packte ihn an seiner Lodenjoppe und drehte ihn herum. »Jetzt paß einmal auf, Freundchen«, sagte er ganz unerwartet heftig, » du nimmst jetzt dein Pferd und, hopp, reitest heim, ja?« Mein Cousin sah gar nicht so aus, als scherzte er. Der Neger hatte ihn zuerst furchtsam angesehen, er hatte sich ein wenig geduckt unter dem Griff meines Cousins. Als er ihn jedoch das Wort »Pferd« aussprechen hörte, hellte sich seine Miene schon wieder auf. Er begann geradezu übers ganze Gesicht zu strahlen. »Wo«, sagte er, »wo ist das Pferd?« Das nun aber schien meinen Cousin zu allerletzt zu interessieren. Er ließ den Mann wieder los, setzte sich neben seine Verlobte und legte den Arm um sie. Es griff eine gewisse Betretenheit um sich.

Am Ende trat dann aber glücklicherweise mein Vater auf

den immer noch ratsuchend meinen Cousin anschauenden Neger zu und legte ihm begütigend die Hand auf die Schulter. Der zuckte zusammen, so daß mein Vater sofort seine Hand zurückzog. So standen sich die beiden eine Weile gegenüber. Lange tat sich nichts. Dann fragte mein Vater den Neger sehr bedächtig, wie er heiße. Er schien so froh darüber zu sein, daß ihm etwas eingefallen war, was er fragen konnte, daß er vor sich hin lächelte und sein Glas hob. Mein Onkel stand ebenfalls auf und stieß mit meinem Vater an. Sie prosteten auch dem Neger zu, aber der wandte sich erneut ab. Er beantwortete auch die Frage meines Vaters nicht. Das einzige, was geschah, war, daß schließlich auch mein Cousin aufstand und meinem und seinem Vater zuprostete und daß der Neger wieder zum Fenster hinausschaute.

Meine Verwandten waren inzwischen dazu übergegangen zu diskutieren, ob dieser seltsame Gast sie überhaupt verstehen könne. Mein Onkel sagte nein, meine Tante sagte ja. Eine Weile redeten alle durcheinander. »Kinder«, faßte meine Mutter schließlich zusammen, »der versteht kein Wort. Der kann selbst nur die paar Worte mit seinem Pferd.« Diese Feststellung schien alle zufriedenzustellen. »Mir fällt ein Stein vom Herzen«, sagte meine Tante sogar. Meine Mutter stand auf und ging aufs Klo, meine Tante holte neue Salzstangen, mein Cousin schäkerte mit seiner Verlobten herum, und mein Onkel ging zum Ofen und stocherte wieder in der Glut.

Ich hingegen verzog mich ins »Kabinett« und nahm noch einen großen Cognac.

Als ich zurückkam, hatte sich die Stimmung im Wohnzimmer auf das verblüffendste verändert. Die ganze Familie schien sich vor Lachen kaum mehr halten zu können. Mein Cousin preßte sogar beide Arme gegen den Magen.

Den Neger beachtete niemand. Im Gegenteil, alle taten, als

wäre er gar nicht da, obwohl er doch immer noch in der Nähe des Fensters stand. Als ich zu ihm hinübersah, sagte er schon wieder, wenn auch ziemlich leise: »Ich bin ein Reiter.« Dann öffnete er das Fenster. Ich fand, es rieche nach Schnee. Aber niemand schien es zu bemerken.

»Wir hatten in E.« (das ist die Heimatstadt meiner Familie mütterlicherseits), lachte nun meine Tante, nachdem sie sich geschneuzt hatte, schrill auf, »auch mal ein Pferd.« Sie schien noch etwas sagen zu wollen, aber da unterbrach mein Cousin sie, indem er zu grölen begann: »Ich glaub, mich tritt ein Pferd.« Zugleich sagte mein Onkel mit einer, wie mir schien, besonders lauten und tiefen Stimme zur Verlobten seines Sohnes: »Zwei leuchtende Pferdeaugen sehen dich an«, und meine Tante begann mit meiner Mutter zusammen »Infanterie, Kavallerie« zu singen, wobei sie im Sessel auf und ab wippten, als säßen sie im Sattel. Mein Vater aber versuchte alle zu übertreffen, indem er tschechische Befehle brüllte, wobei er jeweils aufsprang und wieder in sich zurücksank. Dabei fielen die Salzstangen auf den Boden und zerbröselten dort. Irgendwann kippte auch noch die Karaffe um. Die Bowle lief über den Tisch bis zur Kante hin, von wo sie in einem schmalen Rinnsal auf den Boden floß. Einige Erdbeeren rollten der Verlobten meines Cousins auf das weiße Kleid. Aufgequollen und braun lagen sie in ihrem Schoß.

Inzwischen war auch noch der Ofen ausgegangen. Vom Fenster kam ein eisiger Wind.

Während mein Onkel versuchte, den Ofen wieder einzuheizen, meine Tante und meine Mutter die zerbröselten Salzstangen aufsammelten und den verschütteten Wein aufwischten, die Verlobte meines Cousins im Bad ihr Kleid zu reinigen versuchte und mein Vater und mein Cousin die restliche Bowle aus der wie durch ein Wunder heil gebliebenen Karaffe schütteten und austranken, bemerkte ich plötzlich, daß der Neger verschwunden war. Mir drehte sich der Kopf. Mein Cousin sagte später, selbstverständlich sei das Ganze ein Jux gewesen.

Der Mhoja, so habe sein schwarzer Studienkollege geheißen, sei aus Ghana gewesen. Sie hätten mit ihm in der Theatergruppe des bischöflichen Rupertinums die tollsten Stücke aufgeführt. Er selbst habe noch Jahre später Tränen gelacht, wenn er von seinem einzigen »wirklichen« Auftritt erzählt habe. Aber ein Pferd, sagte mein Cousin, hätten sie natürlich nicht dabeigehabt.

Befreiung

Meine Familie mütterlicherseits kommt aus dem Ruhrgebiet. Dorthin sind wir früher ein- bis zweimal im Jahr gefahren, jedesmal für etwa zwei Wochen. Wenn in meiner Verwandtschaft mütterlicherseits jemand geheiratet hat oder gestorben ist, sind wir manchmal sogar dreimal im Jahr ins Ruhrgebiet gefahren.

Bis zu meinem achten Lebensjahr sind wir mit dem Zug gefahren, später dann mit dem Auto. Unser erstes Auto war schon ziemlich alt, als mein Vater es kaufte, und jedesmal, wenn wir damit eine weitere Fahrt unternahmen, dann ist etwas an dem Auto kaputtgegangen, so daß es immer große Umstände verursacht hat. Einmal sind wir sogar in die Stadt, in der meine Verwandten mütterlicherseits wohnen, vom Abschleppdienst hineingeschleppt worden. Außerdem hat sich mein Vater oft verfahren. Meine Mutter konnte nämlich keine Karten lesen beim Autofahren. Erstens verstand sie überhaupt nichts von Karten, und zweitens durfte sie beim Autofahren nicht lesen, weil ihr dann sofort schlecht wurde. Mir wurde beim Autofahren auch schlecht, besonders wenn ich im Auto hinten saß. Aber ich mußte immer hinten sitzen, weil meiner Mutter hinten noch viel schlechter geworden wäre als mir. Meiner Mutter wurde manchmal sogar vorne schlecht, so daß es öfter vorkam, daß mein Vater stehenbleiben mußte, und dann kotzte meine Mutter zu dem einen Fenster hinaus und ich zum anderen.

Aber sonst erinnere ich mich an die Autofahrten weniger

als an die Zugfahrten, die doch viel früher waren. Ich erinnere mich, daß der Zug lange am Rhein entlangfuhr und daß ich mich immer auf den Lorelei-Felsen gefreut habe und daß ich einmal ganz deutlich eine wunderschöne Frau gesehen habe, die auf diesem Felsen gesessen und sich die Haare frisiert hat. Es ist mir immer sehr unwahrscheinlich vorgekommen, daß die Schiffer tatsächlich reihenweise aus ihrem Kahn gestürzt sein sollen, bloß weil da oben jemand singt. Aber ich habe dann mit der Zeit begriffen, daß es nicht nur das Singen war.

Später mit dem Auto sind wir nicht mehr am Rhein entlanggefahren, jedenfalls kann ich mich daran überhaupt nicht erinnern. Nur an die Autobahnstationen, wo wir haltmachten und unseren Proviant aufaßen.

Wenn wir in der Heimatstadt meiner Mutter zu Besuch waren, wohnten wir bei meiner Tante Ria und meinem Onkel Walter, einem Bruder meiner Mutter, der jetzt schon tot ist. Bevor er meine Tante heiratete, war er mit einer anderen Frau verlobt gewesen. Meine Mutter hat mir das vor langer Zeit einmal erzählt. Aber diese andere Frau sei aus Hamburg gewesen und evangelisch, während die ganze Familie meiner Mutter katholisch ist. Er hat sie dann doch nicht geheiratet, hat meine Mutter gesagt, weil das eine Mischehe gewesen wäre.

Die zweite Verlobte, die mein Onkel dann wirklich geheiratet hat, meine Tante Ria, war zwar Katholikin, aber sie soll sehr verschwenderisch gewesen sein und Schulden gemacht haben. Besonders als ganz junge Frau soll sie in sämtlichen Geschäften die Rechnungen nicht gleich bezahlt, sondern anschreiben lassen haben, was in der Familie meiner Mutter, übrigens auch in der Familie meines Vaters, äußerst verpönt war.

Meine Tante Ria und mein Onkel Walter hatten drei Kinder: zwei Söhne, die ein und drei Jahre älter waren als ich, und eine Tochter, die viel älter war als ich.

Als ich dreizehn Jahre alt war, hatten die beiden Söhne meiner Tante einen Partykeller in dem Siedlungsblock, in dem meine Verwandten heute noch alle wohnen. Er war mit Eierbehältern aus Pappendeckel ausgekleidet, ein leeres Bierfaß war der Tisch, und ein Plattenspieler stand auch da unten. Außerdem ein altes Sofa und jede Menge ausrangierte Autositze. Da unten war es, wo ich mich in den Paul verliebt habe. In mich verliebt war der Ali Langer. Aber der Ali Langer war ein Jahr jünger als ich und hatte noch ein Kindergesicht. Meine beiden Cousins haben sich über den Ali Langer lustig gemacht, weil er den ganzen Tag vor der Haustür meiner Tante und meines Onkels gestanden und auf mich gewartet hat.

Der Paul war zwei Jahre älter als ich und hatte lange Haare. Er hatte die längsten Haare, die ich bis dahin an einem Jungen, den ich persönlich kannte, gesehen hatte. Und er hatte nicht nur lange Haare, sondern lange Locken. Blonde. Der Paul Heitchens, so hieß er mit vollem Namen, hatte einen blonden Wuschelkopf. Und blaue Augen. Er trug eine hellblaue Cordhose, als ich ihn kennenlernte, und ein blau-grün gestreiftes Hemd. Er sah vollkommen verstockt aus. Es war Liebe auf den ersten Blick.

Die älteste Tochter meiner Tante Ria und meines Onkels Walter, die Elfriede, nach der ich meinen zweiten Vornamen habe und die mir, seit ich mich erinnern kann, von meinen Eltern als leuchtendes Vorbild hingestellt worden ist, hat sich immer nur abfällig über den Partykeller meiner Cousins geäußert. »Räucherbude« hat sie ihn genannt, weil es immer verraucht war da unten. (Es gab nur ein winziges Fenster, das wir aber wegen der lauten Musik, die wir spielten, immer verschlossen hielten.)

Zuerst ist die Elfriede Religionslehrerin gewesen und später Kommunalpolitikerin der CDU. Am Ende ist sie Sekretärin des Bischofs dieser Stadt geworden, in der meine Familie mütterlicherseits wohnt. Der Bischof ist gleichzeitig Vorstand einer Missionsgemeinschaft gewesen, und meine Cousine ist dann öfter im Auftrag der Missionsgemeinschaft nach Südamerika und nach Afrika gefahren. Sie hat immer schon am liebsten Faltenröcke getragen und weiße Blusen. Sie hat nie geheiratet und auch niemals einen Freund gehabt. Die Elfriede hat oft versucht, mit mir zu diskutieren. Über Religion zum Beispiel und später über Politik. Aber mich hat der Partykeller meiner beiden Cousins einfach mehr interessiert.

Als ich von der Tanzveranstaltung zurückgekommen war, bei der der Paul kein einziges Mal mit mir, sondern ausschließlich mit der Conny getanzt hatte, die zwei Jahre älter war als ich und große braune Augen hatte und schwarze Netzstrümpfe trug, und als ich im Partykeller meiner Cousins saß und versuchte, nicht zu heulen, und meine Cousins mich aufzumuntern versuchten mit dem Ali Langer, der schon wieder vor der Tür stehe seit Stunden, und ich aber spürte, daß mich der Ali Langer nicht aufheitern könnte, und als der Paul, nachdem er die Conny heimgebracht hatte, doch noch in den Partykeller kam und sich auf das alte Sofa neben mich setzte und seinen Arm um meine Schultern legte und als da zufällig gerade auch meine Eltern mit einem Schwung Verwandtschaft heimgekommen waren und als sie alle, weil sie etwas getrunken hatten, in den Partykeller kamen, was sie sonst nie getan hatten, um mal zu schauen, wie sie sagten, wobei sie rumstanden und kicherten – wir sollten uns nicht stören lassen, sagten sie –, und als meine Mutter den Paul dann fragte, ob er der Sohn vom alten Heitchens sei, und der Paul »ja« sagte und als meine Cousine Elfriede da auch den

Paul ansah und sagte, der Paul sei ein richtiger Brechreiz, aber seine Eltern seien sehr nett, da hab ich gleich gewußt, daß meine Cousine Elfriede über Leichen gehen würde. Damals schon hab ich mir geschworen, nie mehr ein Wort mit ihr zu sprechen.

Zwei Jahre später, als ich das letztemal meine Verwandten im Ruhrgebiet besuchte, hab ich den Paul wiedergesehen. Er hatte immer noch lange blonde Locken und blaue Augen, und er sah immer noch verstockt aus. Aber er war plötzlich verlobt. Überhaupt hatte sich vieles geändert. Der Partykeller wurde ständig gelüftet, und statt der Autositze standen jetzt Rattanmöbel herum. Auch der Ali Langer hatte sich verändert. Er hatte kein Kindergesicht mehr und trug – so was fällt einem dann plötzlich auf – genau die gleichen Schaftstiefel wie der Paul. Die Conny, die nicht mehr mit dem Paul ging, aber jetzt auch regelmäßig in den Partykeller kam, saß ganz dicht neben einem meiner Cousins.

Die Jungen trugen übrigens alle Schaftstiefel, die anscheinend sehr modern waren in diesem Jahr. Die Mädchen trugen blaue Netzstrümpfe. Nur die Elfriede war wie immer. Sie hat nie begriffen, daß ich sie nicht mochte, und kam, um mich zu begrüßen. Sie war damals gerade Sekretärin des Bischofs geworden und wollte mit mir über die Befreiungstheologie reden; aber ich habe kein Wort gesagt.

Später habe ich dann erfahren, daß sie maßgeblich daran beteiligt gewesen sein soll, daß Missionsgelder nicht an solche Missionare und Bischöfe verteilt wurden, die der Befreiungstheologie anhingen. Ja, sie selbst soll sogar gesagt haben, eher bekäme niemand das Geld, das von Kirchenkollekten herstammte, als die. Millionenbeträge sollen jahrelang auf Schweizer Konten gelegen haben, während die Neger in Afrika verhungerten.

Die Hitsch und ihr Mann

»Ganz schön gebechert gestern, was?« sagte mein Vater fröhlich, als ich völlig erledigt zum Frühstück erschien. Draußen lag Nebel und verstärkte meine düstere Stimmung.

Wir hatten am Vorabend Karten gespielt und dazu viel von diesem süßen Weißwein getrunken, den mein Vater immer im Burgenland bestellt. »Na, einen Kater?« fragte er, dann schlug er, ohne meine Antwort abzuwarten, einen Ausflug nach Helmondsöd vor. Ich wies auf den dichten Nebel hin.

»Der Nebel reißt auf«, sagte mein Vater. Er sah nicht einmal zum Fenster hinaus.

»Irgend jemand, den wir gut kennen, wohnt in der Nähe von Helmondsöd«, sagte meine Mutter, »ich komm jetzt bloß nicht auf den Namen« – und da hätte ich mir eigentlich schon alles denken können.

Mein Vater hat das Autofahren vor zwei Jahren aufgegeben, nachdem er sich verschiedene Stückerl, wie er selbst das nannte, geleistet hatte. Praktisch war es jedesmal, wenn er ohne meine Mutter mit dem Auto unterwegs war, zu einem kleinen Unfall gekommen. Er fuhr beispielsweise mit ziemlichem Tempo und ohne auf andere Autos zu achten aus einer Nebenstraße heraus, oder er nahm beim Abbiegen ein Stück von der Verkehrsinsel mit oder ein Stück Hausmauer. Einmal hat er sogar einen Fußgänger angefahren. »Glatt übersehen«, sagte er kurz darauf, als er uns von seinem Unfall berichtete. Am schlimmsten war es, wenn es dunkel wurde, neblig war oder regnete. Oder auch wenn die Sonne unterging und ihn blendete. Dann verlor mein Vater vollkommen die Orientierung und kurvte irgendwo auf der Straße herum oder daneben.

Er selbst war immer davon überzeugt, meine Mutter sei im Grunde schuld an allem. Womit er ja auch nicht so unrecht hatte. Meine Mutter ist immer eine furchtbare Beifahrerin gewesen. Ich erinnere mich an all die schrillen Schreie, Rufe, Ausbrüche: »Halt, Vati, paß auf; Achtung, es kommt einer; los, fahr ran; jetzt überholen; bloß nicht« etc. Mag ja sein, daß das mit der Zeit die Aufmerksamkeit meines Vaters untergraben hat. Aber wie dem auch sei, Tatsache war, es wurde immer gefährlicher, wenn mein Vater allein mit dem Auto unterwegs war, und schließlich hat er sich dann entschlossen, es mir zu schenken.

»Ich halte die Bevormundung deiner Mutter nicht mehr aus«, gab er mir gegenüber als Begründung an.

Ich habe daraufhin dann erst einmal den Führerschein gemacht. Ich weiß heute noch nicht, wie ich es geschafft habe. Es war seit meiner Schulzeit die mieseste Zeit meines Lebens. Teuer war es auch. Aber dafür hab ich ja jetzt ein Auto. Auch wenn es pfeift. Es ist ein widerliches, bedrückendes, sehr hohes, unheilverkündendes Pfeifen.

Ich fühle mich jetzt verpflichtet, hin und wieder einen Ausflug mit meinen Eltern zu machen.

»Seit wir das Auto nicht mehr haben«, sagt meine Mutter oft am Telefon zu mir, »kommen wir gar nicht mehr ins Grüne«; und ich reise dann von Zeit zu Zeit von Salzburg nach Linz, um meine Eltern zu einem Ausflug ins Grüne mitzunehmen. Ins Grüne kommen wir allerdings kaum. Meistens spielt es sich so ab: Mein Vater schlägt eine Wanderung vor, nennt einen Berg, einen See, ein Naturschutzgebiet. Auf dem Weg dorthin fallen meiner Mutter alte Bekannte ein, die dort wohnen. »Da schauen wir schnell mal auf einen Sprung vorbei«, sagt meine Mutter, und wir sitzen am Ende, während draußen die Sonne scheint, den ganzen Nachmittag in düsteren Wohnzimmern herum und mampfen vom letzten Wochenende übriggebliebene Sacherschnitten oder Linzer Torten.

Bevor meine Eltern ins Auto einstiegen, damit wir nach Helmondsöd fahren konnten, klopfte mein Vater aufs Autodach. »Braves Wagerl«, sagte er zu mir, und meine Mutter sagte, ich solle mal wieder die Fenster putzen. Über das Innere sagten sie beide nichts, ich sah aber, daß sie entsetzt waren über den Dreck. Wir fuhren also los.

Die Stadtumfahrung führt über die Stickstoffwerke (Chemie AG) und die VÖEST bis nach Urfahr. Gelbe Dunstwolken hängen über Schloten, Stickstoff, habe ich immer gedacht, ist der Stoff, der stickig macht, und was violett getönt über dem Hochofen steht, ist die Folge der »Koksverbrennung«, wie mein Vater sagt, der vor seiner Pensionierung in der Verwaltung der VÖEST gearbeitet hat. Ins Mühlviertel, wo Helmondsöd liegt, fährt man dann weiter durch den Haselgraben, eine einstmals düstere Schlucht, durch die immer eine schmale, schlechte Straße führte. Die Straße ist längst begradigt und verbreitert. Dadurch wirkt der ganze Haselgraben nicht mehr so düster.

Der Nebel war unterdessen hell und durchsichtig geworden. Die Sonne stand direkt hinter ihm.

»Erinnerst du dich an die Hitsch«, fragte meine Mutter, die hinten im Auto saß, meinen Vater, der vorne saß. Mein Vater nickte.

»Klar«, sagte er, »ist 1951 nach Australien ausgewandert.«

»Blödsinn«, sagte meine Mutter, »sie sind 1965 *im* Auftrag der VÖEST nach Afrika gegangen. Auf Montage.« Mein Vater sagte nichts. Er hielt den Kopf schief, als horchte er angespannt in sich hinein.

»Das Auto pfeift«, sagte ich zu ihm, weil ich dachte, er hätte was gehört. Aber mein Vater ist ja ein wenig schwerhörig. Besonders hohe Pfeiftöne hört er nicht. »Es hat nie gepfiffen«, sagte er und wischte an seinem trüben Seitenfenster herum.

Gerade als wir in Helmondsöd ankamen, durchbrach die Sonne endgültig den Nebel.

»Die Hitsch wohnt in der Nähe von Helmondsöd«, sagte meine Mutter unvermittelt.

Mein Vater war jetzt wieder fröhlich, wahrscheinlich weil er mit dem Nebel recht behalten hatte. Er behauptete, so etwas im kleinen Finger zu spüren, und erwähnte einen Fitnessweg durch ein hübsches Tannenwäldchen hinter Helmondsöd. Ich parkte vor einem Gasthaus, und wir gingen los. Meine Mutter sah sich neugierig um. »Es wird doch nicht die Villa da oben sein?« Sie deutete auf ein großes Haus auf einem Hügel über Helmondsöd. So ist meine Mutter immer. Äußerst zielstrebig, wenn sie etwas vorhat, was eigentlich meistens der Fall ist. Mein Vater, der sich immer sträubt, alte Bekannte zu besuchen, dann allerdings, wenn er erst einmal dort ist, gar nicht mehr weg will, sagte: »An diesem herrlichen Tag werden wir nicht in der Stube hocken.« Ich hatte Kopfschmerzen und wollte nichts als in Ruhe ein bißchen spazierengehen. Noch lieber wäre ich allerdings auf der Stelle zurück nach Salzburg gefahren. Denn mir schwante nichts Gutes.

»Weißt du noch, Vati«, sagte meine Mutter zu meinem Vater, während wir einem Schild aus Tannenholz folgten, auf dem »Fitnessweg« stand und das in Form eines Zeigefingers geschnitzt war, der geradeaus wies, »wie die Hitsch jedem von uns eine Kleinigkeit von ihrem aufgelösten Haushalt zum Abschied geschenkt hat, bevor sie nach Afrika gingen? Sie war immer so gründlich und« – meine Mutter sah mich an – »so ordentlich.«

»Nein«, sagte mein Vater, »ich erinnere mich an nichts.« Nach einer Weile, wir hatten das Tannenwäldchen immer noch nicht erreicht, blieb er stehen und hielt wieder den Kopf schief. Plötzlich hellte sich sein Gesicht auf. »Jetzt erinnere ich mich«, sagte er und schlug sich mit der flachen Hand auf die Stirn. »Der Mann von der Hitsch hat immer zu mir gesagt: Der Max ist ein richtiger Haderlump.« Mein Vater sah mich mit zusammengekniffenen Augen an, was diese beinahe verschwinden ließ, denn mein Vater hat, auch wenn er sie nicht zusammenkneift, zwei schmale Sehschlitze, was ihm in meinen Augen immer etwas Exotisches verliehen hat und mich in meiner Kindheit sogar darüber spekulieren ließ, väterlicherseits vielleicht doch letztlich aus dem Asiatischen zu stammen, und auch die hohen Backenknochen meines Vaters haben diese frohe Vermutung genährt. »Eher stammen wir von den Negern ab«, hat meine Mutter damals immer gesagt und gelacht.

»Ich möchte nur wissen, warum«, sagte mein Vater neben mir mit zusammengekniffenen Augen.

»Warum was?« fragte ich, und ich erinnere mich, daß ich es ein wenig ungehalten fragte, denn ich hatte zu allem doch einen ziemlichen Kater vom Vortag.

»Warum Haderlump?«

Mein Vater grinste, als wüßte er ganz genau, warum. Er schien sehr zufrieden zu sein mit sich und allem. »Wir machen heute die große Fitnessrunde, Wilma«, sagte er zu meiner Mutter, die gar nicht gern wandert, und er wirkte sehr entschlossen.

»Sie hat viel Pech gehabt da unten«, sagte meine Mutter. Sie ging neben mir und hakte sich bei mir ein, was ich nicht mag beim Spazierengehen. »Ihr Sohn«, flüsterte sie mir zu, als könnte uns hier jemand belauschen, »hat eine Einheimische geheiratet.«

»Na und«, sagte mein Vater, der immer alles hört, was er hören will, auch wenn er ein wenig schwerhörig ist.

»Besonders er hat es im Grunde nie verwunden«, sagte meine Mutter zu mir. Dann ließ sie mich los, lief zu dem Haus, das links neben dem Weg stand, und läutete, um nach dem Haus von der Hitsch zu fragen. Eine gar nicht recht zu dem Bauernhaus und der ländlichen Gegend passende junge Frau mit hellblonden Haaren und hautengen Hosen aus schwarzem Leder öffnete und beschrieb ihr den Weg.

Meine Mutter beschloß, die Abkürzung durch die Wiese zu nehmen. Daß aus unserem Waldspaziergang nichts werden würde, war spätestens zu dem Zeitpunkt klar. Wir stapften durch das Gras, das naß war. Meine Mutter, die wohl ein schlechtes Gewissen hatte – sie weiß, wie ich es hasse, ihre Bekannten zu besuchen –, redete die ganze Zeit auf mich ein. Da sie aber vorne ging und ich hinter meinem Vater, verstand ich nicht viel. Hin und wieder drang ein Satzfetzen zu mir: »Leben ganz in der Erinnerung ... schöne Dinge mitgebracht ... wirst begeistert sein.« Von einem entfernten Bauernhaus rief uns ein Mann etwas zu, das ich nicht verstand. Seine Stimme klang gar nicht freundlich, und er fuchtelte mit einem Stock in der Luft herum.

»Beeilt euch«, sagte meine Mutter, und wir liefen durch die Wiese. Das Wasser drang durch meine Turnschuhe. Wir mußten sogar über einen Zaun klettern und einen Bach überwinden, aber meine Mutter war nicht zu halten. Vor einem Holzzaun blieb sie stehen und sagte: »Da ist es!«

Es war ein typisches Wochenendhäuschen, wie die Linzer es im Mühlviertel bauen, um sich im Alter dort niederzulassen. Vor dem Haus lag ein sehr gepflegter Garten mit einem kleinen Teich, und im Gras stand ein riesiger schwarzer Hund. Der Hund fletschte die Zähne, bellte und sprang an dem Holzzaun hoch. »Ruhig, Bullo«, rief jemand aus dem Haus heraus. Der aber kläffte weiter.

»Hitsch«, rief meine Mutter und übertönte dabei mühelos den Hund, »wir sind's.«

Eine ältere Frau mit weißen Haaren und einem sehr seltsamen buntbedruckten Tuch, das sie sich um den Leib gewickelt hatte, so daß ich annahm, sie komme gerade aus dem Bad oder aus der Sauna, erschien in der Tür.

»Wilma«, rief sie, »Max«, und sie rannte beinahe den Bullo um, der, als sie die Gartentür öffnete, plötzlich ganz ruhig dastand. » So eine Überraschung «, sagte die Hitsch.

In der Haustür erschien jetzt ein älterer Herr, ebenfalls mit nichts als einem buntbedruckten Tuch bekleidet, das er sich kunstvoll um den ganzen Leib gewickelt hatte. Der Mann hatte gelbgraue Haare und einen silbergrauen Schnurrbart. »Max«, rief er schon von der Haustür aus, »der Haderlump.«

Als die Hitsch und ihr Mann meine Eltern durch die Gartentür zogen, wich der Bullo schnell zur Seite. Jetzt erst bemerkten sie mich. Sie strahlten beide. Besonders der Mann von der Hitsch strahlte.

»Eure Tochter?« fragte die Hitsch, und meine Mutter nickte so wild, daß man hätte meinen können, sie lüge. »Das gibt's ja gar nicht«, sagte die Hitsch mehrmals hintereinander. »So eine Überraschung«, sagte ihr Mann. Nachdem sie mich auch begrüßt hatten – sie hatten mich, um es genau zu sagen, beide umarmt und geküßt – und wir nun alle zusammen auf das Haus zugingen, tätschelte ich ganz in Gedanken dem Bullo den Kopf. Ich erschrak ziemlich, als er meine Hand abschleckte.

Das Haus widersprach allen Erwartungen. Schon der Boden des Vorraums bestand aus Sand. Die Hitsch bat uns, die Schuhe auszuziehen. »Es ist halt so Sitte«, sagte sie gedämpft. Wir zogen die Schuhe aus.

Die Wände des Raums, in den sie uns führte, waren so mit Stroh ausgekleidet, daß er rund wirkte. Der Boden bestand aus festgetretenem Lehm, die Decke war aus Holz. In der Mitte des Raums lag ein halbgerupftes Huhn. » Ich war gerade beim Kochen«, sagte die Hitsch, und: »Wilma, Max, nehmt doch Platz.« Die Hitsch und ihr Mann setzten sich unglaublich leichtfüßig und gelenkig im Schneidersitz auf den Boden. Meine Mutter setzte sich auch auf den Boden, wobei sie sich an die mit Stroh ausgekleidete Wand lehnte. Die Beine streckte sie weit aus. »Ah«, sagte sie, »gemütlich«; mir zwinkerte sie zu, als handelte es sich bei alledem um einen Scherz. Ich war sprachlos. Die Hitsch machte sich daran, das Huhn weiterzurupfen, und ich erinnere mich an das dumpfe Geräusch, mit dem sie die Federn aus dem bleichen Hühnerleib riß. Mit ganz abwesendem Blick nahm ihr Mann eine Feder und steckte sie sich hinters Ohr. »Ja, der Max, der Haderlump«, sagte er, offenbar tief in Gedanken versunken.

Eine Weile herrschte Schweigen, und nur dieses Geräusch, das das Rupfen machte, war zu hören, dann sagte die Hitsch: » Wilma, erzähl, wie geht's euch?«, und meine Mutter fing an, die letzten Urlaubsreisen aufzuzählen, und erwähnte auch den Bilderrätselwettbewerb, bei dem sie gewonnen hatte, und irgend etwas erzählte sie auch über mich.

Ich habe aber keine Ahnung, was es war. Ich hatte nicht aufgepaßt, weil ich gerade die Knochen gesehen hatte. Die Tür zum Nebenzimmer stand nämlich ein wenig offen, und da sah ich durch den Türspalt Berge von abgenagten, zum Teil bereits ganz ausgebleichten Knochen liegen. Der Mann von der Hitsch, der mich die ganze Zeit beobachtete, stand schließlich auf und machte die Tür zu.

»Wollt ihr das Haus besichtigen?« fragte er dann und sah mich dabei an.

»Au ja«, sagte meine Mutter, und die Hitsch und mein Vater halfen ihr auf. Der Mann von der Hitsch hakte sich bei mir ein. Irgendwie willenlos folgte ich ihm. Wir gingen in den ersten Stock, wo es drei Zimmer gab: das Schlafzimmer der Hitsch und ihres Mannes, ein Schlafzimmer für ihren Sohn – »falls er mal zu uns heraufkommt«, sagte die Hitsch – und ein Gästeschlafzimmer. Aber überall war es das gleiche: festgestampfter Lehmboden, Strohverkleidung, Holzdecke, Heubündel.

Die Küche im Parterre bestand im wesentlichen aus einer offenen Feuerstelle.

Als meine Mutter die Tür neben der Küche öffnen wollte, stellte sich der Hitsch ihr Mann schnell davor.

»Das ist nur die Vorratskammer«, sagte die Hitsch.

»Unsere eiserne Reserve«, sagte der Mann von der Hitsch.

Das Klo war ein Loch im Boden, die Dusche war eine an der Decke befestigte Gießkanne mit einer Schnur dran, die hin und her baumelte, als wir darunter weggingen.

»Sehr schön«, sagte meine Mutter und stieß mich heimlich in die Seite.

»So ein großes Haus macht viel Arbeit«, sagte die Hitsch. Dann gingen wir wieder in den runden Raum, die Hitsch riß das Tier, das sie entfedert hatte, in fünf Teile, gab uns jedem ein Stück und biß gleich selbst ins rohe Fleisch hinein. Meine Eltern, die beide ein künstliches Gebiß tragen, kamen mit dem Huhn natürlich gar nicht zurecht.

»Man muß es gewöhnt sein«, sagte der Mann von der Hitsch, der mir im übrigen die ganze Zeit auf den Busen starrte. Ich rührte nichts von dem Essen an.

Der Hitsch und ihrem Mann aber schien es zu schmecken. Sie schmatzten beide, und hinterher rülpsten sie. Meine Mutter konnte sich kaum noch beherrschen. Hinter vorgehaltener Hand kicherte sie. Vor der Tür jaulte der Bullo, der anscheinend das rohe Fleisch gerochen hatte. Ich wollte hinausgehen, um ihm mein Stück zu bringen.

»Hiergeblieben«, sagte der Mann von der Hitsch da, »er soll sich seine Nahrung selber reißen.« Dann stand er auf, verließ den Raum und kam nach einer Weile mit einem Gefäß zurück, das aussah wie eine riesige Kokosnuß.

»Unser Lebenselixier«, sagte er. Wir mußten die Hände zu Schalen formen, und er goß dann sehr geschickt in einem weiten Strahl aus einem kleinen Loch in dem Behälter eine dunkelgrüne Flüssigkeit in unsere Hände. Sie funkelte und glitzerte, schmeckte süßlich und brannte furchtbar im Hals. Kaum hatten die Hitsch und ihr Mann einen kleinen Schluck davon getrunken, begannen ihre Augen zu glänzen und die Glieder regelrecht zu zucken. Die Hitsch verdrehte sogar die Augen, und ihr Mann setzte sich neben mich. Er nahm meine Hand und behauptete, sich ganz genau erinnern zu können, wie ich als kleines Mädchen Mensch-ärgere-dich-nicht mit ihm gespielt hätte. Dann drohte er meinem Vater mit dem Zeigefinger seiner rechten, noch freien Hand und sagte: »Haderlump!«, worauf sie beide lachten. Unterdessen waren meine Kopfschmerzen noch stärker geworden.

Draußen begann es zu dunkeln. Die kahlen Äste des Baumes vor dem Fenster zeichneten sich scharf am dunkelblauen Himmel ab, auf dem die ersten Sterne zu erkennen waren.

»Tanzen«, rief der Mann von der Hitsch unvermittelt und ließ mich los, »wir wollen tanzen.« Er lief aus dem Zimmer und kam mit einem Topf zurück, den er umdrehte und auf dem er zu trommeln begann. Sofort sprang seine Frau auf und wirbelte ihre Gliedmaßen mit einer unglaublichen Gelenkigkeit im Kreise umher. Ihr Mann feuerte sie mit gutturalen Lauten an. Draußen jaulte der Bullo.

Die Hitsch zog meine Mutter hoch. »Los, Max«, sagte sie, »du auch«, und wirbelte beispielgebend den Kopf wild im Kreise. Meine Eltern lachten und kicherten und begannen auch zu tanzen. Mein Vater stemmte beide Arme in die Hüften und vollführte kreisende Bewegungen, als ob er einen Hoola-Hoop-Reifen auf den Hüften hätte, und meine Mutter wankte mit halb geschlossenen Augen und weit ausgestreckten Armen im Zimmer herum. Dazu lächelte sie wie verzückt.

Ich sagte, daß ich heimfahren wolle, wurde aber nicht gehört. Der Mann von der Hitsch schlug vor, wir sollten endlich ablegen, und führte vor, wie er das meinte. Er rollte sich nämlich kurzerhand das Tuch vom Leib und stand jetzt mit einem winzigen Lendenschurz da, der direkt unter seinem Bauch klebte. Seine Frau rollte sich ebenfalls aus dem Tuch. Sie trug nur ein Baströckchen darunter. Meine Eltern begannen nun umständlich, sich zu entkleiden. Sie stützten sich gegenseitig und halfen einander aus Kleid, Hose, Hemd usw.

Ich schlich mich unter dem Vorwand, mit dem Bullo spielen zu wollen, in den Garten. Aber es hatte sowieso niemand auf mich geachtet. Draußen kletterte ich über den Zaun, rannte, so schnell ich konnte, den ganzen Weg zu meinem Auto zurück und fuhr, ohne ein einzigesmal stehenzubleiben, bis nach Salzburg. Rund und bleich stand der Mond am Himmel. Hoch und unheilverkündend pfiff mein Auto.

Meine Eltern haben mir das weniger übelgenommen, als ich befürchtet hatte. Irgendwann bestellten sie sich wohl ein Taxi nach Linz.

Mein Verhalten bezeichneten sie später als eine meiner üblichen Überspanntheiten.

Fressen

Ich weiß nicht mehr, in welchem Film das war. Ich glaube, es war in einem Dokumentarfilm über die Jagd. Es war ein grausliger Film, daran erinnere ich mich genau. Eine kurze tonlose Sequenz dieses Films war ganz offensichtlich mit einer Amateur-Schmalfilmkamera aufgenommen worden. Zuerst sah man ein Auto, in dem ein Mann, eine Frau und zwei oder drei Kinder saßen, auf eine Gruppe von spielenden Löwenbabys zufahren. Direkt dahinter fuhr noch ein Auto. Auch darin saßen Erwachsene und Kinder. An der Art, wie die Frau und die Kinder sich aus dem vorderen Auto zum Fenster hinausbeugten und denen hinter ihnen zuwinkten, erkannte man, daß die beiden Familien befreundet waren. Beide Männer hatten Filmkameras umgehängt. Vor den Löwenbabys hielten die Autos hintereinander an.

Der Mann im ersten Auto öffnete vorsichtig die Autotür und quetschte sich hinter angelehnter Tür mit der Kamera ins Freie. Zuerst blieb er noch mit den Füßen im Auto und ragte nur übers Autodach mit seiner Filmkamera, dann stieg er aus und filmte über die geöffnete Autotür hinweg, ging ein Stück vor und hockte sich schließlich vor die Löwenbabys hin. Die Löwenbabys, die durcheinanderpurzelten, beachteten ihn gar nicht.

Der Löwe kam nicht, wie man es eigentlich hätte annehmen können, da er ja seine Brut als bedroht betrachten mußte, in vollem Galopp angelaufen, sondern schlich sich von hinten an.

Der Mann mit der Kamera bemerkte ihn dadurch, daß eines der Löwenbabys seinem Vater entgegenlief. Der Mann drehte sich, immer noch durch die laufende Kamera blickend, um und stand dem Löwen in einer Entfernung von einigen Metern (vielleicht zehn oder zwölf) gegenüber. Der Löwe war zum Sprung geduckt und sah ihn an. Seine Augen waren schwefelgelb. Das Gesicht aufmerksam gespannt. Es verriet keine Eile. Er hatte eine Narbe unter dem linken Auge. Eine Pupille war größer als die andere. Sein Hinterteil zuckte hin und her, als versuchte er, sich in die beste Sprungposition zu bringen. Er hatte eine dichte Mähne, schien aber nicht mehr jung zu sein. Denn die Haare um sein Maul waren grau.

Die Krone des Affenbrotbaums, unter dem die Löwenbabys spielten, war breit und grün. Am Himmel waren kaum Wolken.

In dem Moment, in dem der Löwe lossprang, warf der Mann seine Filmkamera weg. Obwohl er keinen Muskel im Gesicht bewegte, sah es aus, als ob er lächelte.

Als der Löwe ihn ansprang, legte der Mann seinen Kopf in den Nacken. Aber dann kämpfte er doch.

Im Auto, einige Schritte von ihm entfernt, schrien seine Frau und seine Kinder lautlos. Im zweiten Auto dahinter drückte sein Freund auf die Hupe. Er verließ dann das Auto beim Hupen, stand neben seinem Auto und betätigte die Hupe durchs Fenster.

Unter dem schweren Körper des Löwen, der quer über ihm lag, wand sich der Mann.

Der Löwe zerriß die Shorts des Mannes und leckte die Haut am Bauch weg. Dann riß er ein Stück Fleisch aus einem Arm. Mit dem anderen Arm schlug der Mann dem Löwen ins Gesicht oder krallte sich in dessen Mähne fest oder zuckte nur. Der Löwe riß auch aus diesem Arm ein Stück Fleisch, fraß es aber nicht. Statt dessen fraß er ein Stück vom Bauch. Der Mann bäumte sich auf unter dem Löwen.

Die Frau und die Kinder im Auto verbargen den Kopf in den Armen. Der Freund hupte.

Der Mann zog die Beine an und streckte sie wieder aus. Es sah aus, als träte er nach dem Löwen. Das hatte zur Folge, daß der Löwe aufstand, um den Mann herumging und ihn dann an den Beinen ein Stück weiterzog in den Schatten, unter den Affenbrotbaum.

Das Gesicht der Frau des Mannes, das im Auto kurz unter den Armen hervorkam, war verschmiert. Da das Bild hier unscharf war, sah man nur dunkle Flecken. Möglicherweise hatte sie Nasenbluten.

Im Schatten des Baumes zerstörte der Löwe das Gesicht des Mannes. Der Mann breitete beide Armstümpfe aus. Es bewegten sich immer noch verbleibende Körperreste.

Der nordische Mensch

Die Häuser der kleinen marokkanischen Stadt, in der mein Mann und ich lebten, als wir Karen und Jens kennenlernten, waren vorwiegend weiß. Von der Straße aus sah man nichts als die Eingangstür und vergitterte Luken. Hinter den unscheinbaren Fassaden lagen aber oft die weitläufigsten Wohnungen.

Zu dem Haus, das wir gemietet hatten, gehörten allerdings nur drei kleine, baufällige Zimmer, ein unbewohnbarer Stall und ein ziemlich düsterer Innenhof, in dessen Mitte ein Brunnen und zwei verstaubte Lorbeerbäume standen. Auf einem Lorbeerbaum saß den ganzen Tag ein großer, bunter Vogel, der uns zugeflogen war, und schnatterte vor sich hin. An der Decke in unserem Wohnzimmer war ein langer bedrohlicher Riß. Wir hatten uns damals in Nordafrika niedergelassen, weil wir dort sehr billig leben und ungestört schreiben konnten und weil die Menschen freundlich waren.

Als Jens und Karen in die Stadt kamen, wohnten wir schon über zwei Jahre dort. Wir sahen sie das erstemal in einem der drei Restaurants der Stadt, in denen man – für relativ viel Geld – Wein bekam. Zuerst dachten wir, sie seien deutsche Touristen, weil sie sehr blond und rotgesichtig waren. Sie saßen an einem Tisch in der Mitte des Restaurants, über dem an langen Drähten bunte, aber nicht eingeschaltete Glühbirnen hingen. Er war um die fünfzig Jahre alt und trug einen hellen Anzug aus einem auffallend teuren Stoff. Sie war sichtlich viel jünger als er. Die blonden Haare hatte sie zu einem

Knoten im Nacken zusammengebunden. Sie trug ein grünes Kleid aus ebenfalls teurem Stoff.

Als wir die beiden zum zweitenmal sahen – es waren inzwischen drei Wochen vergangen –, waren sie genauso rotgesichtig wie beim erstenmal. Sie saßen diesmal ganz in unserer Nähe und unterhielten sich angeregt, aber so gedämpft, daß wir nicht verstanden, in welcher Sprache sie redeten. Dazu tranken sie Unmengen von dem fast schwarzen marokkanischen Wein, den auch wir gerade tranken.

Beim drittenmal sprach mein Mann sie an und fragte sie auf deutsch, woher sie kämen und ob sie Urlaub machten. Der Mann drehte sich zu uns um, und ich erschrak über die verwüsteten Züge in seinem roten Gesicht. Er sagte – auf deutsch –, sie kämen aus Dänemark, hießen Jens und Karen und hätten sich hier niedergelassen.

»Für immer«, sagte er, »das ist WAHR« – ›wahr‹ betonte er –, worauf er sich umdrehte und weitertrank. Das war alles. Mehr haben wir an diesem Abend dann auch nicht miteinander gesprochen.

Als wir die beiden das nächstemal auf dem Marktplatz trafen – es war Mittag, und wir hatten nur kurz unsere Arbeit unterbrochen, um einzukaufen und dann auf schnellstem Wege wieder nach Hause zu gehen –, da nickten wir einander kurz zu und liefen dann in verschiedene Richtungen auseinander, und ich weiß noch, daß ich den Eindruck hatte, den beiden wäre es genauso unangenehm gewesen, wenn wir sie am hellichten Tag angesprochen hätten, wie es uns unangenehm gewesen wäre, wenn sie uns angesprochen hätten.

»Sind vielleicht nette Leute«, sagte mein Mann am Abend desselben Tages, als wir unsere Arbeit beendet hatten und bei einem Glas Wein in unserem Hof saßen. Der bunte Vogel saß im Lorbeerbaum über uns und schnatterte vor sich hin.

Dann sahen wir die beiden lange nicht mehr. Ein neues Buch meines Mannes war erschienen, und er war für eine sechswöchige Lesereise nach Deutschland gefahren. Ich hatte in der Zeit meine Eltern und Freunde in Österreich besucht.

Wir waren sehr froh, als wir wieder in Afrika waren. Und als wir in einem der drei in Frage kommenden Restaurants unsere Rückkehr feierten und besonders gut zu Abend gegessen und schon einiges getrunken hatten und plötzlich die Dänen das Restaurant betraten, da freuten wir uns alle, daß wir uns wiedersahen. Als wäre alles schon immer so gewesen, setzten sie sich an unseren Tisch, und wir bestellten noch mehr Wein. Mir fiel erst jetzt richtig auf, wie schön Karen war. Sie war groß, hatte eine gerade Nase, einen weit geschwungenen Mund und schmale Hände. Außerdem hatte sie unglaublich große, dunkelblaue Augen, von denen jedoch eines, wie mir schien, in eine etwas andere Richtung blickte als das andere. Jens war mittelgroß und nicht schön. Aber er hatte ein lebhaftes, trotz der Verwüstung kindliches Gesicht und die hellsten Augen, die ich in meinem Leben gesehen habe. Wir sprachen wieder deutsch. Es klingt sehr schön, wenn Dänen deutsch sprechen. Ich weiß nicht, ob alle Dänen so deutsch sprechen, aber diese beiden betonten, wenn sie deutsch sprachen, jeweils einzelne Wörter oder Silben ganz besonders. Jens sagte zum Beispiel: »Es IST wahr.« Oder er sagte: »Es ist WAHR« oder: »Es ist wahr.« Zu fortgeschrittener Stunde sagte er: »JEDER Däne, der deutsch spricht, spricht besser deutsch als JEDER Deutsche.«

Karen sagte lange Zeit gar nichts. Das erste, was sie an jenem Abend sagte, war: »Er IST ein Genie «, wobei sie auf Jens deutete. Sie selbst, sagte sie, schreibe Trivialromane in Fortsetzungen, damit er in Ruhe komponieren und konzertieren könne.

»Eines Tages kaufen wir uns ein Flugzeug«, sagte er. Und nach einer kleinen Pause sagte sie, sie verwirklichten sich ihren afrikanischen Traum. Und weil wir, mein Mann und ich, gerade aus Deutschland bzw. aus Österreich zurückgekommen waren und der Mond durch die Blätter der Pergola schien, unter der wir saßen, und weil die Lorbeerbäume so reglos dastanden und die Luft so warm war und die Karaffe auf unserem Tisch immer wieder nachgefüllt wurde mit schwarzem Wein, verstanden wir genau, was sie meinte.

Am nächsten Tag aber, als es wieder zu heiß war und die engen Gassen zu stickig und von überallher der furchtbare Lärm dieser Stadt kam, fragten wir uns doch, womit wir es hier eigentlich zu tun hatten.

»Wir hauen so bald als möglich endgültig von hier ab«, sagte mein Mann wie oft an den heißen Tagen.

Das erste Konzert, das Jens gab, war eines ohne Musik. Es war nicht lange nach der gemeinsamen Wiedersehensfeier. Wir hatten bis spät abends gearbeitet und wollten vor dem Schlafengehen noch schnell etwas essen und trinken. Wir gingen in das Restaurant, in dem wir Jens und Karen das erstemal getroffen hatten. Sie saßen an demselben Tisch mit den bunten Glühbirnen darüber wie damals. Nur daß die Glühbirnen diesmal eingeschaltet waren, was alles fremd und unwirklich aussehen ließ. Die beiden hatten anscheinend gerade gegessen, denn der ganze Tisch war voll mit Tellern, Obst, Honiggebäck und einigen leeren Flaschen. Sie rückten sofort zur Seite, als sie uns kommen sahen, und Jens sagte, wir sollten uns einen Moment gedulden, sie sprächen gerade über Beethoven.

Wir setzten uns und bestellten eine Karaffe Wein und erst einmal nur Brot. Jens sprach auf dänisch sehr schnell auf Karen ein, die heftig mit dem Kopf nickte. Das schwere blonde Haar trug sie wieder aufgesteckt.

Nach einer Weile wandte sich Jens an uns. Er habe am Nachmittag, sagte er, zum erstenmal wieder nach langer Zeit Beethoven auf dem Klavier gespielt. »Er ist fanTAstisch«, sagte er. Er sah glücklich aus und machte eine ausladende Bewegung mit der Hand durch die Luft. Seine hellen Augen wandten sich zur Decke, was den Eindruck sowohl seines Glücks als auch ihrer Helligkeit noch verstärkte.

»Der größte Klaviermusiker von allen«, sagte Jens, »IST Beethoven. Er ist UNübertroffen auf dem Klavier.« Dann redete er wortreich von der »Appassionata« und wie schwer sie zu spielen sei.

Ich konnte mich kaum an die Appassionata erinnern. Außerdem war ich sehr müde und hätte lieber in Ruhe dagesessen und etwas getrunken.

Jens hatte anscheinend bemerkt, daß wir nicht so richtig bei der Sache waren, und sprach um so eindringlicher auf uns ein, wobei er Silben und ganze Wortteile verschluckte und andere überbetonte, so daß wir am Ende gar nichts mehr verstanden. Schließlich begann er wild mit den Fingern in die Luft zu greifen. Ganz so, als hätte sie Tasten.

» Da IST«, sagte Jens und tippte mit dem rechten Zeigefinger in der Luft herum, »dieser Ton und dann DIESer und DIEser UND dieser.« Er hielt inne, den Kopf etwas schief und den Mund halb offen, als lauschte er den Tönen nach, die keiner gehört hatte. Seine Stirn war jetzt, vermutlich durch das Licht einer Glühbirne, blaurot und seine Hände irgendwie grün. Jens schüttelte den Kopf.

»Es ist UNmöglich«, sagte er dann. »Nach diesem Ton« – er spielte weiter – »darf NIEmals dieser folgen.« Er schlug mehrmals hintereinander kräftig eine imaginäre Taste. »Aber Beethoven tut es. Es ist«, sagte er und stockte, als suchte er nach einem besonders ausgefallenen deutschen Wort für seine Empfindungen, »es ist SCHÖN«. Er sah uns der Reihe nach an. Ich glaube, ich nickte. Meine Müdigkeit und Erschöpfung waren inzwischen völlig verflogen.

Jens schlug nun keine einzelnen Lufttasten mehr an, sondern spielte offensichtlich ganze Passagen, krümmte sich über den Eßtisch und verdrehte und verrenkte die Finger.

»Siehst du«, sagte er zu mir, wohl weil ihm auffiel, daß ich mit zunehmendem Interesse zusah, »es ist SCHWER. Es ist nicht ... wie sagt man«, sagte er und sah sich hilflos um, aber mir kam es so vor wie eine List, wie die Vorbereitung eines bestimmten Effekts, ja, ich war sicher, er hatte längst das richtige Wort sozusagen in der Hinterhand – »fingerGERECHT«, sagte er da auch schon laut und betonte geradezu schneidend den zweiten Wortteil. »Es ist nicht FINGERgerecht« wiederholte er nun andersherum.

Die bunten Lichter der Glühbirnen waren inzwischen zu seinen besonderen Scheinwerfern geworden. Er fing sogar an zu schwitzen, er beugte sich vor und zurück und summte, ja trällerte. Einige der Einheimischen, die in der Mitte des Raums Pfefferminztee tranken, drehten sich lächelnd nach ihm um. Jens bemerkte es mit Sicherheit nicht. Er schien alles um sich herum vergessen zu haben. Er saß kerzengerade, aber unverspannt da. Seine Finger liefen jetzt leicht und schnell und geschmeidig durch die Luft. Das verblüffendste aber war Jens' Gesicht. Es war ein ganz offenes, plötzlich sehr ruhiges, von allen Falten und Furchen und der Röte befreites Gesicht. Er schien etwas zu vernehmen, das niemand von uns sonst vernahm. Und doch übertrug sich am Ende etwas von dem, was er hörte, auf uns.

Als er fertiggespielt hatte, streckte er Karen die Hand entgegen, und sie gab ihm einen Schlüssel. Er öffnete den Mund, als wollte er etwas sagen, sagte aber nichts. Dann stand er abrupt auf, drehte sich um und lief weg wie ein Kind.

Da Karen sich in keiner Weise um Jens zu sorgen schien, nahmen wir seinen plötzlichen und stummen Aufbruch hin.

Der Wirt stellte die bunten Glühbirnen ab, und wir saßen fast im Dunkeln. Nur eine Gaslampe, die leise zischend auf einer Anrichte stand, erleuchtete den Raum. Zu essen gab es nichts mehr. Wir bestellten noch Wein und tranken eine Weile weiter. Dann brachen wir auf.

An der Stelle, wo unser Motorrad geparkt war, sagte Karen noch, Jens habe einen Auftrag. Er solle eine Sinfonie schreiben. Bis Ende der Woche. Wir standen eine Weile schweigend da.

»Wie weit ist er denn?« fragte schließlich mein Mann – ich hatte den Eindruck, Karen wollte noch nicht nach Hause, sondern wäre gerne mit uns noch in eines der anderen in Frage kommenden Restaurants gegangen und hätte weitergetrunken.

»Er hat noch nicht angefangen«, sagte sie und gleich darauf: »Aber er wird es schon schaffen. Er hat alles da drinnen.« Sie tippte sich an den Kopf. Dann ging sie weg.

Mein Mann und ich, wir fuhren irgendwie ernüchtert heim. »Schwachsinn«, sagte mein Mann, »eine Sinfonie in drei Tagen.«

Wir schliefen schlecht in dieser Nacht. Es war besonders heiß, und der große bunte Vogel im Lorbeerbaum in unserem Hof schnatterte wie ein Besessener vor sich hin, bis mein Mann in den Hof hinauslief und ihm ein Glas Wasser über den Kopf goß. Da flog er davon. Statt des Vogelgeschnatters begannen dann die Morgengeräusche dieser Stadt, die ziemlich lästig sind, wenn man müde ist und schlafen will.

Einige Tage später bekamen wir eine Postkarte von Jens

und Karen mit einer Einladung zum Essen für den folgenden Samstag. Jens würde ein Konzert geben.

Mein Mann und ich, wir gingen die ganze folgende Woche am Abend keinen Schritt vor die Tür. Mit der Arbeit kam ich aber auch so nicht viel weiter. Immer wieder ging mir das Bild des tonlos in der Luft herumhämmernden Jens durch den Kopf. Schließlich bekam ich die Grippe und konnte gar nicht mehr arbeiten. Ich lag bei der Hitze im Bett und wälzte mich von einer Seite zur anderen.

»Dieser Jens«, sagte mein Mann, an meinem Bettrand sitzend, »ist ein Meister der Zerrüttung. Man muß sich vor ihm in acht nehmen.«

Am Samstagabend überlegte ich noch, ob ich die Einladung absagen sollte, nahm aber dann zwei Grippetabletten, und wir brachen auf. Wir waren in dem Restaurant mit den bunten Glühbirnen mit Jens und Karen verabredet. Als sie etwas verspätet kamen, fiel mir gleich auf, daß sie diesmal kein bißchen rot im Gesicht waren. Karens große, dunkelblaue Augen blickten auch nicht mehr in zwei verschiedene Richtungen. Die Haare hatte sie in einem dichten Zopf um den Kopf gelegt, ihren Mund hatte sie tiefschwarz angemalt.

Als wir ihnen von unserem Wein anboten, lehnte Jens ab. »Niemals vor einem Konzert«, sagte er. Karen trank mit uns. Nach einer halben Stunde machten wir uns auf den Weg zu ihrer Wohnung. Wir waren, glaube ich, schon ziemlich laut und lachten, und Jens machte mitten auf der Straße eine Ansprache des deutschen Kaisers Wilhelm II. nach, und zwar, wie er angekündigt hatte, jene an die feindlichen Japaner, wobei er bellte und salutierte und sogar beinahe vornüber auf den Asphalt gestürzt wäre, so daß einige Einheimische auf der Straße stehenblieben und lächelten und andere den Kopf schüttelten. Auch der Ladenbesitzer, bei dem wir immer unseren Wein besorgten, stand vor der Ladentür, sah Jens zu und fing dann plötzlich an, mit seinem Taschentuch die Türklinke des Geschäfts zu polieren.

Als wir durch Jens' und Karens Haustür auf der Kuppe des Hügels traten, an dessen linker, sanft ansteigender Seite fast alle Häuser der kleinen Stadt lagen, betraten wir eine andere Welt. Oder stiegen in eine andere Welt hinab – buchstäblich. Rechts von der Kuppe nämlich fiel der Hügel steil ab. In seinen Felsen war die Wohnung gebaut. Zimmer um Zimmer stiegen wir vier Stockwerke hinunter. Es waren Höhlen, Keller, Gewölbe, die sich da auftaten, mit bunten Mosaikböden, fayencegeschmückten Wänden und einer Grabplatte im Eßsaal. »Es liegt da ein Kalif begraben«, sagte Jens und deutete nach unten.

Es war die schönste Wohnung, die ich je gesehen habe, und auch die seltsamste. Es war eine Gruft, die duftete, ein Verschlag und ein Palast zugleich. Am schönsten von allem aber waren der Flügel, ein ausgewachsener Konzertflügel, und der Platz, an dem er stand. Er stand in einer Grotte. Über ihm wölbte sich der dunkle Fels, in dem ich weiß nicht was für Gesteinsadern silbern aufblitzten. Jens berichtete, wie schwer es gewesen sei, den Flügel durch die engen Gassen der Stadt zu befördern und schließlich die vier Stockwerke der Wohnung mit Seilen hinabzuhieven.

Karen erzählte, daß sie die Wohnung von einem alten dänischen Reiseführer gekauft hätten, der hier mit seiner arabischen Geliebten gelebt habe, bis diese gestorben sei.

Vom Eßzimmer aus sah man auf den Fluß am Fuße des Hügels. Karen hatte Lammragout gekocht. Es war sehr gut und scharf. Wir tranken viel schwarzen Wein dazu. Außer Jens natürlich.

Plötzlich sagte Karen, daß Jens in Dänemark als junger

Mann auf dem Weg gewesen sei, ein sehr berühmter Pianist zu werden. Er habe schon alle wichtigen Preise gewonnen gehabt, dann aber aus »Ungenugsamkeit«, sagte sie – »aus UngeNügen«, sagte Jens, denn ein wenig, das Entscheidende, habe ihm gefehlt –, aus Ungenügen also, sagte Karen, aufgehört, Klavier zu spielen, und statt dessen Mathematik und Philosophie studiert. Jens sei dann ein in Dänemark sehr bekannter Mathematiker geworden – »ein philosoPHischer Mathematiker«, sagte Jens »und ein matheMATHischer Philosoph.« Und dann, sagte Karen, habe Jens auch das mit der Mathematik und der Philosophie aufgegeben, weil es ihn gelangweilt habe – dazu nickte er nur –, und habe zu komponieren begonnen. Nebenbei habe er einen Roman geschrieben. Das Buch sei eine Art Biographie gewesen über einen früh verstorbenen Freund von Jens, einen Millionär.

»Ich habe übers FICKEN geschrieben«, sagte Jens fröhlich, »es WAR ein Skandal.« Er lachte und schlug mit der flachen Hand auf den Tisch. »Dabei«, sagte er, »HABE ich die Wahrheit geschrieben. Wir haben geLEBT, und es WAR schön. Ich habe die WAHRheit geschrieben«, sagte er dann noch einmal. Außerdem, fuhr Karen fort, habe Jens auch Musikkritiken in Zeitungen geschrieben, und da habe er sich so viele Feinde gemacht, daß es immer schwerer für sie gewesen sei, in Dänemark zu leben, bis es dann am Ende ganz unmöglich geworden sei. »Wir mußten gehen«, sagte Karen. »Wir wollten gehen«, berichtigte sie nach einer Weile. »Wir wollten immer schon nach Afrika.«

»Ich habe NUR die Wahrheit geschrieben«, sagte Jens. »Diese Gefühllosigkeiten«, murmelte er ein wenig unzusammenhängend vor sich hin, »von Hohlköpfen runtergespielte Scheiße für Hohlköpfe. Es war eine ZumutUNG.«

Jens stand auf und klopfte mit einem Löffelchen an sein

leeres Glas. »Ich habe die WAHRheit geschrieben«, wiederholte er und setzte sich wieder. Nach einer Weile trübsinnigen Vor-sich-hin-Starrens, die mich fürchten ließ, er würde so wie beim letztenmal aufstehen und weglaufen, sagte er ganz unvermittelt zu mir: »Meine Mutter LEBT. Sie ist schon über achtzig Jahre alt.« Er fragte mich, wie alt meine Mutter sei.

»Achtzig«, sagte ich. Dann schwiegen wir alle eine Weile. Schließlich goß auch Jens sich Wein in sein Glas, hob es, richtete es nacheinander gegen jeden von uns und sagte: »Auf unsere Mütter«, und wir hoben alle unsere Gläser und stießen auf unsere Mütter an. Jeder auf seine. Jens kippte den Wein hastig hinunter. Karen erinnerte ihn daran, daß er spielen wollte. »Ja, spielen«, sagte er und leerte noch ein Glas auf einen Zug. »Spielen, spielen«, sagte er und: »Gut, ich spiele.«

Karen kochte Kaffee, und wir gingen in die Grotte mit dem Flügel. Jens rückte immer wieder den Klavierschemel zurecht. Als der Kaffee kam, rührte er ihn nicht an. Er holte statt dessen eine Flasche Cognac unter dem Flügel hervor und goß uns allen einen Schluck in den Kaffee. Sich selbst setzte er die Flasche gleich an den Mund, um sie dann auf dem Flügel abzustellen.

Was folgte, war sehr seltsam. Ich weiß nicht, ob Jens gut spielte oder schlecht. Ich bin kein Fachmann. Ich weiß nur, es war seltsam. Die Cognacflasche auf dem Klavierdeckel zitterte, und immer wieder spielte er kurze Passagen mit nur einer Hand und griff mit der anderen nach der Flasche.

Zuerst spielte Jens etwas Französisches, vielleicht Ravel oder vielleicht auch Satie, ich erinnere mich gar nicht mehr. Ich erinnere mich nur, daß es düster und düsterer wurde, was er da spielte, und auch kaum mehr Ravel oder Satie war. Dann begann er seinen seltsamen Gesang, den ich trotz allem nicht vergaß. Er begann leise zu summen zu dieser schrecklich düsteren Musik, die er spielte, und brummte und röchelte oder pfiff auch verschiedentlich, seufzte, ja klagte. Klagte zuerst leise, dann laut und lauter, zuerst hoch, dann tief und tiefer, bis er offenbar nicht mehr tiefer konnte.

»Mutter«, klagte er, »du sollst sterben, Mutter!« Er schrie, er winselte, er bat und befahl: »Mutter, stirb. Auf lichtenden Höhen«, sang er, »stirb, im dunklen dunklen Jammertal. Im tiefen kalten Wasser. Rosenrot Wängelein, herzgutes Engelein: stirb. O du nasser, böser Tod. Was für ein Liedelein – ach, ach, das Kindelein: tot. «

Es war wirklich schwer erträglich. Und es endete damit, daß Karen aufsprang und rief: »Aufhören. Du spielst grauenvoll, und du weißt es selbst. Du bist betrunken.«

Jens hörte sofort zu spielen auf und nickte. »Ich bin betrunken«, sagte er, dann knickte er vornüber und schlief augenblicklich auf seinem Klavierschemel ein. Er wachte auch nicht auf, als er mit Getöse in die Tasten fiel.

Wir gingen kurz danach nach Hause. Am nächsten Tag war mir sehr schlecht. Ich lag den ganzen Tag im Bett. Sobald ich mich auch nur ein Stück aufrichtete, mußte ich mich übergeben.

Am Tag darauf – mir war immer noch übel, und ich hatte starke Kopfschmerzen – trafen wir Karen und Jens zufällig beim Einkaufen. Sie sahen ausgeruht und entspannt aus. Wir verabredeten uns für das übernächste Wochenende. Jens sagte lächelnd, er würde dann ganz bestimmt keinen Tropfen anrühren und wirklich für uns spielen. Er entschuldigte sich mehrmals dafür, daß er so betrunken gewesen sei und so schlecht gespielt habe.

Aber aus dem übernächsten Wochenende wurde dann nichts. Mein Mann hatte Geld bekommen, und wir beschlossen, zumindest für ein Jahr nach Frankfurt zurückzugehen, wo wir schon einmal gewohnt hatten, wo es uns aber zu teuer geworden war.

Jens und Karen trafen wir zufällig am letzten Tag vor unserer Abreise beim Abendessen. Jens hatte einen weißen Anzug an – ich glaube, er war aus Seide –, und Karen trug ihr schweres blondes Haar zum erstenmal offen. Es reichte ihr beinahe bis zur Taille. Sie trug ein Kleid, das ebenfalls weiß war.

Wir erzählten den beiden von unserer bevorstehenden Abreise, und Jens bestellte vom besten Wein. Wir stießen immer wieder an, auf unsere Rückkehr, auf die Musik, auf die Liebe. Wir tranken schnell. Mein Mann lud Jens und Karen nach Deutschland ein.

»Wir könnten es so schön haben«, sagte da Jens plötzlich sehr laut – mir kam es so vor, als lallte er ein wenig dabei –, »wir könnten FICKEN und es so SCHÖN haben. Das ist WAHR. Es IST wahr«, sagte er dann noch mehrere Male, am Ende klang es trotzig, wohl weil ihn jetzt auch mein Mann und Karen ansahen.

»Ich habe mich gerade gefragt«, sagte mein Mann zu Jens, »ob ihr vielleicht mein Motorrad haben wollt, ich weiß nicht, wann wir wieder zurückkommen.«

Jens, der gerade noch einmal »Es ist WAHR« gemurmelt hatte, starrte meinen Mann mit offenem Mund an. Die Arme hingen an seinem Körper herab wie Strohsäcke. Er war tiefrot im Gesicht und sah nun aus wie ein schwachsinniges Kind.

»Wir brauchen kein Motorrad«, sagte er dann zu meinem Mann, »wir wollen ein FLUGzeug.« Es waren Jens' Abschiedsworte, es waren die letzten Worte, die ich Jens sagen hörte, dann drehte er sich um und lief weg.

Wir haben uns dann tatsächlich in Frankfurt niedergelassen. Als wir zwei Jahre später noch einmal nach Marokko kamen, um die Bücher und die Schreibmaschinen abzuholen, die wir bei Freunden untergestellt hatten, und endgültig das Motorrad zu verkaufen, waren Jens und Karen nicht mehr da. Es hieß überall in der Stadt, sie seien mit einem Flugzeug, das sie sich gekauft hätten, ein Jahr zuvor in Kenia abgestürzt. Sie sollen mit einem Gänsegeier zusammengestoßen sein, der sich dort unten im Aufwind hatte treiben lassen.

Safari-Lodge »Ernest Hemingway«

Wir saßen in den Rattanstühlen der Safari-Lodge »Ernest Hemingway«, und ich hatte nur den einen Wunsch: so bald als möglich von dort wegzukommen. Es war alles unsagbar lächerlich. Unter Strohdächern standen grüne Zelte, in denen Betten standen. Auf Wunsch konnte eine Klimaanlage im Zelt eingeschaltet werden.

Gleich nach unserer Ankunft in der Safari-Lodge hatte uns der Reiseleiter die Elefantenbüchse von Hemingway gezeigt und den Affenbrotbaum, den Ernie, sagte er, vor fünfzig Jahren persönlich gepflanzt habe. Dann stellte er uns den Safariführer vor.

Bereits die erste ganztägige Pirschfahrt mit *picnic lunch* und Blick auf den Mount Kenya war deprimierend. Ein paar Giraffen grasten in unserer Nähe beinahe völlig kahle Bäume ab, die aussahen wie Gerippe. Abends saßen wir um ein Lagerfeuer herum, und die Safariteilnehmer erzählten Geschichten von irgendwelchen Abenteuern in der Wildnis. Bei den Safaris selbst standen wir zu zehnt mit den Fotoapparaten im Jeep, der hinter ein paar räudigen Zebras herraste, die nicht mehr schnell genug waren, um rechtzeitig zu verschwinden. Die ganze Zeit redete der Safariführer von Leoparden, denen wir auf der Spur seien. Ein anderes Mal behauptete er, Löwenspuren gesehen zu haben, und die meisten Safariteilnehmer rissen ihre noch nicht zu Ende geknipsten Filme aus der Kamera und legten neue ein, damit ihnen ja nicht der Film ausginge, wenn sie dann endlich vor den

Löwen stünden. Wir sahen aber nie einen Leoparden oder einen Löwen.

Am fünften Tag hatten mein Mann und ich keine Lust mehr, an der Frühpirsch, die auf dem Programm stand, teilzunehmen. Wir schliefen lange und frühstückten dann auf der Terrasse mit den Rattanstühlen vor dem Strohdach-Zeltlager, von wo aus wir den Affenbrotbaum Hemingways und einen braunen Tümpel sahen, der innerhalb der Campmauern lag und in dem sich ein zahmes Rind wälzte.

Ein paar Tische von uns entfernt saß ein etwa fünfzigjähriger Mann mit khakifarbenen Shorts, einem khakifarbenen Hemd und einem Strohhut. Er sprach mit sich selbst. Hin und wieder lachte er.

Wir hatten gerade den Frühstückskaffee – ein deutscher Filterkaffee von besonders miesem Geschmack – getrunken, als der Mann aufstand und mit einem leeren Glas in der Hand auf unseren Tisch zukam. Er hatte einen dichten Schnauzbart und sehr dunkle Augen. Er fragte, ob er uns zu einem »Morgendrink«, wie er sich ausdrückte, einladen dürfe. Mir kam es so vor, als ob er ein wenig lallte.

Wir nahmen an. Der Mann setzte sich zu uns und bestellte einen Whisky, und wir bestellten Bier. Niemand von uns sagte ein Wort, bis jeder sein Glas ausgetrunken hatte. Dann tranken wir noch je ein weiteres Bier, und der Fremde trank einen weiteren Whisky. Er stellte sich nun als Tierwärter – »*game warden*, wie wir sagen«, sagte er – des Naturschutzparks vor. Er sei deutscher Abstammung, sagte er, lebe aber seit seiner Kindheit in Afrika. Früher habe er eine Farm in der Gegend betrieben, aber das sei nun schon länger vorbei. Beim dritten Whisky behauptete er, als ganz junger Mann noch Roosevelt gesehen zu haben, wie er hier jagte. Sein Vater sei ein berühmter Jäger gewesen, ein sogenannter *white hunter*, sagte er, als erklärte das alles. Er zählte einige Namen von europäischen Großwildjägern auf (es waren meist englische), mit denen zusammen sein Vater gejagt habe. Wir kannten keinen einzigen Namen, was ihn zu enttäuschen schien, denn er seufzte und sah sich um. Seine Augen waren ganz verschleiert. Eine Weile sagte er nichts.

Ich hatte gerade mein Bier zum Trinken angesetzt, als der Mann mit einemmal so fest mit der Faust auf den Tisch schlug, daß sein leeres Whiskyglas und das halbvolle Bierglas meines Mannes auf der Glasplatte des Tisches klirrten und ich ziemlich erschrak.

»Die verdammten Elefanten«, schrie er dabei.

»Es ist eine Lüge«, sagte er gleich darauf mit sanfter Stimme, »wenn die Safariführer behaupten, sie hätten Löwenspuren gesehen.«

Mein Mann und ich wechselten einige Blicke. Es war nichts Neues, daß wir auf Exzentriker, Alkoholiker und geschwätzige Außenseiter anziehend wirkten. Eigentlich passierte es uns immer wieder, sowohl zu Hause als auch im Ausland, daß uns so einer ansprach. Meistens war es am Ende schwierig, ihn wieder loszuwerden.

Der Mann entschuldigte sich für seinen Ausbruch. Er errege sich eben so leicht, sagte er, denn dies sei sein Land. Es sei schon immer sein Land gewesen, seit er sich erinnern könne, nur daß eben alles anders gewesen sei. Seine Farm habe aus rotgestrichenem Holz bestanden. Über der Eingangstür habe eine große Uhr gehangen. Der Rasen vor dem Haus sei grün gewesen, und in den Akazien hätten die Glanzstare gesessen und den ganzen Tag gesungen. Die Antilopen habe er vom Fenster seines Hauses aus schießen können. Er habe einen zahmen Geparden gehabt, der habe den ganzen Tag in der Sonne gesessen und gegähnt. Angebaut habe er hauptsächlich Weizen. Der Mann schwieg. Unter dem Tisch hüpfte ein winziger hellblauer Vogel herum, der einen roten Bauch hatte und gelbe Flügel. Er pickte die Brösel unseres Frühstückskuchens auf.

»Meine Eltern kamen aus Südafrika«, sagte der Mann nach einiger Zeit. »Damals bekam man das Land hier umsonst, wenn man es rodete und bebaute.«

Viertausend Elefanten habe ein Captain Pitman von der *Game Control* damals in nur drei Jahren geschossen, fuhr er, wie mir schien ein wenig unzusammenhängend, fort, 138 Löwen seien allein auf der Lariak-Farm in zehn Monaten abgeschossen worden, John Boyes, der König der Wakikuyu, habe damals den Mount Kenya für ein Butterbrot gekauft. Ein Mann namens Drogan oder Grogan sei zu Fuß von Kapstadt bis Kairo gegangen und habe das ganze Land vermessen.

Unser Mann lachte vor sich hin. Ich verstand nicht, warum.

»Die verdammten Elefanten«, sagte er nach einem erneuten plötzlichen Stimmungswechsel und schlug wieder mit der Faust auf den Tisch. Ich erschrak auch diesmal einigermaßen. Das zahme Rind im Tümpel stand auf und verschwand hinter einem Busch.

Der Mann bestellte noch eine Runde Getränke. Bis die Getränke kamen, saß er bewegungslos da und stützte den Kopf in eine Hand, so daß seine Augen beschattet waren. Mir kam es so vor, als ob sein großer Schnauzbart zitterte.

»Nacht für Nacht die Elefanten«, murmelte er dabei vor sich hin. »Ganze Herden.«

Bald darauf kamen die Safariteilnehmer von der Frühpirsch zurück. Sofort war ein ziemlicher Lärm in der Lodge. Die Terrasse füllte sich mit Menschen.

Unser Mann kehrte den Menschen den Rücken zu. »Aas in der Nähe«, sagte er. Dann wandte er sich uns zu und setzte sich sehr aufrecht hin. Er seufzte einige Male und holte dann tief Luft, so daß wir dachten, er werde uns jetzt seine ganze Geschichte erzählen. Aber er sank wieder in sich zusammen und sagte nur mehrmals hintereinander: »Afrika«. Oder auch – er lallte ziemlich – »Alfrika« oder »A'ika« oder »'frika«. Dann bettete er den Kopf auf die auf dem Tisch verschränkten Arme und schlief, seinem regelmäßigen Atem nach zu schließen, gleich ein.

Kurz darauf kam dann ein Kellner mit dem Safariführer. Zusammen brachten sie ihn weg.

Übrigens: Habibi

Da war dieser Hund. Er hieß Habibi und kam aus Afrika. Dort ist er im Ledergerberviertel einer Küstenstadt geboren. Hat am Stadtrand die Abfallsäcke durchlöchert. Wenn sie ihn und seine Geschwister dabei erwischt haben, haben sie mit Steinen nach ihnen geworfen.

Angeblich hat er das Meer gekannt, wenn es golden war in der Sonne und auch wenn es metallen glänzte, nachdem die Sonne untergegangen war. Er soll mit seinen Geschwistern den Strand rauf- und runtergelaufen sein, bis zu den Dünen im Süden, wo keine Menschen mehr waren, sondern nur große Schildkröten, die sich in den Sand gruben.

Dort, wo die Palmenplantagen der Stadt sind, haben Habibi und seine Geschwister manchmal geschlafen oder irgendwo im Dreck. Zwei Geschwister starben ziemlich bald; alle waren sie sehr dünn.

Da kam diese Frau aus Deutschland. Der folgte Habibi durch die ganze Stadt, nachdem sie ihn einmal mit Schokoladekeksen gefüttert hatte. Bald wurde sie ihn nicht mehr los. Er wartete schon in der Früh vor ihrem Hotel. Wenn die Hotelboys ihn mit Steinen verjagten, wartete er hinter der nächsten Ecke. Dann lief er der Frau aus Deutschland nach bis zum Strand, wo er auf ihrem roten Badetuch sitzen durfte. Vor allem wollte er fressen. Immer. Die Frau aus Deutschland mußte ihn ununterbrochen füttern. Abends versteckte er sich irgendwo in der Nähe des Hotels.

Die Frau gewöhnte sich in den drei Wochen ihres Urlaubs in Afrika so an den Hund, daß sie ihn am Ende mitnahm nach Deutschland.

Der Flug war sehr seltsam. Ohne irgend etwas zu sehen, rutschte Habibi hin und her im Gepäckraum des Flugzeugs, während unter ihm die Palmenplantage, in der er mit seiner Familie manchmal geschlafen hatte, kleiner und kleiner wurde. Er bekam Ohrensausen von der zunehmenden Höhe.

Schon bald nach seiner Ankunft in Deutschland spürte er die dort herrschende Kälte. In den ersten Tagen mußte ihn die deutsche Frau in eine Kamelhaardecke hüllen. Trotzdem klapperte er ununterbrochen mit den Zähnen. Er war auch nicht stubenrein, sondern hinterließ überall seine Spur. Obwohl ihn die Frau nach wie vor ununterbrochen fütterte (außer Fleisch, Wurst und Fisch fraß er Obst, Gemüse, Süßigkeiten, eigentlich alles, was man sich vorstellen kann), wurde er immer dünner. Die Rippen auf seiner Brust waren deutlich zu spüren, und auf dem Rücken trat die Wirbelsäule spitz aus seinem Leib. Der Tierarzt, zu dem die Frau ihn dann brachte, stellte fest, daß Habibi zu früh von seiner Mutter getrennt worden sei. Er schlug vor, Habibi ausschließlich mit Flaschenmilch zu füttern. Der Hund erholte sich daraufhin in kürzester Zeit. (Nur das Zähneklappern behielt er bei, wenn er unglücklich war und sich einsam fühlte.)

Da die Frau wieder zur Arbeit mußte und Habibi die ganze Zeit jaulte, wenn er allein in der Wohnung war, schenkte sie ihn ihrer Freundin. Die Freundin brachte ihm bei, aus einer Schüssel zu fressen, auf deren Boden ein Schweinekopf gemalt war. Als die Frau eine Allergie gegen Hundehaare bekam, kam Habibi zu meiner Bekannten, was dann endgültig sein Unglück war.

Der Freund meiner Bekannten drückte ihm beim Spielen

die Zunge auf den Gaumen oder fuhr mit dem kleinen Finger in seine Nase, wo Hunde sehr empfindlich sind.

Ich lernte sowohl den Mann als auch Habibi in Wien kennen, wo meine Bekannte uns besuchte, um uns ihren Freund vorzustellen.

Als ich Habibi zum ersten Mal sah, raste er in einer luxuriösen Hotelhalle mit ionischen Säulen (meine Bekannte behauptete, es seien ionische Säulen, sie hat Kunstgeschichte studiert) hinter einem Kind her. Die Hotelboys standen aufgereiht an den Tapetenwänden der Hotelhalle und lächelten.

Der Freund meiner Bekannten, der sehr viel Geld hatte, lud uns dann zum Aperitif an die Hotelbar ein, zum Essen ins Astoria und zum Kaffee ins Sacher. Die ganze Zeit über fraß Habibi alles, was wir oder andere an Nachbartischen ihm zu fressen gaben oder was er sonst erwischte; auch getrocknete Feigen.

An der Leine zerrte er dermaßen, daß es lästig war, mit ihm auf der Straße zu gehen.

Das nächste Mal sah ich Habibi in Hamburg bei der Hochzeit meiner Bekannten, die da bereits im fünften Monat schwanger war. Ich ging in das Zimmer, in dem er eingesperrt war, und fütterte ihn mit Karotten, seinem Lieblingsgemüse. Als ich ihn streichelte, legte er sich sofort auf den Rücken, schloß die Augen und grunzte. Er hatte ein kurzes weißes Fell mit rotbraunen Flecken. Die Nase war rosarot, was aber in seinem Fall besonders hübsch aussah. Als ich das Zimmer verließ, um an der Hochzeitsfeier teilzunehmen, klapperte Habibi mit den Zähnen.

Schon bei der Hochzeit war die Rede davon, daß Habibi ein Kind gebissen habe.

Er liebe die drei Kinder, die der Mann meiner Bekannten aus erster Ehe hatte und die jedes zweite Wochenende zu Besuch kamen, so sehr, hieß es damals, daß er aus einem Verteidigungswahn heraus jeden beiße, der sich den Kindern nähere.

Wir übernachteten damals im Haus des Hochzeitspaares, und am nächsten Morgen beim Frühstück, als wir vollkommen erschlagen in dem großen Raum saßen, in dem die Feier stattgefunden hatte und wo es nach kaltem Rauch stank, war der Mann meiner Bekannten von uns allen der einzige, der vollkommen fit war. Er kroch auf allen vieren hinter Habibi her, der begeistert mit dem Schwanz wedelte. Dann warf sich der Mann plötzlich auf den Hund und hielt ihn am Schwanz fest, als er weg wollte.

Das nächste Mal waren wir zufällig zu Besuch, als meine Bekannte ihr Kind bekam. Wir saßen gerade beim Essen, als die Wehen begannen. Als ich meiner Bekannten das Spielzeugkamel überreichte, das ich für das Kind mitgebracht hatte, beroch Habibi es sehr sorgfältig. Später, als er wohl glaubte, daß es niemand bemerken würde, nahm er das Kamel vorsichtig ins Maul und lief schnell weg damit. Ich habe beobachtet, wie er es abgeschleckt hat, bis es ganz naß war. Die Wehen meiner Bekannten dauerten einen Tag und eine Nacht. Während sie in ihrem Zimmer stöhnte (sie wollte ursprünglich zu Hause gebären, ging aber dann doch – irgendwie war ich ziemlich erleichtert – ins Krankenhaus), tollte ihr Mann mit dem Hund durch die Wohnung. Ich weiß auch nicht genau, was sie da machten, jedenfalls jaulte der Hund.

Kurz darauf fuhr meine Bekannte dann ins Krankenhaus, und ihr Mann begleitete sie. Wir fuhren noch in derselben Nacht nach Österreich zurück. Den Hund ließen wir in der Wohnung.

Als wir das nächste Mal zu Besuch kamen, war das Kind da (es war ein Mädchen), und der Hund war weg. Er hatte gerade, ein paar Tage zuvor, dem Kind von Gästen meiner Bekannten ein Stück Ohr abgebissen, und da hatte ihn der Mann meiner Bekannten ausgesetzt. In den Docks oder im Hafen von Hamburg. Dort, wo die Schiffe sind.

Alle sind zuversichtlich, daß er jemanden gefunden hat oder irgendwann finden wird, der ihn mitnimmt. »Vielleicht nimmt ihn ein Matrose mit nach Afrika«, sagte meine Bekannte, die Hunde eigentlich nie leiden konnte. Aber ich glaube nicht, daß ein Matrose ihn mitnehmen wird. Ich befürchte, daß Habibi erfrieren wird, dort in den Docks, im Hafen. Gestern hat es geschneit. Die Bäume sind ganz starr vor Eis, und die Wege sind glatt wie Spiegel.

Die Onkel-Story

»Wie stellst du dir das eigentlich vor«, fragte mein Onkel, »ein Feriencamp in Kenia?«

»Einfach so«, sagte ich.

»Einfach so«, sagte mein Onkel, der Architekt ist und extra von München nach Salzburg angereist war, um mich zu beraten, » einfach so entsteht gar nichts. So etwas will geplant sein.«

Mein Onkel hat mich schon öfter in technischen Fragen beraten. Einmal, als ich eine Geschichte über ein Sesselliftunglück schrieb, hatte er mir die Anlage eines solchen Lifts aufgezeichnet, und ein andermal hatte er mir den Unterschied zwischen normaler Spannbeton-Bauweise und erdbebensicherer Betonbauweise erklärt.

»Allein das Wasser«, sagte mein Onkel und folgte mir in die Küche, wo ich den Kaffee aufsetzte. »Du wirst Brunnen brauchen, die zum Grundwasser hinuntergebohrt werden müssen. Falls eine Standortanalyse ergeben hat, daß genügend Grundwasser in gewinnbarer Tiefe vorhanden ist.«

Er stand vor dem Küchentisch, einen Finger an der Nase. Den grauen Filzhut mit dem grünen Abzeichen hatte er aufbehalten.

»Eine Wasserquelle mit ausreichender Schüttung in geeigneter Wasserqualität dürfte aber in der Gegend deiner Vorstellung nicht vorhanden sein.«

Er sah zu, wie ich den Kaffeefilter auseinanderblies.

»Stark oder schwach?« fragte ich ihn.

»Sehr stark«, sagte mein Onkel, und ich häufte sechs Löffel Kaffee in den Filter.

»Allenfalls könnte man an einen artesischen Brunnen denken«, sagte er. »Eine Anbindung an das Wassernetz der nächstgelegenen Kommune dürfte wahrscheinlich ausscheiden, denn hier reduziert sich die wirtschaftlich vertretbare Distanz auf maximal, na ja, sagen wir mal, fünfzehn Kilometer.«

Ich goß den Kaffee in die Tassen. Er war so stark, daß es mir beim ersten Schluck schon den Magen zusammenzog. Mein Onkel fand ihn anscheinend gut so, jedenfalls trank er die große Tasse ziemlich schnell aus. Ich goß Kaffee nach. Den Zwetschkenkuchen mit Streusel, den ich extra für seinen Besuch gebacken hatte, beachtete er gar nicht. Wenn mein Onkel über architektonische und damit zusammenhängende technische Probleme spricht, achtet er auf sonst gar nichts. Da ist er immer mit Leib und Seele dabei. Im Grunde genommen ist es mir ein Rätsel, warum er es in seinem Beruf als Architekt zu nichts gebracht hat. Zumindest behauptet er selbst, es in seinem Beruf zu nichts gebracht zu haben. Seine Frau, meine Tante, die Schwester meines Vaters, behauptet es auch. »Es liegt an seinem Charakter«, sagt sie, »er hat zuwenig Einfühlungsvermögen.«

Geld verdient er jedenfalls genug, finde ich.

»Andere verdienen mehr«, sagt meine Tante.

Mein Onkel sagt, wenn er einmal in Pension sei, werde er sich ausschließlich mit der künstlerischen Seite der Architektur beschäftigen.

»Sag mal«, sagte mein Onkel, der durch mein ungeputztes Küchenfenster auf den Untersberg starrte, »wollen wir nicht einen Ausflug machen, wenn ich schon mal hier bin?«

»Ja«, sagte ich, obwohl sich dunkle Wolken über dem Untersberg zusammenbrauten, »ich wollte schon immer mal wieder zum Hallstättersee.«

Da war es drei Uhr nachmittags.

Mein Onkel trank den restlichen Kaffee mit einem großen Schluck aus, zog seinen Lodenmantel an, und wir brachen auf.

Mein Onkel hat ein schnelles Auto. Ich weiß die Marke nicht, weil ich mir Automarken nicht merken kann, aber ich bin schon als Kind gern mit ihm Auto gefahren, weil er so sicher und schnell fährt.

Gleich bei der Autobahnauffahrt in Viehhausen verfuhren wir uns und mußten den Zubringer rückwärts fahren, weil wir sonst auf die Autobahn Richtung Wien gekommen wären. Wir mußten aber auf die Autobahn Richtung Villach. Auf der richtigen Autobahn beschleunigte mein Onkel das Tempo auf 160 km/h.

Die Autobahn führt in einer Schneise zwischen Tennen- und Hagengebirge durch. Die Berge rücken so nahe an sie heran, daß man jeden Baum auf ihnen erkennt, jedes Geröllfeld und jede Höhle. Mein Onkel warf kaum einen Blick nach links oder rechts.

»Auch die Abwasserbeseitigung«, sagte er, »ist ein Thema, denn man kann die Fäkalien nicht irgendwo in den Boden versickern lassen oder in einen Fluß leiten. Ich nehme an, das ginge heute auch in Kenia nicht mehr.«

»Aha«, sagte ich und suchte rechts im Tennengebirge die Höhle, in der wir vor Jahren einmal miteinander gewesen waren. Mein Onkel hatte sich damals sehr für Speläologie interessiert. Tatsächlich entdeckte ich den Höhleneingang.

Mein Onkel sagte, eine biologische Kleinkläranlage im Feriencamp in Kenia sei unumgänglich. Im übrigen, sagte er und sah jetzt auch auf die Berge zu unserer Rechten, sei er vor vielen Jahren, 1955, einmal dort gewesen, wo ich mir das Feriencamp vorstelle.

Ich hatte mir so was gedacht. Mein Onkel ist überall schon einmal gewesen. Sein Vater war Ingenieur bei einer großen deutschen Elektrofirma und hat sein halbes Leben lang Filialen dieser Firma in aller Welt aufgebaut. Mein Onkel ist in Bulgarien geboren, in Indien zur Schule gegangen und hat in Südafrika studiert. Schon allein deshalb ist er seit meiner Kindheit mein Lieblingsonkel gewesen. In seinem Haus am Tegernsee hing der Kopf eines menschenfressenden Tigers über der Eingangstür, den ein Freund seines Vaters, ein indischer Großwildjäger, zwei Jahre lang gejagt und schließlich erlegt hatte. Den Kopf habe ich selbst gesehen. Der Tiger über der Eingangstür hatte große gelbe Augen und ganz zerfranste Ohren.

Als Jugendliche konnte ich gar nicht genug von den Geschichten meines Onkels hören. Er verkörperte alles, was mein Elternhaus nicht verkörperte: die Welt, den Geist, die Kunst. Er war Atheist und Liberaler. Wenn er von seinen Eltern sprach, sagte er: mein alter Herr und meine alte Dame. Sein Lieblingsthema waren Tötungs- und Begräbnisrituale fremder Völker. Mein Onkel hat mir in meiner Kindheit oft von wilden Stämmen Afrikas erzählt, die ihre Sterbenden lebendig begraben oder einfach in die Erde scharren, wobei sie weinen.

Er beschäftigte sich überhaupt mit den verschiedensten Dingen. Mit Geologie, mit der Bibel, mit Navigationstechniken, versunkenen Schatzschiffen, Sagen, der Gewinnung von Sonnenenergie etc.

Ich dachte als Kind immer, er sei ein »ewiger Student«. Diesen Ausdruck hatte mein Vater einmal in einem ganz anderen Zusammenhang gebraucht, und ich hatte nicht verstanden, was er bedeutete. Meine Eltern mochten meinen Onkel nicht. Besonders meine Mutter schimpfte hinter seinem Rücken über ihn. »Entweder«, sagte sie, »er sagt gar nichts, oder er redet ununterbrochen.« Und wenn mein Onkel mit meiner Tante zu uns nach Linz auf Besuch kam und, nachdem mein Vater den Wein aus dem Keller geholt und meine Mutter die Salzstangen und die Käsecracker auf den Tisch gestellt hatte, lange Vorträge über jedes beliebige Thema hielt, auf das zufällig die Sprache kam, dann fingen alle zu gähnen an und gingen schließlich frühzeitig ins Bett. Nur ich blieb meistens bei meinem Onkel sitzen und hörte ihm bis spät nachts zu.

»1955«, sagte ich – ich weiß, wir fuhren gerade am Höllengebirge vorbei mit den schroffen Gipfeln und den kahlen Felsen –, »war ich zwei Jahre alt.«

Damals, sagte mein Onkel, sei er mit einer Freundin auf dem Weg nach Südafrika gewesen. In Mombasa hätten sie einen Tag Aufenthalt gehabt mit dem Schiff, und da hätten sie einen Ausflug zu einer einsamen Bucht gemacht, wo ein kleines Hotel im Kolonialstil gewesen sei – holzgeschnitzte Veranda, sagte er – und der weißeste Sand, den er in seinem Leben gesehen habe. Er sei fast wie Schnee gewesen.

»Ich war sehr verliebt damals«, sagte mein Onkel und drosselte das Tempo, denn es war die Autobahnausfahrt »Golling« angekündigt worden. In Golling mußten wir von der Autobahn runter.

Er blieb an der ersten Kreuzung stehen.

»Rechts oder links zum Hallstättersee?« fragte er.

Ich hatte keine Ahnung.

Mein Onkel kramte im Handschuhfach nach der Landkarte. Die breitete er über uns aus wie eine Decke und fuhr mit dem Zeigefinger, an dem er einen Silberring mit einem glatten schwarzen Stein trug, den Weg bis zum Hallstättersee nach. Ich weiß nicht, was für Hände andere Architekten haben, mein Onkel hat sehr weiße, lange, schmale Hände. Wenn er einem damit übers Gesicht fährt, glaubt man gar nicht, daß er einen wirklich berührt. Man hat das Gefühl, einen Nylonsack übergestülpt zu bekommen, unter dem die Haare sich aufstellen; wegen der elektromagnetischen Wirkungen, würde er, glaube ich, sagen.

Von Golling geht es rechts ab zum Hallstättersee. Links liegt das Bluntautal. Auch dort sind wir schon einmal miteinander gewesen. Damals war meine Tante dabei. Wir haben auf einer Wiese am Bluntausee gelegen, und um uns herum haben die Kühe gegrast. Das Wasser des Sees war so klar, daß man auch in der Mitte jeden Stein auf dem Grund sah. Trotzdem schwammen dort viele tote Fische herum, mit dem weißen Bauch nach oben.

Als wir vor Hallstatt geparkt hatten – mein Onkel hatte die ganze Fahrt von Golling bis Hallstatt über das Fort Jesus in Mombasa gesprochen –, begann es in der Ferne zu donnern.

Wir beschlossen trotzdem, zum Beinhaus von Hallstatt hinaufzugehen, das mein Onkel unbedingt besichtigen wollte. »Wegen der außergewöhnlichen Bestattungsart der Hallstätter«, sagte er.

Weil immer mehr schwarze Wolken aufzogen, liefen wir fast nach Hallstatt hinein. Mein Onkel hielt seinen Filzhut fest. Die Pelerine seines Lodenmantels wehte ihm nach. Am Handgelenk trug er ein schwarzes Ledertäschchen. Da waren seine Pfeifen drin.

Jedesmal, wenn wir eine Straße überquerten, die aber kaum befahren war – es ist nur Anrainerverkehr gestattet in

Hallstatt –, faßte mein Onkel mich unter den Ellbogen, oder er legte einen Arm um meine Schulter. Mein Onkel ist in allem sehr korrekt. Er führt eine Frau eben über die Straße.

Während er die verschiedenen Baustile Afrikas beschrieb – er sprach vom maurischen Stil und vom portugiesischen und britischen und deutschen Kolonialstil –, dachte ich daran, daß wir vor langer Zeit einmal miteinander einen Ausflug ins Weißenbachtal gemacht hatten und daß es damals zu regnen begonnen hatte und wir in einem Heustadel hatten übernachten müssen.

Als mein Onkel stehenblieb und sagte, diese Frau sei sehr schön gewesen mit ihren dichten krausen Haaren und den schwarzen Augen, hatte ich keine Ahnung, von wem er sprach.

Er sah auf den See hinaus, der sich kräuselte. Eine Frau ruderte, in einem Boot stehend, von der Mitte des Sees her auf das Ufer zu. Das Boot war schmal wie ein Kanu und am Bug hochgezogen wie die Gondeln in Venedig.

Er sei damals gerade neunzehn Jahre alt und Taxifahrer in Durban gewesen, sagte er, als er mit seiner Freundin an den Strand gefahren sei.

Es sei, sagte er, selbstverständlich bekannt gewesen, daß es dort Haifische gegeben habe, aber sie seien so jung und unvorsichtig gewesen und weit ins Meer hinausgeschwommen, das es so eben nur dort gebe. Das Meer vor Südafrika sei wie ein Einwegspiegel. Durchsichtig, sagte mein Onkel, von tief unten her, von oben aber sehe man nur sich selbst.

Es sei dann alles sehr schnell gegangen. Da sei diese Rückenflosse gewesen, hohe Wellen, eine rote Spur, und seine Freundin sei verschwunden gewesen.

Ich kannte die Geschichte. Ich war noch ein Kind, als mein Onkel sie mir zum ersten Mal erzählt hatte. Ich hatte lange

Zeit immer daran denken müssen, wenn ich mit meinen Eltern in Bibione oder Caorle Urlaub machte und im Meer schwamm. Sogar in dem Autobahnsee, in dem ich als Kind badete, hatte ich oft Angst gehabt, plötzlich eine Haifischflosse neben mir auftauchen zu sehen.

Mein Onkel legte einen Arm um meine Schulter, obwohl wir gar keine Straße überquerten. Ich spürte den Ring. Seine Fingerspitzen berührten meinen Hals. Sie waren kalt. Und als er dann weitersprach und erzählte, wie er selbst damals heil das Ufer erreicht, indem er von der roten Blutspur weggekrault sei, und immer wieder den Kopf in das Wasser getaucht und geschrien habe, was die Haifische abschrecke, da sie die Schallwellen hörten, war es mir plötzlich, als zöge ich selbst seit meiner Kindheit diese rote Spur hinter mir her.

»Ich würde dir nicht vorschlagen, dein Camp im arabisch-maurischen Stil zu bauen«, sagte mein Onkel neben mir, so daß ich mit einemmal gar nicht mehr sicher war, ob er mir die Geschichte mit dem Haifisch tatsächlich in diesem Augenblick erzählt oder ob ich mich bloß an sie erinnert hatte. Mich befiel oft eine merkwürdige Abwesenheit, wenn ich mit meinem Onkel zusammen war.

»Was du dir vorstellen wirst«, sagte er, »kommt dem Einheimischen-Kraal am nächsten. So ein Kraal stand in der Nähe der einsam gelegenen Schule, in der ich damals meinen Abschluß gemacht habe.«

Die Rudererin hatte inzwischen das Ufer erreicht.

Es seien Rundhütten auf Pfählen gewesen, die mit einem Geflecht von Ästen miteinander verbunden und standfest gemacht worden seien, fuhr mein Onkel fort, während wir durch die schmalen Straßen Hallstatts gingen, wo die Häuser einen fast erdrücken und der Duft der üppig wuchernden Blumen auf den Balkonen betäubend ist.

Dieses Gerüst sei mit der häufig tonig roten Erde verkleistert und außen noch mit Bündeln von getrocknetem Gras verkleidet worden.

Mein Onkel hatte grüne Augen und sehr lange Wimpern. Einige dunkle Haare wuchsen ihm aus der Nase. Er schien auch einen starken Bartwuchs zu haben, denn sein Kinn war immer bläulich.

Für die Dachkonstruktion, sagte er, würde er Leichtmetallträger empfehlen, die von der Oberkante abgehend schräg nach oben zum Mittelpunkt hin zuliefen und auch von innen sichtbar wären.

Den ganzen schmalen Weg von Hallstatt zum Beinhaus hinauf sprach er von der Beschaffenheit der Fußböden in einem Neger-Kraal. Aber da er hinter mir ging, verstand ich nichts Genaueres. Einmal rutschte ich aus, und mein Onkel fing mich auf. Einen Augenblick hielt er mich fest und sagte nichts.

Das Beinhaus von Hallstatt ist eine Höhle, in der – hinter einem schmiedeeisernen Gitter – unzählige Knochen gestapelt sind. Zuunterst lagen eine Menge Beinknochen, darüber Arm-, Hals- und Hüftknochen, und obenauf lagen Schädelknochen mit bunten Verzierungen und Inschriften. Mein Onkel trat an das Gitter und betrachtete sie. Er warf sogar etwas in den Opferbeutel, nahm eine dicke weiße Kerze aus einer bereitstehenden Kiste und zündete sie an. Sie flackerte stark.

»Nachdem ein Toter ein paar Jahre draußen auf dem Friedhof gelegen hat«, sagte er, »graben die Hallstätter ihn wieder aus und stapeln hier seine Knochen auf.«

Ich setzte mich auf die Steinbank, die nahe der Eingangstür stand. Während es draußen donnerte und donnerte, versuchte mein Onkel beim Schein der dicken weißen Kerze die Inschriften auf den Schädelknochen der Hallstätter zu entziffern. Ich erinnere mich an den Namen Theresa Ganglbauer.

»Manchmal«, sagte er plötzlich, während er auf all die Knochen hinabsah, »bin ich sehr müde.« Einen Moment stand er ganz krumm da. Dann richtete er sich wieder gerade auf und lehnte sich über das schmiedeeiserne Gitter. Draußen regnete es nun, daß es nur so klatschte. Manchmal krachte es auch, ich glaube, da schlug dann ein Blitz in den Hallstättersee ein.

»Eine rosa Rose auf der Schädeldecke«, fuhr mein Onkel übergangslos fort, so, als stünde ohnehin alles in einem einfachen, logischen Zusammenhang, »bedeutet, daß die Verstorbene noch Jungfrau war.« Im übrigen, sagte er, nachdem er sich geschneuzt hatte, so daß ich einen Augenblick dachte, er hätte geweint, im übrigen finde er die Bestattungsart der Hallstätter sehr praktisch und reinlich, und er erzählte mir von den bis vor kurzem völlig unbekannten Bestattungsriten, ich kann mich jetzt nicht mehr erinnern welchen Volkes und welchen Stammes, jedenfalls erinnere ich mich, daß mein Onkel behauptete, die Toten würden bei diesem bis vor kurzem völlig unbekannten Bestattungsritus samt Knochen und allem zerrieben, zerstoßen, zerquetscht, vermischt mit Hirse und auf Steine gestrichen, damit die Vögel kommen und sie fressen und keine Spur von ihnen bleibe.

»Hast du nicht gesagt, daß du müde bist?« fragte ich meinen Onkel, der vor das Beinhaus getreten war, wohin ich ihm folgte. Wir standen unter dem Vordach, das uns vor dem Regen schützte.

Mein Onkel zündete sich eine Pfeife an. Ich stellte mich als Windschutz vor ihn hin und breitete die Arme aus. Mein Onkel nahm seinen Hut ab, um die Pfeife anzuzünden. Als er sich zu mir herunterbeugte, sah ich, daß er ganz oben auf dem Kopf eine Glatze hatte. Ich sah die langen Wimpern, sah die schmalen Hände, den dunklen Ring, das goldene Feuerzeug blitzte auf, und zugleich schlug ein Blitz in den See ein. Mein Onkel richtete sich wieder auf, sah zum See hin, rauchte, sah zum Himmel, wieder zum See und sagte dann, zu mir gewandt: »Ja, hundemüde.«

Dann schaute er wieder auf den See, zum Himmel, und einmal schaute er zurück ins Beinhaus, von wo die Knochen zu uns herüberglommen im Schein der dicken weißen Kerze.

Die Kellnerin in dem Wirtshaus in Hallstatt unten lächelte, als mein Onkel zwei besonders große und besonders heiße Grog bestellte. Das war schon immer so gewesen. Welches Gasthaus mein Onkel und ich auch miteinander betraten und was wir auch bestellten, immer lächelten die Kellnerinnen. Ich glaube aber nicht, daß meinem Onkel das jemals aufgefallen ist. Er achtet ziemlich wenig auf andere Menschen. Außer uns waren nur drei alte Männer in dem Wirtshaus, die Karten spielten. Durch die Fenster sah ich, wie es draußen unaufhörlich regnete und immer dunkler wurde. Es war schon spät.

»Wir müssen aufbrechen«, sagte ich, und mein Onkel sagte, daß er mir unbedingt noch die Sache mit den Termiten erklären müsse.

»Was für Termiten?« fragte ich.

»Ich dachte«, sagte mein Onkel und sah mich seltsam starr an, »ich soll dich bei deinem Feriencamp in Kenia beraten!«

Er zündete sich wieder seine Pfeife an. Das Feuerzeug legte er vor sich hin.

In Südafrika habe er noch gelernt, sagte er, nachdem wir den zweiten Grog bekommen hatten, was für ein Problem die

Termiten seien. Mein Onkel beugte sich vor und senkte seine Stimme, als offenbarte er mir sein Innerstes, indem er sagte, daß man nicht allzu viel gegen die Termiten tun könne. Man habe es mit Gift versucht und allen möglichen anderen Mitteln, aber nichts habe geholfen, so zäh seien sie.

»Die Termiten«, sagte mein Onkel leise, und ich fragte mich, ob er vielleicht schon ein wenig betrunken sei, denn wir hatten ja noch nicht zu Abend gegessen, »zerstören alles.« Dazu nickte er.

Dann setzte er sich aber wieder aufrecht in den Sessel und sprach auch wieder lauter, als er sagte, er habe in Südafrika immerhin auch gelernt, wie sie am wirksamsten zu bekämpfen seien.

Mein Onkel sagte, man müsse unbedingt beim Aufmauern der Außenwände knapp über dem Boden einen Blechstreifen in die Mauer einlegen, der etwa sechs Zentimeter breiter als die Mauer dick sei, und auf diese Weise innen wie außen drei Zentimeter vorstehe.

Er stellte sein Feuerzeug auf und legte es wieder hin und schob es auf dem Tisch herum, als handelte es sich dabei um eine Hauswand oder um einen Blechstreifen.

Dieser vorstehende Streifen, sagte er und schob das Feuerzeug an die Tischkante, werde dann nach unten geknickt, und so könnten die Termiten, selbst wenn sie sich von unten her durch das Fundament und die Wand bis zu dem Blechstreifen emporfräßen, zumindest nicht in die tragenden Konstruktionsteile gelangen.

Nichts anderes habe, zumindest nach den damaligen Erkenntnissen von 1953, bessere Ergebnisse gebracht als der Blechstreifen.

Im Dezember 1953 bin ich geboren.

»In was für einem Monat«, fragte ich meinen Onkel, und

ich bin sicher, daß ich es schon ein wenig schwerzüngig fragte, denn mein Onkel hatte inzwischen für uns beide Wein bestellt.

»Was in welchem Monat?« sagte mein Onkel.

»In welchem Monat hast du das mit dem Blechstreifen erfahren?« fragte ich.

»Ich bin zu betrunken, um nach Hause zu fahren«, sagte mein Onkel unvermittelt. Wir saßen einander schweigend gegenüber und betrachteten beide das goldene Feuerzeug, das in der Mitte des Tisches lag. Mein Onkel bewegte es mit den Fingern nach vorn und zurück.

Er sagte, ich könne den Blechstreifen eventuell auch für das Restaurant und die Verwaltungsgebäude verwenden, wobei das Restaurant natürlich nicht eine große Rundhütte sein dürfe, sondern eine Abfolge unterschiedlich großer, aber nicht zu großer Rundhütten, die durch Bogengänge miteinander verbunden sein könnten, was seiner Ansicht nach ohne weiteres der Konzeption einer solchen Anlage entspräche, die eine gewisse Kombination des einheimischen arabischen Stils mit dem ebenso einheimischen schwarzafrikanischen Stil sein könnte.

»Das käme aber teuer, so ein Camp«, sagte ich.

»Ja«, sagte mein Onkel, »alles hat seinen Preis.«

Dann zählte er noch auf, zu welchen Pannen es in meinem Feriencamp kommen könnte: Wasserknappheit, weil der Grundwasserspiegel sich in mehrjährigem Rhythmus hebe und senke, Ameisenplage, sagte er, weil man den Frühstückshonig verschüttet und nur oberflächlich weggewischt habe, Stromausfall, sagte er – da tranken wir bereits das dritte Glas Wein –, weil der Nachschub an Dieselöl versage, dann fielen auch die Klimatruhen in den Hütten aus und die Kühlschränke, die Küche funktioniere nicht mehr … Ihm persönlich, sagte mein Onkel irgendwann – wie er darauf gekommen ist, hab ich vergessen, irgend etwas muß mir da entfallen sein –, ihm persönlich sei es am liebsten, wenn seine Asche in alle vier Winde gestreut werde, unauffindbar für jeden, er wolle seinen kahlen Schädel keinesfalls besichtigen lassen, auch kein Grab, dann lieber in alle vier Winde oder, seinethalben, auch mit Hirse vermischt auf die Steine geschmiert. Nur bloß keine Spur.

Es war lang nach Mitternacht, als er die Kellnerin rief und bezahlte. Nachdem er bezahlt hatte, fragte die Kellnerin, ob wir im Hause übernachten wollten. Ich weiß nicht, ob sie dabei gelächelt hat, ich hab die ganze Zeit auf das goldene Feuerzeug gestarrt.

Die Kellnerin führte uns in den ersten Stock des Wirtshauses. Sie fragte nicht einmal, ob wir zwei Einzelzimmer oder ein Doppelzimmer haben wollten. Wir nahmen das Doppelzimmer, das sie uns anbot.

Das Zimmer war nicht groß und fast ganz ausgefüllt von einem riesigen Doppelbett, auf dessen Holzrahmen Almenrausch gemalt war und Enzian. Außerdem standen noch zwei Holzstühle im Zimmer, auf die wir, jeder auf einen, unsere Kleider legten. Schon bevor wir uns auszogen, löschte mein Onkel das Licht aus. Die Bettdecke war dick und unglaublich schwer.

Als wir im Bett lagen, beugte er sich sofort über mich. Es war wie vor langer Zeit im Fond seines Autos auf dem Autobahnparkplatz ganz dunkel, und ich sah wie damals seine Augen nicht, war aber ganz sicher, daß er sie geschlossen hatte und daß seine Wimpern wie ein Vordach, das nach oben geschwungen ist, aussahen.

Nachher lagen wir nebeneinander, ich spürte seinen Ellbogen an meinem, wußte also, daß er wie ich auf dem Rücken lag und die Hände unter dem Kopf verschränkt hatte. Draußen regnete es noch immer.

Irgendwann stand er auf und ging ans Fenster. Da von draußen Licht in das Zimmer fiel, als er die Vorhänge zur Seite zog und hinausschaute, zeichneten sich die Umrisse seines Körpers vor dem Fenster ab. Das Bett quietschte, als er sich wieder hinlegte.

Ich dachte an mein Feriencamp in Kenia. An die Rundhütten und das Teehaus im arabisch-maurischen Stil und an Dächer aus Riedgras. Ich stellte mir vor, wie ein Brand ausbräche und das Feuer sich rasch ausbreitete im Camp. Das Riedgras, die Zierbüsche, die staubigen Palmen, die Hütten auf Pfählen, die holzgeschnitzten Veranden des kleinen Hotels im Kolonialstil, alles brannte rasch und lichterloh.

Ich habe das Verhältnis mit meinem Onkel, der mich fortan alle zwei, drei Monate zu Ausflügen abholte, anderthalb Jahre später abgebrochen. Seither haben wir uns nie mehr gesehen.

Kenia

Die beiden Familien saßen nackt in der Gartenanlage des Clubs. Man war in der Hitze ständig nackt, auch beim Essen. Selbstverständlich nur innerhalb des Clubs, der von hohen Steinmauern umgeben war.

Die Clubleitung hatte alles möglichst landesgetreu gestaltet. Die große Hotelanlage, die den Club gegen das offene Land hin abschirmte, war in arabischem Stil erbaut worden. Alle Zimmer hatten zwei Fenster, eines zum Meer hin und eines zu dem mit Palmen und üppig blühenden Blumen bepflanzten Innenhof. Das Restaurant, das in schwarzafrikanischem Stil erbaut war, bestand aus einer Abfolge unterschiedlich großer Rundhütten, die durch Bogengänge miteinander verbunden waren. In der Mitte der Clubanlage war sogar ein kleiner Vulkan aufgeworfen worden.

Die Mutter des Mädchens saß mit den Eltern des Jungen an einem Klapptisch im Schatten einer Kokospalme und spielte Karten. Sie hatte sich vorgenommen, sich mit den Eltern des Jungen anzufreunden. Sie tat es hauptsächlich wegen ihrer Tochter, von der sie dachte, daß sie im Grunde ein schüchternes, furchtsames Kind sei.

Die Mutter saß am Klapptisch und hatte gute Karten. Sie wischte sich den Schweiß von der Stirn. »Wenn ich nur daran zurückdenke«, dachte sie, »wie ich schon vor zehn Jahren in Italien am Strand herumgelaufen bin, um meiner Tochter eine Freundin zu suchen.« Sie wischte sich unauffällig auch den Schweiß zwischen ihren Brüsten weg und schaute auf die

Palme, auf der ihre Tochter saß. »Sitzt da oben auf der Palme«, dachte sie, »keiner weiß, wie sie da hinaufgekommen ist, statt mit anderen Kindern zu spielen. So ein netter Junge, der – wie heißt er noch? Die Eltern sind auch nett und verstehen zu leben. Das kommt davon, daß sie keinen Vater hat«, dachte die Mutter des Mädchens, legte aus und gewann die Kartenpartie. »Alles wiederholt sich immer«, dachte sie, und daß sie ihrer Tochter nie mehr eine Freundin suchen würde. »Sie spielt ja dann doch nicht mit ihr«, dachte sie traurig. »Undank ist der Welten Lohn. Jeder ist seines Glückes Schmied.« Sprichwörter machten sie leicht und beschwingt.

Das Mädchen rutschte den glatten Stamm der Palme hinunter.

»Sie fordert mich sonst noch vor allen Menschen dazu auf, mit diesem Jungen zu spielen«, dachte das Mädchen und legte sich zu dem Jungen in die Hängematte, die neben dem Klapptisch zwischen zwei Lorbeerbäume gespannt war. Die Hängematte, die aus einem elastischen Material hergestellt war, hing jetzt sehr stark durch. Der Junge öffnete die Augen nicht. »Wie bist du hinaufgekommen?« fragte er mit geschlossenen Augen. »Wo hinauf?« fragte das Mädchen. »Auf die Palme«, sagte der Junge. »Ich bin hinaufgeklettert«, sagte das Mädchen. Der Junge ärgerte sich über die Antwort. Er mochte das Mädchen nicht, das einen dünnen, knochigen Körper hatte und überall im Club herumkletterte. Es war schon auf das Restaurantdach geklettert, auf den künstlich angelegten Vulkan und auf die Fahnenstange. Eines Tages war es sogar auf der Steinmauer des Clubs balanciert, obwohl es praktisch unmöglich war, dort hinaufzuklettern, und außerdem strengstens verboten. Er mochte auch die schmalen Lippen und die sehr hellen, meist entzündeten Augen des Mädchens nicht. Das einzige, das ihm an dem Mädchen gefiel, war die platte Nase.

»Wo ist dein Vater«, fragte er das Mädchen, das begonnen hatte, die Hängematte in wilde Schwingungen zu versetzen.

»Weiß ich nicht«, sagte das Mädchen, »abgehauen.«

Die Mutter, die neben der Hängematte mit den Eltern des Jungen Karten spielte, warf die Karten auf den Tisch und rief: »Dein Vater ist nicht abgehauen, dein Vater ist tot.« Sie sprang auf und lief in die Richtung ihrer Strohhütte. Ihr Hintern war nicht mehr sehr fest. Er zitterte beim Laufen. Hinter ihr lief die Mutter des Jungen her, die zwar dicker war als die Mutter des Mädchens, aber festeres Fleisch hatte. Sie hielt sich beim Laufen ihren Busen fest. Als sie die Mutter des Mädchens eingeholt hatte, legte sie einen Arm um ihre Schulter und sprach auf sie ein.

Der Vater des Jungen saß allein und nervös an dem Klapptisch. Die Karten hatte er noch in der Hand. Da die Frauen sich entfernt hatten, kratzte er sich ausgiebig zwischen den Beinen.

»Und er ist doch abgehauen«, sagte das Mädchen in der Hängematte zu dem Jungen, der von der Hängematte hinunterspuckte und versuchte, die Glatze seines Vaters zu treffen. Er traf sie aber nicht.

»Wo ist er hin?« fragte er gelangweilt.

»Nach Südamerika«, sagte das Mädchen.

Der Junge sprang von der Hängematte und lief in Richtung des Swimming-pools, der als Tropensumpf angelegt war. Der Boden des Swimming-pools war schlammig und das Wasser trüb. Aber der Junge mochte ihn, da Seerosen in der Mitte schwammen und am Ufer wilde Büsche standen, deren Zweige und lose Wurzeln ins Wasser ragten. Das Mädchen lief hinter ihm her. Sie schwammen um die Wette. Der Junge gewann. Er wartete unter seinem Lieblingsbusch auf das Mädchen. Der Busch wuchs in dichtbeblätterten Zweigen ins Wasser. An den Zweigen hingen trichterförmige violette Blüten, die sehr süß dufteten. Der Junge stand hinter den Zweigen bis zum Bauch im Wasser. Das Mädchen stellte sich neben ihn. Das Wasser war braun, und dort, wo Licht zwischen den Zweigen hereinfiel, war es plötzlich sehr grün. Das Mädchen riß einige Blüten ab und versuchte, sie an den Haaren zu befestigen, aber die Haare waren zu glatt.

Sie schwammen zu der in der Mitte des Swimming-pools angelegten Insel und setzten sich auf die weißen Plastikstühle. Die Insel war durch einen Steg mit dem Clubrestaurant verbunden, aber als die Kellner sahen, daß es nur Kinder waren, die auf den Plastikstühlen saßen, machten sie sich nicht die Mühe herüberzukommen. Der Junge, der unbedingt ein Coca-Cola wollte, schnippte mit den Fingern, aber niemand kam.

»Willst du mal reinschauen?« fragte das Mädchen, und der Junge, der nicht wußte, was es meinte, nickte. Das Mädchen spreizte die auf der Sitzfläche des Plastikstuhls angewinkelten Beine weit auseinander. Der Junge sah hin. Er sah nichts außer einem dicken, nackten Wulst mit einem Spalt. Die Wülste und Spalten, die er sonst schon gesehen hatte, waren verschrumpelt und behaart gewesen.

»Hör sofort auf damit«, rief die Mutter des Mädchens über den Swimming-pool hinweg, und der Vater des Jungen sprang kopfüber ins Wasser und näherte sich der Insel mit kräftigen Schwimmzügen. In einer Hand hielt er ein nasses Taschentuch. Am Rand der Insel stemmte er sich hoch und kletterte hinauf. Aus Gründen der Naturtreue der Anlage gab es keine Treppen zu der Insel hinauf. Als er zwischen dem Mädchen und dem Jungen auf einem Plastikstuhl saß, verglich das Mädchen unwillkürlich sein Geschlecht mit dem des Jungen. Sofort kam ein Kellner über den Steg gelaufen, und der Vater des Jungen bestellte einen Whisky und zwei Coca-Cola. »Ich will auch ein Eis«, sagte der Junge, und sein Vater bestellte auch ein Eis. Als der Kellner mit dem Bestellten kam, balancierte er vorsichtig über den Steg. Der Kellner war bekleidet. Nackt waren außer den Urlaubsgästen nur die Clubleitung und die Animateure. Ein Animateur hatte schwarze Haare und hellgrüne Augen. In ihn war das Mädchen verliebt.

Der Vater des Jungen band das nasse Taschentuch um seinen Kopf, weil auf der Insel kein Schatten war. Seine Glatze war sehr sonnenempfindlich. Er fragte das Mädchen, ob es das Gedicht »Mahomets Gesänge« kenne, und begann, als das Mädchen verneinte, zu rezitieren. Seine Stimme war tief und wohlklingend. Als er gerade erst zwei Strophen rezitiert hatte, kamen seine Frau und die Mutter des Mädchens herangeschwommen. Sie hielten sich vorne an einer Luftmatratze fest und planschten mit den Beinen im Wasser, so daß es hoch aufspritzte und großen Lärm machte. Es kostete den Vater des Jungen, der dafür das Rezitieren des Gedichts unterbrechen mußte, viel Mühe, die zwei Frauen auf die Insel zu ziehen. Als sich die Mutter des Jungen und die Mutter des Mädchens gesetzt hatten, begannen sich die vier Wasserlachen unter den Plastikstühlen zu einem kleinen See zu verbinden. Der Vater des Jungen wollte im Rezitieren des Gedichts fortfahren, aber seine Frau sagte, nun sei sie an der Reihe, etwas zum besten zu geben. Und zwar, sagte sie, werde sie eine Geschichte erzählen. Ihr Mann war sofort beleidigt. Er bestellte für die Frauen je eine Coppa tropical und sich selbst einen doppelten Whisky. Er bestellte alles mit einer Grabesstimme. Der Junge wollte jetzt einen Krabbencocktail, bekam ihn aber nicht. Die Mutter des Jungen saß sehr aufrecht in dem Plastikstuhl. Am Hals hatte sie rote Flecken, so aufgeregt war sie. Die Coppa tropical waren dunkelblau wie alte Kirchenfenster.

Die Mutter des Jungen legte den eingeknickten und stark mit Zucker bestreuten Strohhalm weg und trank alles in einem Zug leer. Sie sagte, daß sie eine berufstätige Frau sei, und zwar sei sie die rechte Hand eines Autohändlers. Ihr Mann zuckte die Achseln, als wollte er sagen: Und wenn schon. Seine Frau beachtete das aber nicht, sondern sagte, ihr Chef sei ein fantastischer Mensch, ein großzügiger Chef, ein Unternehmer im besten Sinne des Wortes, ein Geschäftsmann, ein Abenteurer. Leider sei er auch Alkoholiker.

Die Mutter des Mädchens hatte die Augen zu zwei schmalen Schlitzen zusammengezogen, als blendete sie die Sonne. Beide Frauen hatten noch ihre Bademützen auf.

Eines Tages, begann die Mutter des Jungen mit ihrer Geschichte, sei ihr Chef mit seinem Reise-Aktenkoffer in die Firma gekommen. Er sei vollkommen betrunken gewesen und habe zu ihr gesagt: »Entfernen Sie diese Frau.« Sie habe keine Frau gesehen. Der Chef habe rumgebrüllt: »Sofort entfernen« usw. Er dulde keine Frauen in seinem Betrieb. Sie habe ihn auf die Couch in seinem Chefzimmer gelegt, und er sei augenblicklich eingeschlafen. Als er wach geworden sei, habe er sie gerufen und gesagt, daß er gerade aus dem Ausland komme. Dort sei ihm folgendes passiert: Er sei in Bangkok aus dem Flugzeug gestiegen und habe wieder nur eines dieser teuren Taxis bekommen, mit denen man die Touristen dort betrüge: schwarze Limousinen mit Klimaanlage. Brauche er nicht, habe ihr Chef gesagt, er liebe das Tropenklima. Er sei aber eingestiegen, weil man als Ausländer vor dem Flughafen von Bangkok unmöglich ein ordentliches Taxi bekommen könne, und sei dann geradewegs zu dieser Alligatorenfarm gefahren, in der tausende, zehntausende Alligatoren gezüchtet würden. Der Größe nach in Becken eingeteilt, habe er gesagt. Aber deshalb sei er nicht hingefahren, nicht nur deshalb. Er sei hingefahren, weil es auf der Alligatorenfarm die schönsten Frauen gebe. Käufliche Frauen, habe er zu ihr gesagt, für thailändische Verhältnisse sehr teure Frauen, auch das sei natürlich eine Folge des Tourismus. Seine Wahl sei sofort auf eine bestimmte Frau gefallen. Mit der sei er dann durch die Alligatorenfarm gegangen. Er habe gesagt, daß er nicht wisse, ob sie sich das vorstellen könne, eine Alligatorenfarm in Thailand. Es führten Holzstege über die Alligatoren, die unter den Holzstegen reglos dalägen, wie versteinert, habe er gesagt, und auf ihr Fressen warteten. So reglos sie nämlich dalägen, wenn sie auf ihr Fressen warteten, so wendig und geschmeidig seien sie, wenn der Wärter das Fressen ins Wasser werfe. Immer schon sei ihm der Gedanke gekommen, etwas Lebendiges dort hineinzuwerfen. Fische hätten ihm nie genügt, habe ihr Chef gesagt, der immer noch vollständig betrunken gewesen sei. Da sei dann der Mann mit dem Affen gekommen. Der Affe sei ebenfalls eine Attraktion der Alligatorenfarm gewesen, deren Besitzer steinreich sei. Der Affe habe nämlich in der Brusttasche seiner Latzhose ein Paket Zigaretten getragen und, wenn ein Besucher in Sichtweite gekommen sei, eine Zigarette aus dem Paket genommen und geraucht. Angeblich habe er den Rauch der Zigarette inhaliert. Jedenfalls habe der Chef in seinem Suff erzählt, sagte sie – er habe so eine entsetzliche Fahne gehabt, daß sie gezwungen gewesen sei, das Fenster seines Zimmers zu öffnen –, daß diese Frau, auf die von Anfang an seine Wahl gefallen sei, den rauchenden Affen auf den Arm genommen und gestreichelt habe. Da habe er gesagt, sie solle den Affen ins Wasser werfen. Der Affe habe versucht, sich an ihren langen Haaren festzuhalten, als sie ihn tatsächlich ins Wasser geworfen habe. »In ein paar Sekunden war er weg«, sagte die Mutter des Jungen, und ihr Chef sei diese Frau nicht mehr losgeworden. Sie habe gesagt, daß sie ihn liebe, und sei ihm dann irgendwie nach Europa gefolgt. Sie müsse sich irgendwo in seinem Bürogebäude befinden, habe der Chef gesagt.

Sofort nach Beendigung der Geschichte sprang das Mädchen kopfüber ins Wasser. Der Junge folgte ihm. Als es aus dem Wasser stieg, hatte er es fast eingeholt. Es lief quer über den Rasen, der gerade mit einem Gerät bewässert wurde, das sich immerfort im Kreis drehte und aus fünf Düsen feine Wasserstrahlen rundum verspritzte, und kletterte auf eine Palme. Der Junge versuchte ebenfalls hinaufzuklettern, kam aber nicht weit. Er versuchte es noch ein paarmal, dann ließ er verärgert davon ab und legte sich in seine Hängematte.

Als das Mädchen ganz oben in der Palme saß, umfaßte es den Stamm der Palme wie einen Menschen. »Ich liebe liebe liebe dich«, sagte es und küßte den glatten Stamm wie den Mund eines Mannes.

Der Junge und sein Hund

»Einmal«, sagte der Junge, der bis zum Bauch im Wasser stand, das so klar war, daß er jeden einzelnen der bunten Kieselsteine auf dem Boden des Beckens sehen konnte, »hab ich einen Hund gehabt.«

»Hast du ihn abgerichtet?« fragte das Mädchen, das neben ihm stand und auch auf den Boden schaute.

In dem Becken schwammen zwölf Fische herum. Sie waren bunt und schillerten grün und gold und rot und blau in dem klaren Wasser, durch das die Sonne auf sie schien. Die Fische waren groß und dick wie Karpfen, hatten aber gepunktete Schleierflossen. Es war der Zierfischteich des Clubs, und es war strengstens verboten, darin zu baden.

Der Junge und das Mädchen standen schon über eine Stunde fast reglos in dem Becken, weil das Mädchen die Fische abrichten wollte. Die Fische hatten sich in einer Ecke des Beckens zusammengedrängt.

Der Hund, sagte der Junge, der kein besonderes Interesse an den Fischen hatte, sei eine Mischung aus einem Schäferhund und einer afrikanischen Wüstenwölfin gewesen.

»Gibt's nicht, afrikanische Wüstenwölfe«, sagte das Mädchen und beobachtete weiter die Fische.

»Gibt's doch«, sagte der Junge. Die Mutter seines Hundes sei eine afrikanische Wüstenwölfin gewesen, die immer in die Dörfer gekommen sei, wenn sie Hunger und Durst gehabt habe, und dabei sei sie gefangen und gezähmt worden, und eines von den Jungen, die die Wölfin dann von einem Schäferhund bekommen habe, sei sein Hund gewesen.

»Es gibt keine Wölfe in der Wüste«, sagte das Mädchen.

Sein Vater habe ihm den Hund im Kaufhaus gekauft, fuhr der Junge fort, als hätte das Mädchen gar nichts gesagt. Der Hund habe ihm so leid getan, sagte er, weil er doch eine echte Wölfin zur Mutter gehabt habe – das Mädchen zuckte die Achseln – und der Käfig in dem Kaufhaus viel zu klein gewesen sei und außerdem dreckig. Sein Vater habe das auch gesagt. Und er sei jeden Tag in das Kaufhaus gegangen und habe den Hund gestreichelt. Keiner habe den Hund gekauft. Weil er kein reinrassiger Schäferhund gewesen sei, sondern eine Mischung aus einem Schäferhund und einer Wölfin.

Der Tag war so schön wie alle Tage in Kenia. Der Himmel war wolkenlos blau, und es kam eine leichte Brise vom Meer her. Gerade stark genug, um die Seerosenblüten, die weit geöffnet waren, sanft hin und her zu schaukeln.

Der Hund sei in dem Käfig im Kaufhaus gewachsen und gewachsen, sagte der Junge im Wasser, aber der Käfig sei immer derselbe geblieben und viel zu klein für den Wolf, der ein schwarzes Fell gehabt habe und goldene Pfoten. Außerdem, sagte der Junge und starrte auf die schaukelnden Seerosenblüten, habe er goldene Punkte über den Augen gehabt, und selbst wenn er die Augen geschlossen habe, hätten sich die goldenen Punkte in die Richtung hinbewegt, in die sich auch seine Ohren hinbewegt hätten. Denn er sei ununterbrochen aufmerksam gewesen. Das sei noch eine Angewohnheit gewesen, die der Hund von seiner Mutter übernommen gehabt habe.

»Mir ist kalt«, sagte das Mädchen, das schon blaue Lippen hatte, und drehte sich im Wasser ein paarmal um die eigene Achse. Die bunten Zierfische schwammen aufgeregt durcheinander. Dann drängten sie sich wieder in die Ecke.

Der Junge war sehr in das Mädchen verliebt. Ohne die geringste Ahnung zu haben warum, fühlte er sich stark zu ihm hingezogen. Seit zwei Wochen versuchte er beinahe ununterbrochen, seine Aufmerksamkeit zu erregen. Aber meistens sah ihn das Mädchen nicht einmal an. Allerdings verjagte es ihn auch nicht.

Er riß mit den Zehen eine Seerose aus. Sie blieb zwischen seinen Zehen stecken.

Der Hund habe dann zwei Matratzen in der Wohnung liegen gehabt, das seien seine Plätze gewesen, fuhr er fort, denn er hatte immer Angst, das Mädchen könnte fortlaufen, wenn er einen Moment schwieg. Die beiden Plätze seien sehr unbequem gewesen für den Hund, weil die Matratzen weich und zu klein gewesen seien, so daß er beim Liegen eingesunken und links und rechts über den Matratzenrand geragt sei. Der Hund habe nie als ganzer Platz gehabt auf der Matratze. Das Mädchen schnappte nach einem Fisch. Es sah aus, als hätte es ihn erwischt, da entglitt er ihm doch wieder.

»Aber dann hat der Tierarzt ihn eingeschläfert«, sagte der Junge und schaute dem Fisch nach, der aufgeregt herumschwamm und sich dann hinter anderen Fischen versteckte.

»Warum hat er ihn eingeschläfert?« fragte das Mädchen.

»Er hat gehinkt«, sagte der Junge. »Vielleicht war er aber einfach nur zu müde, um richtig zu gehen. Ich weiß nicht.«

»Ich weiß nicht, ich weiß nicht, ich weiß nicht«, sagte das Mädchen. Es schlug nun mit den Armen ins Wasser, vielleicht, um sich Bewegung zu verschaffen, weil es fror, vielleicht auch aus Ungeduld.

»Wir sind mit ihm zum Tierarzt gegangen«, sagte der Junge zögernd. »Die Sonne hat geschienen. Mein Hund hatte ein rotes Halsband. Beim Parkteich hat er sich losgemacht und ist ins Wasser gesprungen. Er ist im Teich herumgeschwommen. Die Leine hat er hinter sich hergezogen. Dann ist er wieder herausgekommen und war ganz naß. Mein Hund ist gerne schwimmen gegangen. Wir sind dann weitergegangen, und der Asphalt hat so komisch geglitzert, ganz bunt, und die Straßen haben nach Benzin und Heizöl gestunken. Die Bäume waren alle staubig.«

Der Junge winkelte ein Bein an und hob seinen Fuß aus dem Wasser. Dann löste er mit den Händen die Seerose aus seinen Zehen und warf sie weg. Sie bewegte sich mit dem Blüteninneren nach unten auf die Zierfische zu. Sie umringten die Seerose sofort, manche stießen sie mit dem Kopf an. Die Fische schienen ganz aufgeregt zu sein.

Da das Mädchen nicht versuchte, einen von ihnen zu fangen, sondern reglos dastand und den Jungen mit weit aufgerissenen Augen ansah, wurde er sicherer. Er berichtete ganz genau, wo überall sie auf dem Weg zum Tierarzt vorbeigekommen seien und daß er sich die Fußsohlen auf dem heißen Asphalt verbrannt habe, weil er barfuß gewesen sei, und sein Hund auch.

»Hab ich mir gedacht«, sagte das Mädchen.

»Was?« sagte der Junge.

»Daß Hunde keine Schuhe anhaben.«

Der Junge spürte, wie ihm das Blut in den Kopf schoß.

»Die Hunde haben empfindliche Ballen«, sagte er mit heißem Gesicht.

»Ich weiß«, sagte das Mädchen und fügte nach einer Weile hinzu: »Aber warum hat der Tierarzt deinen Hund eingeschläfert?«

Der Junge fühlte sich einen Augenblick ganz schwach. Aber dann fing er sich gleich wieder. Seine Mutter habe gesagt, es sei ein Hüftleiden gewesen, sagte er. Dagegen könne man nichts tun. Das habe der Tierarzt auch gesagt. Und da sei es besser, ihm gleich eine Spritze zu geben. Er habe zuerst gar nicht verstanden, was der Tierarzt gemeint habe, sagte der Junge.

Das Mädchen öffnete den Mund, als wollte es etwas sagen. Dann verzog es ihn aber nur.

Der Junge sagte, sie hätten den Hund dann auf den Operationstisch gehoben, und der Tierarzt habe eine Spritze gefüllt. Der Hund habe sich an ihn gelehnt. Dann sei er umgefallen. Der Tierarzt habe gesagt: Jetzt ist er tot. Der Hund habe aber genau so ausgeschaut, als ob er noch gelebt hätte. Der Tierarzt habe dem Hund das rote Halsband abgenommen und es seiner Mutter gegeben, und dann hätten er und seine Assistentin den Hund ins Nebenzimmer getragen. Dort hätten sie ihn auf den Boden gelegt und eine Plastikplane über ihm ausgebreitet. Sie hätten gesagt, der Hund werde später abgeholt.

Die Zierfische im Teich schwammen nach wie vor im Kreis um die Seerose herum. Sie schnappten nach ihr, hatten sogar schon kleine Stückchen abgebissen. Das Mädchen hätte jetzt am ehesten einen von ihnen fangen können. Aber anscheinend hatte es kein Interesse mehr daran. Es sah unentwegt den Jungen an. Zum ersten Mal fiel dem Mädchen der feine helle Flaum auf seinen Wangen auf. Und daß seine blonden Haare sich am Hals, wo sie naß waren, kringelten.

Das Mädchen kletterte aus dem Zierfischteich und lief durch den Palmenhain. Der Junge lief ihm nach. Als er es eingeholt hatte, sah er, daß es immer noch blaue Lippen hatte und nun auch noch mit den Zähnen klapperte. Der Junge nahm das Mädchen bei der Hand. Eine Weile liefen sie Hand in Hand, dann riß das Mädchen sich los.

»Es gibt keine Wölfe in der Wüste«, sagte das Mädchen, und man hörte sehr deutlich das Klappern der Zähne.

Auf der Liegewiese vor dem Swimming-pool lagen die Erwachsenen in rosaroten und hellblauen Liegestühlen. Um sie zu umgehen, liefen der Junge und das Mädchen hinter den Bungalowhütten herum. Hier war der Sand weiß. Das trockene Gras, mit dem die Hütten verkleidet waren, knisterte in der Hitze. Hin und wieder raschelte ein großes Palmenblatt ohne ersichtlichen Grund.

»Manchmal«, sagte der Junge, als sie nebeneinander auf dem Bauch in der Hängematte lagen, die er zwischen zwei Lorbeerbäume gespannt hatte und die jetzt stark durchhing, »hab ich Angst, daß mein Hund noch lebt.«

Das Mädchen drehte sich auf den Rücken.

»Ich dachte, ihr habt ihn einschläfern lassen«, sagte es und schloß die Augen, als würde es geblendet vom vielen Licht.

Der Junge benützte die Gelegenheit, um es genau anzuschauen. Es hatte viele kleine Sommersprossen unter den Augen. Die schmalen Lippen waren wie ein roter Strich. Aus den Hüften ragte rechts und links je ein spitzer Knochen. Der Junge bewegte sich nicht.

»Manchmal glaub ich«, sagte er, »sie haben ihn gar nicht getötet, und in der Spritze war nur ein Betäubungsmittel. Und sie haben ihn wieder aufgeweckt und in eine Anstalt gebracht.«

Da es Mittag war, war es ganz still im Camp. Nicht einmal die Grillen zirpten, und nur ein großer bunter Falter torkelte von einer Orchideenblüte zur anderen.

»Manchmal hab ich Angst«, fuhr der Junge wie gegen seinen eigenen Willen zu sprechen fort, »daß sie ihn mit Gurten auf einem Stuhl festgebunden haben, der wie ein Zahnarztstuhl aussieht. Und daß sie ihn so festgeschnallt haben sitzen lassen. Daß sein schwarzes Fell ganz struppig geworden ist. Daß sie seine Zunge herausgeschnitten und an ihrer Stelle ein kleineres Tier, eine Schlange vielleicht, eingesetzt haben. Daß in seine Nase Schläuche führen, die ihn ernähren, obwohl er gar keinen Hunger mehr hat.«

»Du spinnst«, sagte das Mädchen mit geschlossenen Augen.

Der Junge legte sich jetzt auch auf den Rücken.

Seine rechte Körperseite lag so eng gepreßt an die linke Körperseite des Mädchens, daß er den spitzen Hüftknochen an seiner Hüfte spürte. Sofort bildete sich eine Schweißschicht zwischen ihnen. Als der Junge sein Bein einen Augenblick hob, trocknete der Wind den Schweiß. Es kühlte. Vorsichtig legte er seine rechte Hand auf das linke Bein des Mädchens. Das Mädchen neben ihm rührte sich nicht.

»Vielleicht erinnert sich mein Hund noch an alles«, sagte der Junge. Seine Stimme klang heiser. Er räusperte sich.

»Woran soll ein Hund sich erinnern«, sagte das Mädchen. Es richtete sich abrupt in der Hängematte auf. Der Junge zog seine Hand schnell zurück.

»An nichts«, sagte er.

Das Mädchen streckte sich wieder lang aus.

Der Junge schaute jetzt direkt in die Sonne. Er blinzelte. Dann schloß er ganz die Augen.

»Die rohe Leber«, murmelte er, »die er immer angebellt hat, weil er glaubte, sie lebe noch. Und die Steine, die er aus dem Wasser ans Land gebracht hat, damit ich sie ihm irgendwohin werfe und er sie von irgendwoher wieder holt. Und die Katzen. Und seine Matratze.« Der Junge stockte. »Oder die Wiesen, die Kuhherden, um die herum er läuft, Schafe, die er zusammentreibt, bis sie in ihre Hütten gehen. Vögel. Und Bälle, Tannenzapfen. Und ich«, sagte er, aber die in der Hitze flimmernde Luft sog alle seine Worte auf. Hoch über ihm hingen Kokosnüsse an den Palmen. Im wolkenlos blauen Himmel kreiste ein Vogel. Das Mädchen neben ihm war eingeschlafen.

Das Abschiedsfest

Die Vorbereitungen hatten mit der Gesamtreinigung der Clubanlage eine Woche vor dem Abschiedsfest begonnen. Zunächst waren Clubangestellte mit hohen Leitern in das zeltartig aufgezogene Dach des Restaurantgebäudes geklettert und hatten die dort im Schatten sitzenden Taubenpaare entfernt. Das Trag- und Flechtwerk des Daches war von Vogelmist gereinigt worden. Spinnweben waren zerstört und im Flechtwerk nistende Käfer und anderes Kleingetier mit Hilfe eines giftigen Sprays, in den Duftstoffe gemischt waren, beseitigt worden. Anschließend waren die verschnörkelten Holzbauteile der Veranda des kleinen Clubhotels, eines im kolonialen Baustil errichteten Gebäudes der billigeren Urlaubskategorie, ausgebessert und dort, wo es nötig war, mit weißer Farbe nachgestrichen worden. Um die Gäste der teureren Kategorie nicht zu stören, waren die Bungalows, von den Campbewohnern »unsere Hütten« genannte Einzelgebäude, die in der Form eines südafrikanischen Kraals angelegt, in ihrem Inneren allerdings mit allem Luxus ausgestattet waren, zur Zeit des Mittag- und Abendessens ebenfalls gereinigt und ausgebessert worden. Zur Abschreckung jedweder Insekten wurde auch hier gründlich der giftige Spray versprüht.

Der süßliche Duft des Insektenvernichtungsmittels lagerte alsbald über dem ganzen Camp.

Es wurden im Zuge der Festvorbereitungen noch das Wasser des großen, nierenförmigen Swimming-pools, über den sogar eine Brücke führte, abgelassen und erneuert, der Rasen nicht nur gemäht und besprüht, sondern eines Tages sogar gekehrt, die Plätze vor den Urlaubshütten mit Wasser besprengt und die Krankenstation frisch gestrichen. Die Kinder machten sich einen Spaß daraus, ihre Hände auf die feuchte Wand zu legen und überall ihre Abdrücke zu hinterlassen.

Der große Vogelkäfig vor dem Restaurant wurde besonders sorgfältig gereinigt. Vier Angestellte zwängten sich durch das Gittertor in den Käfig, in dem zwischen exotischen Pflanzen Papageien herumflogen und -kletterten. Ein Graupapagei kletterte an die Käfigdecke und schaute von oben auf die Angestellten herab. Dabei schrie er schrill. Es waren auch einige Flamingos in dem Käfig, die auf einem Bein standen. Und auch ein Marabu. Er sah sehr verkommen aus.

Alle Vögel drängten sich in einer Ecke des Käfigs zusammen. Der Marabu mischte sich unter die Flamingos.

Die Angestellten schrubbten den Steinboden mit einem Reinigungsmittel, das große Seifenblasen machte, die in der Sonne in allen Farben schillerten und schließlich zerplatzten. Im Palmenhain hinter dem Swimming-pool wurden herabgefallene Palmenblätter aufgesammelt. Ebenso Zigarettenkippen. Unregelmäßig geformte oder braungefleckte Blätter wurden von den Bäumen entfernt. Die zuunterst hängenden einzeln abgestaubt.

Nach drei Tagen war die Clubanlage so sauber, daß man vom Boden essen und das Wasser des Swimming-pools hätte trinken können.

Nach und nach trafen die Speisen ein. Über Land, über Wasser und durch die Luft. Ein Rind, ein Lamm und ein Schwein wurden an Stricken durchs Clubtor gezogen. Ihr Schreien und Quietschen war im ganzen Camp zu hören. Auch das

Schnattern und Gackern der Enten, Hühner, Tauben und Truthähne, die in Körben gebracht wurden, durch deren Verstrebungen die Kämme der Hähne leuchteten und die Federn der Tauben fielen, so daß sie Spuren hinterließen wie Schnee, die von den Küchenjungen schnell wieder beseitigt wurden.

Ein schwarz-weiß gestreiftes Clubflugzeug brachte Pasteten und Brot, ein Kühlwagen Orchideen und Meerestiere, und aus Mombasa kam ein Schiff mit französischem Käse und Weinen.

Jeden Tag wartete eine lange Schlange von Einheimischen vor dem Clubtor mit Körben voll Süßigkeiten, Gewürzen, Blumen und Getränken. Köche prüften die Qualität der Waren, und nur wenige wurden eingelassen mit ihren Körben.

Zehn verschiedene Fischsorten waren eingetroffen. Hühner- und Vogeleier lagen wie Perlen auf den Küchentischen. Zimtäpfel wurden zu Pyramiden geschichtet auf dem Boden aufgehäuft, und wenn sie zusammenstürzten, kollerten rote Kugeln bis zum Swimming-pool hin und fielen plumpsend ins Wasser.

Der Musikpavillon wurde mit weichen Kissen ausgelegt, die in der Sonne glänzten. Der Rasen war seit Tagen so stark bewässert worden, daß er grün schillerte und so saftig aussah wie frischer Salat. Auf die Wege durchs Camp waren bunte Flußkiesel gestreut worden, die unter der sich ständig im Kreis drehenden Berieselungsanlage funkelten wie Edelsteine.

Überall waren Räucherkegel angezündet worden. Die betäubendsten Düfte wechselten einander ab, so daß man blind hätte alle Wege gehen können, nur vom Duft geführt. Die Hütten der Urlauber waren geschmückt mit Papyrusstauden und Palmwedeln.

Am Tag des Festes selbst war bereits vor Sonnenaufgang die seltsame Fahne des Landes aufgezogen worden. Ein Ventilator am Dach der Krankenstation hielt sie ständig in Bewegung, so daß die grünen Blätter sich um das Kriegerschild in ihrer Mitte wanden und schlängelten.

Die Herren von der Clubleitung liefen im Eilschritt hierhin und dorthin und gaben Anweisungen. Einige Animateure hatten in der Früh je nach Temperament und Gesundheitszustand Beruhigungstabletten oder Aufputscher, Valium oder Captagon geschluckt, Tranquilizer oder Antidepressiva. Andere hatten, von der Clubleitung weder unterstützt noch behindert, Kokain geschnupft und verglichen ihre fein verzierten Schnupfdosen.

Alle liefen durcheinander, und die Aufregung war groß.

Auch die Gäste waren längst von der Feststimmung angesteckt. Sie sollten am Abend kleine Beiträge zum Festprogramm leisten.

Da einheimische Folkloregruppen erwartet wurden, hatte man beschlossen, das Fest bekleidet zu feiern. Die Gäste, die nach fast vierwöchiger Nacktheit in dem FKK-Club froh waren, sich endlich wieder bekleiden zu dürfen, wühlten in Kisten und Koffern, die sie unter den Betten hervor- oder von den Schränken herabgeholt hatten. Die Kleider waren auf Betten ausgebreitet, zum Reinigen oder Bügeln gebracht, in die Sonne gehängt, auf die Wiese gelegt, mit Parfum bestäubt, geprüft und gebürstet worden.

Die Friseure arbeiteten auf Hochtouren. Viele Frauen ließen sich trotz der Hitze komplizierte Haartürme bauen, falsche Locken wurden ins eigene Haar geflochten und Bänder und Schmuck eingearbeitet. Andere trugen noch Lockenwickler oder kleine Zöpfchen auf dem Kopf, die erst kurz vor dem Festbeginn gelöst werden sollten, damit Löckchen aus ihnen hervorsprängen. Haare wurden mit dunklem Bier, schlammigen Hennapackungen und süßlich riechenden Kurshampoos bearbeitet, Essig und Eigelb, Zitrone und Hefe wurden zu Gesichtspackungen angerührt. Auf den rosaroten und hellblauen Liegestühlen saßen Frauen, die Gesichter bedeckt mit Gurkenscheiben oder Joghurt. Masseure bearbeiteten, rittlings auf den Gästen sitzend, braune und weiße und rote Leiber. Die Massageöle dufteten weithin. Die Männer wurden rasiert. Sie trugen lange weiße Lätze um den Hals und hatten allesamt weißen Schaum ums Kinn. Hundert Rasiermesser blitzten in der Sonne.

Die Köche in den Küchen schwitzten, denn die Fenster wurden geschlossen gehalten, um den Geruch nach entschuppten, gehäuteten und gerupften Tieren nicht im Camp zu verbreiten. Sie wateten knöcheltief in Blut und Eingeweiden.

Die Oberköche zerlegten das Fleisch und das Geflügel und die Fische, und die Lehrlinge trugen große Bastkörbe aus dem Camp, die gefüllt waren mit Abfällen. In denselben Körben schleppten sie die damit eingehandelten Blumen und Gewürze wieder in die Küchen.

Dort schwammen Hasenkeulen in der Beize, lagen dunkelrote Filetstückchen in kleinen Tonnen mit Öl, Wachteln in Weißwein, Papayas in Sektfässern, und in großen gläsernen Schalen schwammen violette Blüten in reinem Alkohol.

Am frühen Nachmittag wurden die ersten Kochtöpfe von den Lehrlingen aufs Feuer gestellt.

Auf Spießen brieten das Rind, das Lamm und das Schwein. Zwei Küchenjungen waren nur dazu da, die Spieße zu drehen, das Fleisch mit süß duftenden Gewürzen zu bestreichen und zwischen den am Spieß bratenden Tieren Räucherkegel zu nähren, damit die Gänsegeier durch ihren Geruch getäuscht würden und nicht über dem Camp zu kreisen begännen.

Überall auf der Wiese um den Swimming-pool standen einzeln oder in Gruppen Gäste und übten ihre Beiträge zum Festprogramm. Frauen mit Lockenwicklern im Haar und Gesichtsmasken aus Eidotter und Zitronensaft probten einen Tanz, bei dem sie sich alle vor und zurück wiegten, so daß sie aussahen wie Vögel, die einander zu- und abgeneigt sind. Einzelne Männer mit Rasierschaum auf dem Kinn sangen oder rezitierten Gedichte, andere jonglierten bunte Bälle oder balancierten auf den Händen. Ein alter Mann machte aus dem Stand unentwegt einen Salto nach vorn und einen zurück. Die meisten Kinder hüpften den ganzen Nachmittag auf einem Bein.

Um vier Uhr nachmittag wurde die letzte Club-Versammlung einberufen. Die Herren von der Clubleitung erklärten noch einmal den Festablauf. Dann zogen sich alle Urlauber bis zum Fest zurück.

In der ganzen Clubanlage war niemand mehr zu sehen außer den Köchen, die von Zeit zu Zeit, bespritzt mit Blut und Bratensaft, aus ihren Küchen traten, um Luft zu schnappen, und den Küchenjungen, die unaufhörlich die Spieße drehten, und den Kellnern, die die Tafeln deckten, und den Beleuchtern, die ihre Lampen und Scheinwerfer aufstellten, und den Gärtnern, die die Blumen auf den Tischen verteilten.

Das große Tor wurde geöffnet, und die einheimischen Folkloregruppen betraten den Club. Lautlos stellten sie überall ihre Trommeln auf.

Diejenigen Gäste in den Bungalows, die gute Nerven hatten, versuchten noch eine Stunde zu schlafen, die anderen übten hinter zugezogenen Vorhängen weiter ihre Lieder und Texte. Alle, die nicht schliefen, schlichen auf Zehenspitzen durch die Räume.

Nur ein österreichischer Animateur hatte sich nicht zurückgezogen. Er saß, wie jeden Tag in seiner Freizeit, auf dem Hochstand und starrte zum Bungalow der Tochter des Clubdirektors hinüber.

Sein nackter Oberkörper glänzte in der Sonne von den Ölen und Salben, und seine Pupillen waren geweitet. Er war dermaßen vollgestopft mit Tabletten und Drogen, daß er statt des Palmengürtels, der sich jenseits der Clubmauer bis fast zum Meer hin erstreckte, Bergketten zu sehen vermeinte, mit weißverschneiten Gipfeln, die in der Sonne glitzerten.

Als die Tochter des Clubdirektors in ihrem blauen Kleid auf die Veranda ihres Bungalows trat und wie jeden Tag so tat, als ob sie den Animateur nicht sähe, blieb er regungslos sitzen. Er spürte, wie er Tag für Tag an Mut verlor, sie anzusprechen.

Eine halbe Stunde vor Festbeginn, nachdem auch der Animateur von seinem Hochstand heruntergeklettert und in seiner Hütte verschwunden war, ließ sich kein Mensch mehr im Camp sehen.

Alles war still. Nichts bewegte sich. Die rosaroten und hellblauen Liegestühle standen leer in der Wiese vor dem Swimming-pool. Die Oberfläche des Wassers war so glatt wie eine fein gespannte Tierhaut. Dunkelrote und violette Blütenkelche hingen von üppigen Büschen hinab ins Wasser.

Die Seerosenblüten in der Mitte des Swimmingpools waren weit geöffnet. Auf den Tischen um den großen Vogelkäfig herum lagen Stapel von Tischdecken und Servietten. Unter einem Tisch schliefen zwei dicke rote Katzen.

Die Papageien im Käfig saßen auf ihren Stangen, die Schnäbel im Gefieder versteckt. Die Flamingos standen auf je einem Bein. Der Marabu auch.

Auf der Mauer, die das Camp umfing, klebten die Geckos.

An der Wand des Krankenhausgebäudes war ein nasser Fleck. Jeder, der lange genug darauf gestarrt hätte, hätte gemeint, er breite sich aus. Die Fahne am Mast hing schlaff. Die Stühle vor dem Musikpavillon standen in hohen Stapeln übereinandergeschichtet da. Der unterste war gelb.

Eine kleine grüne Schlange hob ihren dreieckigen Kopf. Ihre Zunge schnellte hervor. Sie ließ sich lautlos vom Tisch auf den Boden fallen und blieb eine Weile auf dem heißen Steinboden in der Sonne liegen. Als der Gärtner kam, schlängelte sie sich ins Gras. Dort war sie beinahe unsichtbar. Sie glitt rasch durch den Rasen und ließ dabei in regelmäßigen Abständen ihre Zunge nach vorn schnellen. Als sie den ersten rosaroten Liegestuhl erreicht hatte, holte der Gärtner sie ein. Mit einem einzigen Schlag mit der Hacke schlug er ihr den Kopf ab.

Als um acht Uhr der große Kupfergong geschlagen wurde, waren alle Spuren von Blut und Eingeweiden, von Fischschuppen und Hasenpfoten beseitigt.

Jede Ecke der Clubanlage war beleuchtet, je nach ihrem Aussehen und ihrer Funktion von hellen Scheinwerfern oder bunten Glühbirnen, von Fackeln oder Kerzen. Auf dem Swimming-pool schwammen zwischen Blüten und Blättern in leichten Schalen brennende Dochte in flüssigem Wachs.

Die Gäste, die aus ihren Hütten traten, blinzelten fast alle. Unter Ausrufen des Staunens zogen sie in langen Prozessionen die hell beleuchteten Kieswege entlang, und das Licht der Scheinwerfer und Fackeln und Kerzen und Glühbirnen verfing sich in ihren Gewändern, in den Ketten und Perlen und Steinen und den mit Flitter durchwirkten Tüchern, den Medaillen und Broschen und den Spangen der Schuhe und Gürtel.

Beim Vogelkäfig, wo die Tafeln mit den Speisen aufgebaut waren, stockte die Prozession. Da der Club vor allem mit seinem Service und dem Essen warb, hatte man zum Abschiedsfest alles aufgeboten. Nichts fehlte da.

Auf blau bemalten Platten lag der Hummer mit bunt geschmückten Fühlern, es türmten sich Krabben, Langusten und Garnelen zu Bergen auf zerstoßenem Eis; in halb geöffneten Schalen trieben Austern im eigenen Saft, garniert mit grüner Kresse und Zitronenscheiben; auf kreisrunden Tellern mit verschnörkeltem Rand lagen in feinen Blättern aneinandergereiht die Lachsscheiben; in Kristallschüsseln der graue, der rote und der weiße Kaviar; wächsern der rohe Fisch auf Palmenblättern. In weißen Schalen schwammen kleine Muscheln in Weinsauce. Das Neunauge lag in seinem Blut, das gekocht worden war mit passiertem Brot und gewürzt mit Ingwer, Zimtstangen, Nelken, Muskatnuß und Pfeffer. Fünf Terrinen aus braunem Ton waren mit Fischsuppe gefüllt. Auch Aale lagen gehäutet und noch gewunden auf Dünen aus Eis. Zur Verzierung waren mandeläugige und goldmäulige, rotgetupfte und violettgestreifte Schleierfische aus dem Zierfischteich gefischt und hier und dort zwischen den Gerichten verstreut worden. In der Mitte lag einsam ein Königskarpfen in seinem Bett aus Seetang.

So vielfältig wie die Gerichte aus Meerestieren waren auch die Speisen aus Geflügel und Wild. Sie waren auf drei langen Tafeln aufgebaut, die über und über bestreut waren mit Rosenblättern. Auch hier war das schönste Geschirr ausgesucht worden. Bunte Tonterrinen für die Tauben in Zitronenmarinade sowie die Wachteln in Wacholdersauce, Silbertellerimitationen für den gebratenen Fasan und das Rebhuhn, das geschmorte Kaninchen und die gebratenen Rehnüßchen. Große weiße Teller für den Gänsebraten in einem Ring aus

Kastanien, die Ente auf geriebenen Mandeln, umkränzt mit Orangenscheiben, und den Hasen in der golden schimmernden Sauce.

Auf dem Deckel einer Terrine, in der eine Suppe schwappte, die »Fleisch in der Dunkelheit« hieß und aus Hühner- und Hasenkeulen bestand, die in dunklem Hühner- und Hasenblut schwammen, das gekocht und mit verschiedenen Gewürzen und mit Essig versetzt worden war, hockte ein weißer Porzellanknabe und wühlte in einem Korb, der überquoll von Äpfeln und Trauben. In weißen Saucieren, mit Goldrand und Kirschblütenzweigen verziert, standen dicke Saucen aus Wildsaft, mit Lorbeer, Petersilie und Wacholderbeeren, mit Rotwein, Senf und Zitrone gewürzt.

Auf drei weiteren langen Tafeln schließlich standen die Süßspeisen, das Obst und die Getränke.

Da waren die Schalen mit schimmernden gelben, grünen, violetten und rosaroten Sahnecremen, verziert mit kleinen, bunten Früchten; und auf einem Kelch aus Milchglas zitterte ein mächtiger lachsfarbener Pudding im Kerzenlicht. In einer Schüssel, halb eingegraben in zerstoßenem Eis, türmten sich die mit steifem Eiweiß überbackenen Eisbomben und daneben mit zähflüssiger Schokolade übergossener, von Wein und Cognac schwer getränkter Biskuit. In bunten Glasschalen mit goldenem Rand schwammen aus Nüssen, Mandeln und Blätterteig hergestellte arabische und türkische Gebäcke in Honig.

Und auf dem folgenden Tisch dann, zu Pyramiden aufgetürmt, zu Farbmustern aneinandergereiht, in Wellenlinien geordnet, in Kreise gelegt, zerteilt und angerichtet zu Salaten, zerstoßen, zerrieben und verrührt, geschlagen und gebraten, gekocht und roh, geraspelt und geschält, zerstückelt, zerhackt und zerquetscht, das Obst, auf das eigens das Licht eines Scheinwerfers gerichtet war.

Auf der letzten Tafel standen die Getränke in Karaffen aus Glas, Kristall, Email, Zinn, Kupfer und Ton. Es gab Weine und Bier, Champagner und Wodka, Liköre und Fruchtsäfte und Wasser aus dem Hochland. Außerdem den Mohnsirup, der unbeweglich und schwarz in der Glasschale stand.

Von der Wiese her kam der würzige Geruch von gebratenem Fleisch.

Zufrieden lächelten die Herren von der Clubleitung, die erst jetzt aus den Gebäuden traten und allesamt schwarze Smokings trugen. Sie hatten Orchideen im Knopfloch. Die Herren von der Clubleitung eröffneten in fünf Sprachen das Fest, und die Gäste nahmen ihre Plätze ein. Aus dem Lautsprecher des Hauptgebäudes kam klassische europäische Musik. Die Papageien saßen verwundert im Käfig. Der Marabu stand weiterhin in einer Gruppe von Flamingos, als gehörte er zu ihnen.

Die Gäste begannen zu essen, und langsam breitete sich der Lärm aus, den so viele Menschen machen, die beisammensitzen und essen. Die verschiedenen Sprachen, die zuerst einzeln und in Wortfetzen von hier und dort vernehmbar waren, begannen sich zu vermischen zu einem gewaltigen Murmeln und schließlich anzuschwellen zu dem Einheitsgebrüll der Nationen, wie man es auch von anderen Urlaubsorten her kennt. Die Musik ging schnell unter.

Die Kellner schwitzten und rannten überall herum, die meisten Gäste promenierten die Tafeln auf und ab und bedienten sich selbst, das Festgeschirr mit den goldenen Rändern und den bunten Vögeln in der Hand. Die Messer und Gabeln und Löffel waren schwer und mit Wappen verziert. Überall klirrten Teller und Gläser, Armreifen und Ketten; klang wie Ministrantenschellen das Besteck, wenn es das Porzellan berührte; raschelten der Taft und die Seide und quietschten das Leder und die Stimmen der Kinder. Manchmal übertönte die Stimme einer aufgebrachten Mutter den allgemeinen Lärm, und manchmal drang ein besonders tiefes Lachen aus dem Gemisch der Sprachen.

Spanische Frauen klatschten eine Zeitlang in die Hände, daß es knallte. Die vielen Köpfe und Hände schwirrten durcheinander, und die Lippen der Menschen öffneten und schlossen sich, ob sie nun aßen oder sprachen oder lachten.

Die Beine standen kaum je still, auch beim Essen nicht. Sie wurden übereinandergeschlagen, und Füße nahmen heimlich Kontakt auf mit den Perlen zwischen fremden, nackten Zehen. Sie traten ununterbrochen auf der Stelle unter den Tischen und wippten und kreisten; so wie die Hände um die Speisen und um den Champagner kreisten, während die Ellbogen Halt suchten zwischen Hummerfühlern und den Augen toter Fische.

Und schon standen die ersten Gäste auf und schlenderten auf dem Kiesweg zu den Spießen, von denen der Saft der Tiere tropfte und kerzengerade Rauchwolken zum Himmel schickte. Fast jeder nahm die scharfen Getränke an, die am Ende des Kiesweges gereicht wurden und klar waren wie Gebirgswasser.

Endlich konnten die Küchenjungen sich zurückziehen und ihre langen Messer weiterreichen an die Gäste, die das Fett ins Feuer spritzen ließen, daß es aufflammte wie ein Feuerwerk, während andere immer noch die Muscheln aussaugten und wieder andere vorsichtig Kristallschüsseln mit schimmernden Cremen durch die Menge balancierten, wobei sie schon mit silbernen Löffelchen kosteten. Beim Eintauchen teilte sich die cremige Masse und schloß sich wieder. Der Saft von Früchten bedeckte die Tische ebenso wie die

Schuppen und die Fühler und die Hühnerknochen. Wachtelhälse verloren sich im Rosenwasserbecken, und kleine Schneckenhäuser, mit grünen Cremen gefüllt, purzelten zu Boden.

Die Animateure aßen nur Fleisch von den Spießen. Von ihren Mündern tropfte das Fett. Sie nahmen die großen Keulen in ihre Hände, als wären es die leichten Schlagstöcke der Trommler. Sie alle hatten gute Zähne. Sie aßen hastig und schauten unentwegt um sich dabei. Einige hatten ihre Augen schwarz umrandet.

Eine Gruppe von Spanierinnen hatte unterdessen mit ihrer Vorführung begonnen. Die Frauen klapperten heftig mit Kastagnetten, während sich kleine Mädchen vor ihnen im Kreis drehten. Sie warfen bunte Hoola-Hoop-Reifen in die Höhe. Eine englische Urlaubergruppe führte sogar ein Theaterstück auf: Unter einem Baldachin aus Palmenblättern, den drei Knaben trugen, sprach ein König von seinem verlorenen Reich. Fünf Italienerinnen sangen ohne Musikinstrumente. Sie hatten Stimmen wie Gitarren und neigten sich vor und zurück wie Vögel. Ein Japaner – der einzige im Club – zauberte Tücher aus seinem Hut, und eine Gruppe deutscher Männer sang so traurige Lieder, daß alle froh waren, als der alte Mann auftrat und seine Saltos machte.

Vor allem die jüngeren Leute hatten sich schon eng um die Animateure versammelt und klatschten einander auf die meist nackten Schultern. Ältere Herren prosteten den jungen Mädchen zu. Viele Herren von der Clubleitung hielten Reden vor dem Vogelkäfig. Die ersten Sprecher waren eindrucksvoll, die letzten begossen ihre Kollegen mit Sekt. Eine große Engländerin war die erste, die ihr Glas nach rückwärts warf. Es herrschte einen Augenblick vollkommene Stille, bis das Glas auf den Kacheln klirrend zersprang. Für die Kinder war es das Signal, endlich einander ihre Hühnerknochen in die Suppenteller zu werfen, daß es nur so aufspritzte. Und ihre Mütter erleichterten sich hinter den Büschen.

Fast niemand achtete mehr auf die folkloristischen Darbietungen auf der Bühne vor dem Musikpavillon. Es kostete die Clubleitung einige Mühe, die Hauptattraktion des Abends anzukündigen, eine Sängerin namens Anna Mwale, die in einem Schlangenhautanzug einen Schlager sang, zu dem mit Baströckchen und Bikinioberteilen bekleidete und über und über mit bunten Ketten und Ringen geschmückte schwarze Mädchen in die Hände klatschten. Ein junger Mann ahmte die klatschenden Mädchen in den Baströcken so treffend nach, daß er am Ende mehr Applaus bekam als die Mädchen auf der Bühne. Auf den Kriegstanz, den bemalte Eingeborene mit Speeren und Schilden in den Händen aufführten, achtete schon niemand mehr.

Die Gäste liefen mit ihren Getränken in den Händen hin und her, als hätten sie lange Zeit in zu engen Räumen zugebracht und wüßten nun nicht, in welche Richtung es gehe. Die Stunde der Animateure war gekommen. Gestärkt vom Fleisch der großen Tiere führten sie Gruppen an, die durch die Palmenhaine zogen und sich mit Papyrusstauden, die sie im Vorbeigehen ausrissen, Luft zufächelten. Mit bloßer Hand fischten sie aus dem Swimming-pool dicke Karpfen, die eigens zu diesem Zweck zuvor ausgesetzt worden waren. Hummer wurden von den reich verzierten Platten gerissen und zurückgeworfen in den Swimmingpool, wo sie sich wieder zu beleben schienen. Ein Königskarpfen verschluckte die Perle, die einer Frau aus dem Bauchnabel gefallen war. Da begannen die Trommler mit ihrer Arbeit. Wann immer die Animateure ihnen geheime Zeichen gaben, sprangen sie bunt bemalt in die

Gruppen, die auf der Wiese um die Spieße herumsaßen, und schwangen die Bongos und Pauken. Sie hatten auch Affen mitgebracht, die sie jetzt aus den Körben ließen. Die Affen sprangen sofort auf die Palmen, von wo sie Kokosnüsse hinabwarfen, oder sie sprangen auf die Tische und fraßen die Zimtäpfel auf. Wie vom Gedröhn der Schlaginstrumente aufgepeitscht und gereizt, drehten sie sich unentwegt im Kreis. Einigen volltrunkenen Schweden gelang es, einen Affen einzufangen. Sie banden ihm eine Blechdose an den Schwanz.

Eine andere Gruppe versammelte sich vor dem Vogelkäfig. Die Trommler verstummten. Erschreckt von der plötzlichen Stille standen die Flamingos jetzt auf zwei Beinen. Der Marabu auch. Die Papageien saßen auf ihren Stangen und versteckten die Köpfe im aufgeplusterten Gefieder. Manche schnatterten leise vor sich hin. Wenn der Wind vom Ventilator auf dem Dach des Restaurants den Käfig streifte, zitterten die Blätter der Pflanzen im Käfig, und die Federn der Vögel stellten sich auf, bis die tiefsten Flaumfedern sichtbar waren, die alle hell und weich wie die Federn von Daunenbetten aussahen. Ein Hobbyornithologe trat aus der Gruppe der Gäste vor den Käfig hin, öffnete die Tür und machte die Stimmen der Vögel nach. Die Flamingos und der Marabu reckten den Hals. Die Papageien blinzelten unter den Federn hervor und hoben schließlich die Köpfe. Alle Vögel wurden unruhig, und als der Hobbyornithologe am Ende sämtliche Vogellaute aneinanderreihte, näherten sich die Vögel der offenen Käfigtür. Die Flamingos tippelten heran. Der Marabu stelzte. Zentimeter für Zentimeter hüpften die Papageien auf ihren Stangen auf die Käfigtür zu. Sie standen am Käfigausgang, als der Ornithologe endete. Kein Papagei hatte den Kopf mehr im Gefieder versteckt. Ihre Leiber waren nicht mehr aufgeplustert. Sie waren dünn und kleiner als sonst.

Zuerst kamen die Flamingos aus dem Käfig heraus. Sie flatterten über die Wiese bis zum Swimming-pool. Dort blieben sie im seichten Wasser auf einem Bein stehen. Der Marabu hatte den Anschluß verloren. Er kreischte laut, als zwei Animateure ihn aus dem Käfig zogen. Vor dem Käfig geriet er in Panik und wischte mit einem Flügelschlag eine Reihe gläserner Karaffen vom Tisch. Dann drängten die Papageien zum Ausgang. Blau, rot, gelb, grün und violett hüpften sie der Reihe nach aus dem Käfig. Diejenigen, deren Flügel nicht gestutzt waren und die das Fliegen noch nicht verlernt hatten, entkamen auf die Palmen. Die anderen fielen in die Schlagsahne oder in rosarote Cremen.

Nur der Graupapagei war noch im Käfig. Er flüchtete in die hinterste Käfigecke und klammerte sich mit dem Schnabel am Gitter fest. Es dauerte lange, bis man ihn fing und dabei zerdrückte.

Da der Käfig jetzt leer war, zogen die Gäste weiter zum Swimming-pool, in dem die Flamingos standen und auch schon wieder der Marabu, und niemand achtete auf das kleine Mädchen, das in den Vogelkäfig kroch. Es bettete den Graupapagei auf seinen Schoß und richtete ihm von Zeit zu Zeit den Kopf auf. Aber der Kopf fiel immer wieder zur Seite. Auf dem Kleid des Mädchens breitete sich ein rotbrauner Fleck aus.

Die meisten Gäste waren gerade dabei, mit Tortenstücken nach den Flamingos zu werfen, die Schritt für Schritt weiter in den Swimming-pool zurückwichen, bis sie bis zum Schnabel im Wasser standen, als die Trommler zum Kiesweg sprangen und wieder zu trommeln begannen.

Sie kündigten mit wirbelnden Tuschen die Tochter des Clubdirektors an, die, wie es Tradition war beim Abschiedsfest, eine Rede zu halten hatte. Die Urlauber ließen von den

Flamingos ab und stellten sich längs des Kiesweges auf. Die Beleuchter richteten die Scheinwerfer auf den Weg, alles andere lag im Dunkeln. Die Tochter des Clubdirektors kam, ihr folgten die Herren von der Clubleitung, die schon ein wenig schwankten. Sie trug an ihren Füßen kleine goldene Schellen und an den Armen klirrende Silberreifen. Sie war barfuß. Dunkelrot leuchteten ihre Fuß- und Fingernägel. Die Lippen waren grellrot, im Gegensatz zu ihrem blassen Gesicht. Als sie die Flamingos bis zum Schnabel im Swimming-pool stehen sah, reckte sie ihren Hals. Die Trommler um sie herum trommelten wild. Die Tochter des Clubdirektors schien sehr nervös zu sein. Sie zitterte. Mit den Fingern drehte sie einzelne Strähnen ihrer blonden Haare, bis sie verfilzten. Als es halbwegs still geworden war im Camp, hörten auch die Trommler zu trommeln auf, und sie hielt ihre Rede in einer Sprache, die niemand verstand. Wahrscheinlich war es Finnisch. Es ging das Gerücht im Camp, sie betrachte die Tiere als ihre eigenen Kinder. Während ihrer Rede hörte sie zu zittern auf, aber ihre Stimme, die hoch und dünn war, überschlug sich einige Male. Sie hatte einen sehr langen Hals, auf dem Sommersprossen waren. Die Rede, die sie hielt, war, hieß es, von ihrem Vater aufgesetzt. Sie reckte den Hals und streckte den rechten Arm aus, als deutete sie während ihrer Rede auf die Flamingos und die Papageien, und streckte den Kopf nach dem Marabu. Ihre Augen waren so blau wie ihr Kleid. Für die Zeit ihrer Rede waren sämtliche Gäste wie besänftigt. Sie standen still da und betrachteten die Sommersprossen auf ihrem Hals. Nur die Gesichter der jungen Männer blieben angespannt. Als sie die Rede beendet hatte, reichte ein Trommler ihr eine Kelle, ein anderer hielt ihr eine kristallene Schüssel mit Champagner, in dem winzige weiße und gelbe Blüten schwammen, hin. Die Clubregel erforderte es, daß sie einem der Urlauber das Glas mit dem Champagner reichte. Ihr Hals schien noch länger zu werden, als sie sich hastig umsah. Dann schöpfte sie mit der Kelle Champagner ins Glas und reichte es statt einem Gast dem österreichischen Animateur mit den schwarzen Haaren und den hellgrünen Augen. Der aber war so in ihren Anblick versunken, daß er es gar nicht bemerkte. Erst nachdem die anderen Animateure ihn in die Seite gestoßen hatten, sah er das ihm entgegengestreckte Glas. Auch auf ihrem Arm hatte die Tochter des Clubdirektors rote Sommersprossen. Als der Animateur das Glas endlich annahm, zuckte sie jedoch zusammen.

Die Trommler trommelten wieder. Sie hörten erst auf, als der Animateur das Champagnerglas zum dritten Mal geleert hatte. Er warf das leere Glas in die Luft, und es zersprang auf dem Steinboden. Einige Urlauber nahmen ihn auf die Schultern. Wieder begannen die Trommler zu trommeln, sie schlossen den Kreis um die Tochter des Clubdirektors und geleiteten sie auf dem Kiesweg zurück zu ihrem Bungalow. Die Urlauber schrien jetzt, klatschten in die Hände, trampelten mit den Füßen, manche schlugen mit Stühlen um sich, andere mit Krügen. Die Frauen bewarfen den Animateur mit Blütenblättern und buntem Konfetti. Vieles blieb kleben auf seiner mit Ölen eingeriebenen Haut, einiges wurde wieder weggeschwemmt vom Champagner, mit dem sie ihn übergossen. Als die Tochter des Clubdirektors bemerkte, daß die Urlauber ihr folgten, beschleunigte sie ihre Schritte. Am Schluß rannte sie fast, aber es gelang ihr nicht, den Bungalow rechtzeitig zu erreichen. Noch zwischen dem Gartentor und der Veranda holte der Animateur, der von den Schultern der Urlauber gesprungen war, sie ein. Er packte sie am Arm und zog sie gewaltsam in den Bungalow.

Zwei Stunden später hatte das Fest seinen Höhepunkt

überschritten. Unter den Büschen lagen Betrunkene, in der Hand noch ein Glas oder eine Bierflasche. Die Trommler schliefen, den Kopf auf ihre Trommeln gebettet.

Überall auf den Tischen und unter den Tischen und auf der Wiese lagen Knochen, Schuppen, Fühler, Federn, Augen, Äpfel und Zigarettenkippen. An verschiedenen Stellen war die Wiese bunt gefleckt von den verschütteten Cremen. Fast alle Fackeln waren erloschen. Auf dem Swimming-pool glosten noch einige Lichter in ihren Schalen. Wer sich noch auf den Füßen halten konnte, zog grölend umher.

Jemand erkannte den österreichischen Animateur, als er den Bungalow der Tochter des Clubdirektors verließ, und zündete ihm zu Ehren ein Freudenfeuer an, das, weil ein Morgenwind aufgekommen war, plötzlich hoch aufloderte und, als der Wind drehte, auf das trockene Riedgras einer Bungalowhütte übersprang.

Die Trommler, die durch den Brandgeruch aufwachten, machten sich sofort ans Löschen. Aber da war es schon zu spät.